사자처럼 행동할 수 없다면
여우의 지혜를 가져라

狐狸智慧
作者：石山水
Copyright ⓒ 2004 by 中國民族攝影藝術出版社
All rights reserved.
Korean Translation Copyright ⓒ 2005
by Changzaksidai publishing Co.
Korean edition is published by arrangement with
中國民族攝影藝術出版社
through EntersKorea Co.,Ltd, Seoul.

여우의 지혜에서 배우는 가장 실용적인 생존법칙 277가지

사자처럼 행동할 수 없다면 여우의 지혜를 가져라

스샨슈이 지음 ‖ 박수진 옮김

창작시대

옮긴이 **박수진**
가톨릭대학교 중문학/심리학 복수전공.
중국 북경어언대학교 대외한어교학 석사 과정 중.
현재 SBS번역대상 최종심사기관으로 위촉된
㈜엔터스코리아 전속 중국어 번역가로 활동 중.
역서로 <한권으로 읽는 손자병법>, <타인을 움직이는 기술>,
<천년의 철학>등 다수가 있음.

사자처럼 행동할 수 없다면 여우의 지혜를 가져라

스산슈이 지음
박수진 옮김

1판 1쇄 발행	2005년 8월 27일
1판 2쇄 발행	2007년 1월 30일
발행인	이태선
발행처	창작시대사

서울특별시 마포구 연남동 228-4
대표전화 02) 325-5355
팩시밀리 02) 325-5385
이메일 changzak@paran.com

등록번호	제2-1150호
등록일자	1991년 4월 9일

ⓒ 창작시대사, 2005. Printed in Korea.
이 책의 한국어판 저작권은 엔터스코리아 에이전시를
통한 中國民族攝影藝術出版社와의 독점계약으로
창작시대사에 있습니다.
한국 내에서 보호받는 저작물이므로 무단전재와
무단복제를 금합니다.

책값은 뒤표지에 있습니다.

ISBN 89-7447-154-×

창작시대의 책은 인생의 참의미를 밝혀줍니다.

미래가 밝은 사람은
자신이 거쳐야 하는 모든 과정을
담담하게 받아들인다.
그래서 큰 인물은 커다란 우주를
자신의 집처럼 여기고
그 집안에 있는 모든 물건을
적어도 한 번씩은 활용해보려고
쉼없이 움직인다.

사자처럼 행동할 수 없다면 **여우**의 지혜를 가져라

시작하기 **12**

제1장 늙은 여우가 '옛날이야기'를 들려주다

I 여우의 독백

배고픈 여우 **15**/꼬리 잘린 여우 **16**/곤경에 빠진 여우 **17**/여우, 진정한 사냥의 세계에 노크하다 **18**/여우 건축설계사 **20**/여우와 병든 사자 **22**/여우, 사자의 사냥법을 흉내 내다 **23**/여우, 표범 왕의 훈수를 두다 **24**/여우, 늑대를 혼내주다 **26**/어린 여우, 늑대의 큰형님이 되다 **27**/여우, 사자를 배신하다 **29**/여우, 사자와 같이 식사하다 **30**/여우, 곰과 사자를 싸우게 하다 **31**/여우, 선거하다 **32**/여우가 늑대에게 준 선물 **34**/여우와 안사돈 늑대 **35**/여우와 나무꾼 **36**/여우와 농부 **37**/여우와 농부가 우정을 이야기하다 **39**/여우와 늙은 호랑이가 매력을 이야기하다 **40**/여우와 표범이 아름다움을 이야기하다 **40**/여우와 체면 따지는 당나귀 **41**/여우와 원숭이 **42**/여우, 사슴에게 충고하다 **42**/여우, 산양을 속이다 **43**/여우와 야생늑대 **44**/여우와 고슴도치 **45**/여우, 고양이에게 한 방 먹다 **46**/여우, 토끼를 가르치다 **47**/여우와 게 **48**/여우와 가면 **48**/여우와 늙은 매 **49**/여우와 의리를 배신한 매 **50**/여우가 황새를 놀린 결과 **51**/여우와 오리 **52**/여우와 수탉 **54**/여우와 인도 칠면조 **55**/여우와 새 **56**/여우와 까마귀 **57**/여우와 포도 **58**

II 두려운 강자, 사자

사자의 조기교육 **59**/사자, 전쟁에 나가다 **62**/사자의 이름표 **63**/사자의 자존심**65**/사자 왕의 궁전 **65**/사자 여왕의 자부심 **67**/늙은 사자의 최후 **67**/사자, 다른 동물들과 사냥하다 **68**/사자와 호랑이 **69**/사자와 표범 **69**/사자와 총명한 황소 **70**/

차례

사자, 황소 세 마리를 이간질하다 **71**/사자와 어리석은 늑대 **72**/사자와 당나귀가 사냥을 하다 **73**/사자, 원숭이에게 특별과외를 받다 **74**/사자와 토끼 **77**/사자와 야생늑대 **77**/사자와 은혜 갚은 쥐 **78**/사자와 돌고래 **79**/사자와 파리 **80**/사자와 작은 딱정벌레 **82**

Ⅲ 위험한 경쟁자, 늑대

싸움꾼 늑대 **84**/늑대의 가르침 **85**/늑대, 양치기와 허물없이 친한 척 하다 **86**/늑대의 생트집 잡기 **87**/늑대와 경계심이 많은 산양 **88**/머리가 텅 빈 늑대 **88**/늑대와 지혜로운 양 **90**/늑대와 어리석은 양 **90**/배고픈 늑대와 배부른 개 **91**/늑대와 영특한 당나귀 **93**/늑대와 상처받은 당나귀 **94**/늑대와 명석한 말 **95**/인자한 늑대 **95**/배은망덕한 늑대 **97**/늑대의 동정심 **97**/스스로 위안하는 늑대 **98**

Ⅳ 비천한 약자, 쥐

늙은 쥐와 코끼리 **99**/작은 쥐와 큰 사자 **100**/도시 쥐와 시골 쥐 **101**/쥐와 고양이 **102**/총명한 쥐 **103**/세상물정 모르는 쥐 **103**/욕심 많은 쥐 **105**/쥐, 달걀을 품다 **106**/쥐, 굴을 먹다 **107**/쥐, 회의를 열다 **108**

제2장 늙은 여우가 '생존의 법칙'을 털어놓다

Ⅰ 출세의 비밀

사자처럼 행동할 수 없다면 여우의 지혜를 배워라 **111**/높은 이상에 현실적인 계획을 더할 때 꿈은 이루어진다 **112**/신비주의 1) 속마음을 감춰라 **113**/신비주의 2) 생각을 감춰라 **113**/신비주의 3) 특기를 감춰라 **114**/신비주의 4) 미완성의 걸

사자처럼 행동할 수 없다면 **여우**의 지혜를 가져라

작은 감춰라 115/비밀은 혼자만의 것이다 116/침묵을 지켜라 117/마음의 꿍꿍이는 천재라는 표시 118/열 길 물 속은 알아도 한 길 사람 재능은 모른다? 119/도대체 진짜 의도는 어디에? 119/숨겨둔 의도는 신중히 생각해서 정도껏 드러내라 120/아무런 상처도 없는 완벽한 당신 120/반은 전부보다 많다 121/재능, 어쩌다 한번 조금씩 보여주기 122/한 걸음씩 다가가라 123/아름다움을 부각시킬 수 있는 표현법을 배워라 125/좋은 물건도 멋들어진 포장이 필요하다 126/대화의 기술 127/의문점을 가지고 사전에 탐색하라 128/결점에 현명하게 대처하라 128/자신을 한 가지 틀에 가두지 마라 130/비난하지 마라 130/엇나가지 마라 131/허풍을 떨지 마라 132/진흙 속의 진주는 쉽게 눈에 띄지 않는다 132/아주 똑똑이는 헛똑똑이다 133/빛 좋은 개살구=속 빈 강정 134/당신의 기술을 일의 요구사항보다 한 수 위에 놓아라 134/무시하기의 힘 135/본능을 통제하라 137/어떤 직업을 선택하느냐가 성공을 좌우한다 137/빠른 손으로 가장 유리한 기회를 잡아라 138/능숙한 말솜씨와 민첩한 행동 139/눈치 빠르면서도 신중한 사람이 돼라 140/선택의 기술 141/거절의 노하우 142/재치 있게 말 돌리기 143/자기 자신을 정확하게 관찰하라 144/전성기에 있을 때 과감하게 물러나라 144/최후의 승리를 위해 남들보다 한 발 뒤에서 지켜보라 145/운이 안 좋은 날에는 잠깐 쉬었다 가라 146/지혜로운 사람이 빠르다 147/당신이 먼저 버려라 148/찌꺼기는 버려라 148/방어의 노하우 149/만능열쇠를 쓰지 마라 150/자기 자신을 아는 만큼 타인을 알아야 한다 151/반드시 주목받아야겠다는 생각을 버려라 152/원대한 꿈과 치밀한 계획이 행운을 부른다 153/장기계획을 세워라 154/항상 사전에 체크하고 행동하라 154/신중하게 생각한 후에 행동하라 155/고집부리지 마라 156/성공에는 전략이 필요하다 157/항상 꼼꼼하게 따져라 158/성숙한 아름다움을 위한 칭찬 159/싸움의 미덕 159/모험, 신중하게 결정하라 160/돌다리도 두들겨 보고 건너라 161/너무 신경 쓰지 말고 기다려라 162/인사치레 말에

차례

흔들리지 마라 162/자기 자신의 빛을 지켜라 163/타인의 충고에 대처하는 방법 164/유행의 흐름과 발을 맞춰라 165/구박덩어리가 되지 마라 165/혼자 취하거나 혼자 깨어있지 마라 166/착해지려고 애쓰지 마라 167/자만심을 표정에 드러내지 마라 168

II 대인관계의 노하우

친구 사귀기 169/첫인상에 현혹되지 마라 170/사람에 따라 당신의 태도를 달리하라 170/대인관계에서의 변화에 민첩하게 대응하라 171/친구라는 결정적 무기 172/적을 잘 이용하라 173/부탁을 잘하는 방법을 익혀라 173/당신에 대한 뭇사람의 기대감을 오랫동안 유지시켜라 174/상상력을 밟고 서라 175/다른 사람이 당신에게 의지하도록 만들어라 175/욕망은 당신을 움직이게 한다 176/위기를 기회로 활용하라 177/빚쟁이가 되어라 178/당신을 위한 선의를 낭비하지 마라 179/남의 일에 지나친 관심을 갖지 마라 180/도움을 줄 때는 우선 안전을 고려해야 한다 180/감미로운 말로 상대를 정복하라 181/쓸데없는 농담은 농담답지 않은 말이다 181/당신이 원하는 것을 기억시키기보다 완전히 이해하게 하라 182/사람들과 잘 지내는 법 184/선물을 받을 때 공손한 예의를 지켜라 184/당신을 존경하는 그들에 대한 자세 185/자신이 머무는 자리에서 삶의 가치를 재발견하라 186/타인의 선의를 얻어라 187/총명한 사람의 호감을 얻어라 188/원칙을 가진 사람의 호감을 얻어라 188/은혜를 베푸는 노하우 189/도움을 받는 쪽에서 주는 쪽으로 위치를 이동하라 190/당신을 대할 때 손익을 따지는 사람을 경계하라 191/의를 지켜라 191/대인관계에서 자신을 유리인간으로 만들지 마라 192/리더로서의 기질을 갖춰라 193/추측의 대가가 되어라 194/완벽한 사람과 겨루지 마라 195/어리석은 사람과 교류하지 마라 196/인내심으로 참고 기다려라 197/참다운 지식을 배울 수 있는 사람과 교류하라 198/영웅을 너의 좋은 본보기로 삼아라 199/

사자처럼 행동할 수 없다면 **여우**의 지혜를 가져라

지나친 친근함은 경계하라 **200**/먼저 나서서 설명하지 마라 **200**/소문의 씨앗을 뿌리지 마라 **201**/관계를 매듭지을 때는 반드시 신중해야 한다 **202**

제3장 늙은 여우가 '번뜩이는 지혜'를 말하다

I 생활의 지혜

손빈이 만두를 먹다 **205**/서문장이 국수를 나르다 **206**/이상한 코 담배통 **207**/총명한 어린 여자아이 **209**/유태인 소년의 거래 **211**/손빈, 제왕을 좌지우지하다 **212**/정위가 신하에게 놀림 당하다 **214**/술에 취한 왕희지 **216**/무측천이 죽었다 살아난 지혜 **217**/재상이 은혜를 베풀다 **219**/기묘한 성장약 **222**/라퐁텐의 책략 **223**/인도 하인의 보복 **225**/입센의 폐휴지 **226**/상금과 벌금 **227**/마크 트웨인의 은밀한 대화 **228**/피카소, 그림을 팔다 **230**/모차르트, 이상한 곡을 치다 **231**/유명 배우의 임기응변술 **231**/석유대왕의 사진 **232**/금 토끼를 찾아라 **233**/임금을 인상시키는 방법 **234**/재치 있는 안내방송 **235**/대통령, 감히 욕을 하다 **236**/대통령의 기발한 처세술 **237**/가치 없는 영수증 **238**/영리한 사형수 **239**/총명한 의사 **240**/기자의 자극법 **241**/에디슨의 손재주 **243**/고의적으로 죄를 짓고 감옥에 들어가다 **244**/가짜 연극이 만들어낸 진짜 강도사건 **245**/19세기 초특급 사기극 **246**/당대 갑부의 작은 속임수 **248**/지혜로서 어려운 문제를 해결하다 **249**/글 모르는 장군의 묘책 **250**

II 훌륭한 언변과 민첩한 행동

반고, 지혜로서 강도를 잡다 **252**/몰래 암호를 남기다 **254**/신의 종 **256**/탁자 아래에 눈과 귀를 설치하다 **257**/스스로를 지키는 방법 **258**/탐정과 여자 사기꾼 **259**/

차례

미인의 긴급신고 **261**/여자 분장사가 탈옥수에게 분장을 해주다 **264**/어느 국왕의 범인 잡는 기술 **265**/단서를 남겨 흔적을 찾아가다 **266**/강도를 속이다 **267**/스스로 악의를 노출시키다 **270**/슬그머니 살인범의 발을 묶다 **271**/강도의 총알을 없애다 **272**

Ⅲ 뛰어난 재능과 원대한 작전

케사르가 왕이라고 불리지 않은 이유 **274**/강자와 맞담배 피기 **276**/침묵의 대통령 **277**/이간질의 승리 **278**/귀머거리, 벙어리인 척하다 **280**/지혜로서 한복거를 체포하다 **281**/고의적으로 집에서 온 편지를 보게 하다 **282**/좀도둑에게 국가를 안정시키는 큰 임무를 맡기다 **284**/관중이 노루를 사다 **285**

Ⅳ 필승의 계략

위급한 상황에서 상대를 속이는 계책;공성계 **288**/부뚜막을 늘려 적을 혼란스럽게 하라 **289**/장순이 허수아비 전술로 승리하다 **291**/이광필, 말로 말을 유인하다 **293**/중국의 트로이 목마 **294**/힘을 비축했다가 피로한 적군을 맞아 싸우다 **295**/진나라 왕이 산에 앉아 호랑이싸움을 구경하다 **297**/이목이 무능한 척하다 **298**/초나라 군대의 적을 유인하는 계략 **300**/양육랑이 요나라 병사를 물리치다 **301**/적절한 시간을 정해 인질을 구하다 **304**/주코프가 독일군의 방어선을 교묘하게 무너뜨리다 **306**/소련군, 기회를 틈타 적의 계략을 역이용하다 **307**/소련군, 독일군을 사칭해 적지에 침입하다 **307**/소련군, 로브강을 건너다 **309**/영국군이 흘린 군용주머니 **310**/한니발의 뱀 전쟁 **312**/뛰어난 재간을 이용해서 암호를 해독한 미군 **313**/샤를마뉴 대제의 퇴병술 **315**/나폴레옹, 화해를 청하는 척하다 **317**

마무리하기 **319**

시작하기

세상의 모든 사람들이 최고의 절대강자가 될 수는 없다. 게다가 높은 곳에 있을수록 그 위태로움을 감당하기란 쉽지 않다. 옛 선인은 "명예란 공공기물과 같다"라고 했다. 사람들은 모두 높은 지위를 한번쯤은 누려보고 싶어 한다는 의미이다. 하지만 신분이 높다고 해서 반드시 행복한 삶이 보장되는 것은 아니다. 많은 사람들이 호시탐탐 그를 정복할 기회를 엿보고 있기 때문이다.

생존에 관한 처세술의 일인자로 알려져 있는 발타자르 그라시안(Baltasar Gracian)은 자신의 지혜로운 처세술을 바탕으로 사람들에게 이렇게 충고했다.

"사자처럼 행동할 수 없다면 여우의 지혜를 가져라."

사자의 가죽을 얻을 수 없다면 여우의 가죽이라도 현명하게 잘 이용해서 지혜롭게 생활하라는 의미이다. 지혜롭게 행동하고, 계획적으로 실천하며, 현명하게 말하고, 마음의 눈으로 사람을 보라. 이것은 여우의 생존법칙이자 당신이 성공으로 가기 위한 지름길이다.

제1장

늙은 여우가
'옛날이야기'를 들려주다

I. 여우의 독백

"외출하기 전에 꼭 거울을 보고 나가세요.
자기 자신을 정확하게 보는 사람이 앞으로의 가능성도
정확하게 헤아릴 수 있답니다."

1 배고픈 여우

젊은 여우가 늙은 여우에게 신세타령을 늘어놓았다.

"제기랄! 나는 정말 재수 없는 놈이에요! 먹이 잡으러 나가서 성공하고 돌아 온 적이 거의 없어요."

"애야, 머리를 써야지. 넌 보통 언제 먹이사냥을 나가니?"

"언제라니요? 배고플 때 말고 또 언제랄 게 있나요?"

바로 그때 늙은 여우가 무릎을 탁 치며 말했다.

"옳거니! 이제 알겠군! 애야, 배 가죽이 등에 달라붙을 정도로 굶주려서는 큰일을 못하는 게 당연하단다. 제 아무리 큰 목표를 가지고 치밀하게 계획한다 해도 영원히 배고플 수밖에 없어. 이제부터는 배가 든든할 때 먹이사냥을 나가 보거라. 확실히 효과가 있을 게야."

여우의 지혜 성공에만 급급한 사람은 아무 것도 이루지 못한다.

2 꼬리 잘린 여우

덫에 걸려 꼼짝달싹 못하던 여우가 일단 살아야겠다는 생각에 모질게 마음먹고 자기의 꼬리를 물어 잘라냈다.

하지만 여우는 자기한테 꼬리가 없다는 사실이 고개를 들고 다닐 수 없을 만큼 너무 부끄러워서 도저히 다른 동물 친구들을 만날 수가 없었다. 그래서 여우는 이 곤란한 상황을 벗어나기 위해 한 가지 묘안을 생각해냈다.

여우는 많은 여우들을 초대해서 모임을 열고 그곳에 모인 다른 여우들에게 자기처럼 해보라고 부추겼다. 마치 진심으로 여우 친구들을 생각해주는 척 하면서 그들이 자신을 믿을 수 있게 열심히 떠들어댔다.

"여러분, 꼬리가 없으면 좋은 점이 뭔지 아세요? 자, 이것 보세요. 전 요즘 행동할 때 너무 편하답니다. 몸이 정말 가벼운 거 있죠. 꼬리가 있었을 때는 어떻게 살았는지 모르겠어요. 당최 쓸데없이 무겁기만 하고, 거추장스럽고, 못생겼고…… 아휴! 우리 사랑하는 여우님들, 제 말을 믿고 오늘 당장 꼬리를 잘라보세요. 훨씬 편하다는 것을 느낄 수 있을 거예요."

이때 뒤에서 잠자코 있던 늙은 여우가 불쑥 끼어들며 여우의 말을 끊었다.

"이봐, 그게 정말 그렇게 좋다면 당신이 입에 침이 마르도록 우리한테 소개해주며 권하겠어? 누굴 바보로 아나, 참나!"

여우의 지혜 달콤한 사탕발림 뒤에는 또 다른 의도가 숨어 있다.

3 곤경에 빠진 여우

어느 겨울날 몹시 추운 새벽에 여우 한 마리가 마을 근처에 있는 물구덩이에 물을 마시러 갔다. 그런데 덜렁대다 그런 것인지 아니면 운명이었는지 모르겠지만, 여하튼 재수 없게도 꼬리 끝이 물에 빠지고 말았다. 차가운 얼음물에 빠진 꼬리는 점점 딱딱하게 얼어갔다.

'아이고! 이를 어쩌나?'

하지만 사실 이것은 그리 심각한 문제는 아니었다. 솔직히 그냥 꼬리만 살짝 잡아당겨 주면 쉽게 해결할 수 있는 일이었다. 그저 털 몇 가닥만 희생하면 다른 동물 친구들이 오기 전에 가뿐하게 빠져나와 집에 돌아갈 수 있는데 여우는 오히려 이렇게 생각했다.

'내 꼬리가 얼마나 예쁜데 고작 이런 일 때문에 망가뜨릴 수 있어? 복슬복슬 탐스럽고 번쩍번쩍 금빛까지 나는 털을 어떻게 뽑아! 그래! 좀 더 기다리는 게 좋겠어. 다들 아직 자고 있으니까 날이 밝을 때까지 조금만 기다리면 기온이 올라가서 얼음이 녹을지도 몰라. 그럼 아무 탈 없이 꼬리를 빼낼 수 있을 거야.'

여우는 해가 뜰 때까지 기다렸다. 하지만 꼬리가 녹기는커녕 얼음처럼 더 딱딱하게 굳고 말았다. 그러다 보니 어느새 날이 밝았고 동물 친구들도 하나 둘씩 잠에서 깨어났다. 조용하던 숲 속은 어느새 잠에서 깬 동물들로 부산해지기 시작했고, 누군가 이야기하는 소리가 여우의 귀에 들려왔다. 그제야 여우는 안 되겠다 싶어 있는 힘껏 발버둥치며 빠져나오려고 안간힘을 썼다. 하지만 얼음처럼 차가운 물구덩이에서 벗어나는 일은 생각처럼 쉽지 않았다.

그런데 이때 마침 늑대 한 마리가 그 근처를 지나가고 있었다.

"어이! 이보게! 저기요! 선생님!!!"

여우가 소리쳤다.

"저 좀 살려주세요. 부탁이에요! 죽을 것 같아요!"

소리를 듣고 다가온 늑대는 선뜻 여우를 도와주었다. 그런데 늑대는 여우가 아끼던 꼬리를 덥석 물고 잘라버렸다. 늑대가 꼬리를 잘라내자 꼬리 없는 여우는 '걸음아 날 살려라!' 하고 재빨리 집으로 뛰어갔다.

여우는 겉으로 상당히 부끄러운 척했지만 사실 속으로는 덩실덩실 춤을 추고 있었다. 집에 돌아온 여우는 몸을 차근차근 훑어보고 아무데도 다치지 않은 것을 확인하자 안도의 한숨을 쉬었다.

하지만, 사실 여우가 애초에 털 몇 가닥 빠지는 것쯤 아까워하지 않았더라면 꼬리도 무사할 수 있었던 일이다.

여우의 지혜 포기를 해야 할 때 우물쭈물하지 마라. 결단을 내려야 할 때 우유부단한 태도는 일을 그르친다.

4 여우, 진정한 사냥의 세계에 노크하다

여우가 늑대에게 말했다.

"친구, 난 매끼 늙은 수탉 아니면 마른 암탉만 먹는다네. 그래서 이젠 닭고기에 질려버렸어. 그래서 말인데 자네가 나한테 사냥하는 비법을 좀 가르쳐주겠나? 그리고 사냥을 할 때 내가 위험에 빠지지 않게 자네가 망을 좀 봐준다면 우린 아주 완벽한 파트너가 될 것 같네. 그럼 우리는 맛있는 요리를 삼시세끼 풍족하게 먹을 수 있을 걸세. 이보게, 나를 이 세상의 여우 중에서 살찐 양을 가장 잘 잡는 여우로 만들어주게. 이 은혜는 절대 잊지 않겠네."

그러자 늑대가 대답했다.

"얼마 전 내 형제가 죽었는데…… 옳거니! 좋은 방법이 있군. 우리 같이 가서 그의 가죽을 가져오세. 그리고 그걸 자네가 걸치도록 해."

여우가 늑대를 따라나서자 늑대가 여우에게 또 이렇게 말했다.

"자네 말이야, 양치기 개를 피하려면 반드시 이 늑대 가죽을 써야만 한다구."

여우는 늑대 가죽을 쓰면서 마음속으로 늑대사부님의 가르침을 묵묵히 반복하며 늑대의 말을 몇 번이나 되뇌었다. 사냥 훈련을 시작한지 얼마 되지 않았을 때만 해도 여우의 실력은 아주 형편없었지만 그 후 조금씩 나아져서 급기야는 늑대와 거의 대등한 실력이 되었다.

늑대에게 받은 훈련으로 여우는 이제 곧 진정한 '사냥꾼'으로 다시 태어날 날을 얼마 남겨두지 않았다. 그러던 어느 날, 여느 때처럼 사냥훈련을 하고 있던 여우 옆으로 수십 마리의 양떼가 지나갔다. 양떼를 발견한 여우는 재빨리 양떼에게 달려들었고, 낯선 늑대가 나타나자 온 들판은 순식간에 공포로 휩싸였다. 겁을 먹은 양들은 "메에~ 메에~"하고 울어댔고 이에 놀란 사냥개와 양치기도 마을로 도망갔다. 결국 양치기는 어미 양 한 마리를 차마 다 챙기지 못하고 들판에 남겨두었다.

여우는 어미 양을 잡아 물고 기세등등하게 발걸음을 재촉했다. 그런데 여우는 몇 걸음 가지 않아 근처에서 수탉이 우는 소리를 들었다. 순간 여우는 늑대사부님이 준 늑대가죽과 자기가 잡은 어미 양을 땅바닥에 팽개치고 본능적으로 수탉에게 달려갔다. 어리석은 여우는 어렵게 배운 비법과 그 스승도 잊고 수탉에게 달려들어 잡아먹어버렸다.

제 아무리 가죽을 쓰고 위장한들 무슨 소용인가? 겉모습만 바꾼다고 그 본성까지 바꿀 수는 없다. 즉, 겉과 속이 다른 사람은 결국 여우의 꼬리를 드러내게 된다.

여우의 지혜 큰 것을 얻고 싶다면 본능부터 버려라.

5 여우 건축설계사

옛날 옛날에 닭을 직접 길러 잡아먹을 정도로 닭을 너무나 좋아하는 사자가 살고 있었다. 그런데 사자가 기르는 닭은 언제나 문제를 일으켜 사자의 심기를 건드렸다. 툭하면 닭을 도둑맞거나 제 발로 도망가서 닭장에 닭이 붙어있을 날이 없었다. 하긴 그도 그럴 것이 사자네 닭장은 사면이 뻥 뚫려있었기 때문에 그런 문제가 생기는 것이 그리 이상할 것도 없었다.

사자는 이런 문제를 해결하기 위해 닭장을 새로 짓기로 결심했다. 도둑이 드는 것도 예방하고 닭들도 편안하게 지낼 수 있게 튼튼하고 안전한 넓은 닭장을 지어야겠다고 생각했다.

사자는 건축이라면 여우를 따를 자가 없다는 소문을 듣고 여우에게 이 일을 맡겼다. 공사는 시작부터 끝까지 매우 순조로웠고 여우도 이 공사에 모든 노력과 열정을 쏟아 부었다.

공사를 마치자 수많은 동물들이 몰려왔다. 모두 새 닭장을 둘러보고 칭찬과 감탄을 아끼지 않았다. 닭장 안에는 모든 설비가 완벽하게 갖추어져 있었다. 닭이 먹이를 쉽게 먹을 수 있도록 주둥이가 잘 닿는 곳에 사료 통을 만들어 놓았고, 닭장 곳곳에는 닭들이 편히 쉴 수 있도록 나무 선반을 만들어 놓았다. 게다가 이 휴식공간은 추위와 더위를 막을 수 있어서 더없이 훌륭했다. 무엇보다 알을 품는 어미닭을 위해 특별히 만들어놓은 어두운 방은 동물들의 입을 더욱 벌어지게 했다.

그 결과 여우는 동물들의 찬사는 물론이고 사자로부터 두둑한 사례금도 받았다. 사자는 즉시 모든 닭을 새 닭장으로 옮기라고 명령했다.

그런데 시간이 지날수록 무언가 이상했다.

'이렇게 좋은 닭장을 새로 지었는데도 왜 닭은 자꾸 줄어드는 거지?'

닭장은 한눈에 봐도 흠잡을 데 없이 훌륭했고 높은 담까지 쳐서 튼튼하기 그지없었는데 이상하게 닭장 안에 있는 닭은 점점 줄어갔다.

'대체 왜 그런 걸까?'

동물들도 모두 의아해 했다. 그리고 사자는 감시를 더욱더 철저하게 하라고 지시했다.

며칠 뒤 마침내 범인이 잡혔다. 그런데 숲 속 동물들은 범인을 보고 기가 막혀서 입을 다물지 못했다. 범인이 바로 닭장을 지은 여우였기 때문이다.

이 못된 여우는 닭장을 튼튼하게 지어서 아무도 얼씬 못하게 하고는 자기만 다닐 수 있는 비밀통로를 몰래 만들어 놓았던 것이다.

하지만 여우 탓만 할 수는 없다. 여우에게 닭장을 맡긴 사자의 경솔함을 보라. 왜 사자는 여우도 자기 못지않게 닭을 잘 먹는다는 사실을 생각하지 못했을까?

여우의 지혜 이해관계가 있는 사람에게는 절대로 일을 맡기지 마라.

6 여우와 병든 사자

동물의 왕 사자가 병에 걸렸다는 소식에 모든 동물들은 대표를 보내서 왕의 상태를 알아보게 했다. 사자는 파견된 대표들과 그의 수행원들을 유달리 성심 성의껏 대접했다. 그리고 이번 뉴스를 전하면서 유난스럽게 사자가 동물들 사이에서 신용이 확실하며 역사 이래 가장 본보기가 되는 왕이라는 것을 강조했다.

그 말을 전해들은 동물들은 사자 왕을 만나기 위해 너나 할 것 없이 사자의 동굴을 찾았다. 어떤 동물은 통행증을 입에 꽉 물고 먼 길을 힘들게 찾아왔고, 어떤 동물은 소개서를 발에 꼭 쥐고 몇날 며칠을 걸려 사자 왕을 찾아왔다.

그런데 대부분의 동물들이 대표를 파견하는 마당에 여우들은 집에서 꿈쩍도 안하고 있었다. 왜 그들은 동물의 왕인 사자의 병문안을 가지 않았을까?

여우 한 마리가 입을 열었다.

"왕이 살고 있는 동굴 앞에 병문안하러 온 동물들의 발자국이 있어. 전부 동굴 안으로 찍혀있더군. 그건 모든 동물이 전부 동굴로 들어갔다는 뜻이지. 그런데 말이야. 이상한 건 밖으로 나오는 발자국이 하나도 없었다는 거야. 분명히 뭔가가 있어. 난 사자가 병에 걸리지 않았다고 장담해. 게다가 난 아침에 어떤 인간이 사자동굴로 들어가서 나오지 않는 것을 이 두 눈으로 똑똑히 봤거든."

여우의 지혜 의문이 많은 사람은 쉽게 손해 보지 않는다.

7 여우, 사자의 사냥 법을 흉내 내다

여우와 사자는 각자의 장점과 능력을 살려 맡은 바 책임을 다하기로 계약했다. 여우는 사냥감을 찾으러 돌아다니고 사자는 도망가는 사냥감을 쫓아가 잡아오기로 했다.

얼마 지나지 않아 여우는 자기에게 떨어지는 몫에 불만이 생겼다. 여우는 자기의 능력이 사자한테 조금도 뒤쳐지지 않는다고 자신하면서 다시는 사자를 위해 사냥감을 찾으러 가지 않고 자기 것만 챙기겠다고 다짐했다.

그리고 다음날 사자 몰래 사냥을 나온 여우는 혼자 양떼를 습격하다가 그만 사냥꾼에게 덜컥 잡히고 말았다.

여우의 지혜 자기 분수에 맞는 일을 하라.

8 여우, 표범 왕의 훈수를 두다

옛날 표범 왕은 수많은 전쟁에서 훌륭한 업적을 세워 많은 재산을 갖게 되었다. 목장에는 소가 살고 있었고 숲 속에는 사슴이 뛰어놀고 있었으며 들판에는 양들이 풀을 뜯어먹고 있었다.

어느 날 숲에서 사자 한 마리가 태어났다. 많은 거물급 인사들이 사자를 찾아가서 예의를 갖추는 것을 보고 표범 왕은 곧 여우를 불러 이 일을 상의했다. 여우는 노련하고 용의주도할 뿐만 아니라 능력 있는 정치가이기도 했다.

표범 왕이 여우에게 말했다.

"자네는 분명 저 사자가 두렵다고 하겠지. 하지만 저 사자새끼의 아비는 이미 죽었네. 사람들의 동정으로 먹고사느니 불쌍한 고아라는 소리를 듣는 게 백 번 나을 판에 무슨 힘이 있겠나? 그 놈의 사자 집안 때문에 골치 아픈 일들은 이미 겪을 만큼 겪었네. 지금 그 사자새끼는 운명에 따라 조용히 사는 수밖에 없어. 그놈이 그렇게 사는 거 말고 또 어디 가서 사냥이나 제대로 할 수 있겠어? 흥!"

여우가 고개를 저으며 말했다.

"왕이시여, 이 고아한테 동정을 베푸느냐 마느냐가 중요한 것이 아닙니다. 폐하께서는 하루 빨리 이 사자와 좋은 관계를 유지할지 아니면 흔적도 없이 없애버릴지 결정하셔야 합니다. 사자를 없애버릴 거라면 그의 발톱과 이빨이 자라서 우리를 위협하기 전에 우리가 먼저 없애버려야 합니다. 왕이시여, 이 기회를 놓쳐서는 아니 되옵니다. 얼마 전 제 점괘에

이 새끼사자가 앞으로 동물들의 우두머리로 성장할 것이라고 나왔습니다. 그는 어느 육지동물과 비교해 봐도 뒤지지 않을 만큼 훌륭하게 성장할 것입니다. 왕께서는 이런 사자에 맞서서 그만큼 훌륭해지시든가 아니면 그를 없애셔야 합니다."

여우가 핏대를 세우며 이야기했지만 표범 왕은 여우의 이야기를 듣다가 그만 잠이 들고 말았다. 그리고 주위에 있던 신하들도 잇따라 꿈속에 빠져들어 아무도 여우의 말을 들어주지 않았다.

어느덧 새끼사자는 몸집 큰 어른사자로 성장했다. 이런 소식이 여기저기서 들려왔지만 여우는 이미 왕에게 조언했다가 무시당한 경험이 있어서 한숨만 쉬고 있었다. 그러다가 답답한 마음에 다시 한번 왕을 찾아갔다.

"폐하, 우리는 더 이상 피할 곳이 없습니다. 그동안 많은 동물들이 태어나고 또 죽었습니다. 그리고 지금 왕께서 동물들을 불러 모아 도와달라고 한들 소용이 없습니다. 이제 그놈들은 더 이상 폐하의 종이 아니기 때문입니다. 지금은 달리 뾰족한 수도 없고 오직 이 방법밖에 없습니다. 사자에게 양을 먹여 배부르게 해서 살살 구슬리십시오. 이렇게 해야만 다른 동물들의 힘을 키울 수 있는 시간도 벌고 당신의 재산도 보호할 수 있습니다. 왕이시여, 사자는 감히 상상도 못할 힘을 가지고 있습니다. 사자는 세상 누구보다 용맹하고 강인하며 민첩합니다. 어서 사자의 발 앞에 양 한 마리를 던져주십시오. 만약 사자가 가지려고 하지 않으면 양을 더 던져주시고 거기에다 소 한 마리를 또 얹어주십시오. 지금은 '당근요법'이 최선입니다. 목장에서 가장 먹음직한 소와 양을 갖다 줘야만 다른 동물들도 구할 수 있습니다."

하지만 표범 왕은 이번 조언 역시 귓등으로도 듣지 않았다.

상황은 순식간에 걷잡을 수 없게 되어 결국 표범 왕의 많은 측근들은 화를 면치 못했고 남은 동물들도 모두 사자의 희생양이 되었다. 그리고 작고 힘없던 적이 지금은 숲의 주인이 되었다.

여우의 지혜 라이벌에 대처하는 가장 좋은 방법은 젖 먹던 힘까지 다해서 그만큼 강해지든가 아니면 라이벌 스스로 당신과의 경쟁을 포기하게 만드는 것이다.

9 여우, 늑대를 혼내주다

늙은 사자 왕이 병에 걸려 하루 종일 동굴 안에 누워있었다. 늑대는 다른 동물들과 마찬가지로 왕에게 병문안을 가서 쾌유를 빌었다. 그리고 한 쪽에서 병문안 오는 동물들을 지켜보았다. 늑대는 아직 여우가 오지 않았다는 사실을 눈치 채고 '바로 이때다!' 싶어 왕에게 사정없이 알랑방귀를 뀌어댔다.

"어휴~ 이런 나쁜 여우 같으니라고! 이 여우자식, 지금껏 왕을 존경하지 않았던 모양입니다. 보세요, 왕께서 병에 걸려 누워계시는데 코빼기도 보이지 않잖아요. 정말 아래 위도 없는 놈입니다."

마침 동굴에 들어오려던 여우가 이 말을 들었다. 여우는 두 눈이 이글이글 타오르고 화가 머리끝까지 났지만 우선은 재빨리 대책을 생각해내야 했다. 여우가 사자에게 다가가 이렇게 말했다.

"친애하는 왕이시여, 세상에 저만큼 왕을 생각하는 백성도 없을 겁니다. 저는 왕의 쾌유를 간절히 바라는 마음으로 온 산천을 다 뒤지고 다니다가 가까스로 치료법을 알아왔습니다."

"오호, 그래? 어서 그 치료법을 말해 보거라."

치료법을 알아왔다는 말에 사자의 태도는 완전히 달라졌다.

"네, 늑대를 잡아서 가죽을 벗기고 그 온기가 아직 남아있을 때 가죽을 병든 부위에 걸치면 금세 씻은 듯 나을 수 있다고 합니다."

사자는 여우의 말을 듣자마자 늑대를 끌어내 그의 가죽을 벗기라고 명령했다. 멍청한 늑대는 무슨 영문인지도 모르고 멍하니 있다가 결국 봉변을 당하고 말았다. 여우는 지지리 복도 없는 늑대를 보고 고개를 돌리고는 야비한 미소를 지었다.

여우의 지혜 당신보다 지혜로운 사람을 상대로 산쇠를 부리지 마라.

10 어린 여우, 늑대의 큰 형님이 되다

나이는 어리지만 영특한 여우가 살았다. 어느 날 여우는 태어나 처음으로 말을 보고 와서는 세상물정 모르기는 매한가지인 늑대에게 이렇게 말했다.

"나 어떤 덩치 큰 놈이 우리 목장에서 풀 뜯어먹고 있는 거 봤다! 정말 용감하게 잘 생겼더라!"

"설마 우리보다 더 대단하려고. 그 놈이 어떻게 생겼는지 그려 줘."

늑대가 비웃으면서 말했다.

"야, 내가 화가라면 까짓 거 그 놈 생김새뿐만 아니라 네가 그 놈을 보고 지을 표정까지 그려 줄 수 있어. 어쨌거나 지금은 나랑 같이 가서 대체 무슨 동물인지 알아보자고, 응? 어쩌면 행운의 여신이 우리한테 내려준 사냥감일지도 모르잖아!"

초원에서 풀을 뜯어먹고 있던 말은 비슷하게 생긴 두 친구가 달려오는 것을 보고 흠칫 놀랐다. 그리고 여차하면 언제든지 도망갈 수 있도록 마음의 준비를 해두었다.

"저, 선생님. 존함이 어떻게 되시는지 여쭤 봐도 되겠습니까?"

여우가 물었다.

"너희가 직접 내 이름을 읽어보렴. 우리 주인은 내 이름을 발바닥에 새겨주었거든."

말도 여우 못지않게 영리한 놈이었다. 영특한 여우는 말의 대답을 듣고 부끄러운 표정으로 이렇게 말했다.

"저는 머리도 나쁘고 가방 끈도 짧아서 글자를 모른답니다. 사실 저는 학교에 다니지 못했어요. 왜냐하면 우리 집은 찢어지게 가난해서 저를 공부시킬 형편이 안됐거든요. 재산이라고는 우리 식구가 살고 있는 코딱지만한 동굴이 고작이니 더 말할 것도 없죠. 아, 이 친구는요, 부모님은 두 분 다 박식하시고 좋은 분들인데, 이 녀석이 하도 공부를 싫어해서 아직도 글자를 읽을 줄 몰라요."

늑대는 여우가 말에게 살살거리며 이야기하는 것을 듣고 있다가 몰래 말한테 다가갔다. 그 순간 말이 호되게 뒷발질을 해서 늑대를 세차게 걷어찼다. 결국 늑대는 경솔한 호기심 때문에 이빨 4개를 그 대가로 지불해야 했다. 만신창이가 된 늑대는 땅으로 내동댕이쳐졌고 가뜩이나 상처도 깊은데 피까지 많이 흘리는 바람에 차마 눈뜨고 쳐다볼 수 없을 정도로 망가졌다.

여우의 지혜 영리한 사람은 낯선 사람의 말과 행동을 곧이곧대로 믿지 않는다.

11 여우, 사자를 배신하다

사자에게 쫓기고 있는 산양 한 마리가 무성한 수풀 사이를 정신없이 달리고 있었다. 산양 뒤에는 사자가 탐욕스러운 눈빛으로 그의 점심식사를 노려보며 쫓아오고 있었다. 정신없이 달리던 산양은 그만 막다른 골짜기에 이르고 말았다.

'이제 정말 뛰어봤자 벼룩이군.'

사자가 성큼성큼 산양에게 다가갈수록 그들의 거리는 차츰차츰 좁혀졌다.

바로 그때! 갑자기 구름이 걷히더니 건너편에 또다른 골짜기가 나타났다. 몸집이 작은 산양은 화살처럼 가볍고 빠르게 골짜기를 뛰어넘었다. 사자는 바로 코앞에서 다 잡은 먹잇감을 놓치고, 골짜기 앞에서 발걸음을 멈출 수밖에 없었다. 때마침 사자의 친구인 여우가 나타났다.

"사자야, 너는 민첩하고 힘도 세면서 어떻게 저 작고 연약한 산양도 감당 못하니? 네가 정말 간절히 원한다면 기적이 일어날 거야. 골짜기 폭이 꽤 넓은 편이긴 하지만 너라면 문제없어. 내 말 믿지? 나도 널 믿어! 내가 너를 얼마나 잘 아는데 목숨을 가지고 장난이라도 치겠니?"

여우의 칭찬에 의기양양해진 사자는 어쩔 줄 몰라 하며 우쭐댔다. 그리고 너무 흥분한 나머지 다른 것은 생각도 안하고 오직 자기도 할 수 있다는 자만심만으로 발톱을 바짝 세우고서 냅다 골짜기를 향해 돌진했다. 그러나 몸집이 큰 사자는 골짜기를 넘지 못하고 아래로 떨어져 즉사하고 말았다.

사자가 골짜기 아래로 떨어지자 여우는 더 이상 알랑거리며 아첨할 필요가 없어졌다. 여우는 죽은 사자를 찾기 위해 골짜기 아래로 내려가 죽은 친구를 추모하면서 태연하게 사자고기를 즐겼다.

이래도 여우를 사자의 친구라고 할 수 있을까?

여우의 지혜 만약 위험에 처한 당신에게 누군가 목숨을 걸고서라도 부딪쳐보라고 충고한다면 당신은 우선 그 사람을 경계해야 한다.

12 여우, 사자와 같이 식사하다

사자와 당나귀 그리고 여우가 함께 사냥을 즐겼다. 그러던 어느 날 사냥이 너무 잘 돼서 짧은 시간동안 꽤 많은 사냥감을 얻을 수 있었다.

당나귀와 여우는 안절부절못하며 사자가 어서 사냥감을 나누기만 기다렸다.

　잠시 후 사자는 당나귀에게 자기 몫을 가져가라고 했다. 당나귀는 조심스럽게 사냥감의 3분의 1을 떼어가더니 겸손하게 더 이상은 필요 없다고 했다. 그러자 사자는 크게 화를 내면서 당나귀를 한입에 물어죽이고 그것도 모자라 갈기갈기 찢어버렸다.

　사자가 이번에는 여우에게 자기 몫을 가져가라고 했다. 그러자 똑똑한 여우는 사냥감 대부분을 사자에게 전부 밀어주고 자기는 아주 조금만 가졌다.

　그 모습을 보고 있던 사자가 여우에게 물었다.

　"누가 이렇게 사냥감을 나누라고 가르쳐주었느냐?"

　여우가 대답했다.

　"가엾은 당나귀가 가르쳐주었습니다."

여우의 지혜 다른 사람의 불행을 통해 얻은 교훈을 잘 활용하라.

13 여우, 곰과 사자를 싸우게 하다

사자와 곰이 동시에 곧 숨이 끊어질 듯한 어린 사슴을 발견했다. 이 맛깔스러운 먹이를 차지하기 위해 사자와 곰은 한 치의 양보도 없이 치열하게 싸웠다. 내내 정신없이 싸우다보니 머리가 아찔하고 눈앞이 캄캄할 정도로 피곤해져서 둘 다 가쁜 숨을 내쉬며 땅에 나자빠졌다.

　그때 이곳을 지나가던 여우가 사자와 곰이 땅바닥에 누워 숨만 헐떡

거리는 것을 보고 잽싸게 어린 사슴을 집어 물었다. 사자와 곰은 두 눈을 시퍼렇게 뜬 채로 여우가 사슴을 가지고 가는 것을 지켜볼 수밖에 없었다. 사자와 곰이 후회하며 말했다.

"우린 정말 바보들이야. 그거 조금 더 먹겠다고 미친 듯이 싸우다가 결국 교활한 여우에게 뺏기고, 젠장 여우만 횡재했네!"

여우의 지혜 서로 맞서기만 하고 양보하지 않으면 그 틈을 타서 제삼자가 이득을 본다.

14 여우, 선거하다

사자 왕이 죽자 모든 동물들은 새로운 왕을 뽑기 위해 사자가 생전에 살았던 동굴에 모였다. 동물들은 사자의 옷상자 안에 있는 왕관과 큰 용이 새겨진 왕의 헌장을 꺼냈다. 그리고 모두들 돌아가면서 왕관을 써보았지만 왕관이 맞는 동물이 없었다. 어떤 동물에게는 너무 크고, 또 어떤 동물에게는 너무 작았다. 그리고 어떤 동물은 머리에 긴 뿔이 달려있어서 사자의 왕관이 아예 들어가지도 않았다.

원숭이의 차례가 되자 원숭이는 히죽거리면서 모자를 썼다. 원숭이가 왕관을 쓴 모습은 완전히 코미디나 다름없었다. 원숭이는 왕관을 이리저리 돌려쓰면서 능숙한 솜씨로 엉뚱하고도 익살스러운 모습을 연출해냈다. 게다가 원숭이는 왕관에 쏙 들어갈 정도로 머리가 작아서 더 우스꽝스러워 보였다. 그런데 동물들은 오히려 이런 모습을 좋아했다. 그리고 결국에는 많은 동물들이 원숭이를 새로운 왕으로 추천했다.

동물들은 차례차례 원숭이에게 왕이라는 칭호를 불러주었다. 하지만 여우만은 이 선거 결과에 대해 불만이 이만저만이 아니었다. 그러나 겉으로는 절대로 티내지 않으면서 원숭이에게 이렇게 말했다.

"왕이시여, 차기 왕을 위해 비밀리에 숨겨놓은 보물이 있습니다. 그 보물이 숨겨져 있는 곳은 저만 알고 있습니다. 우리 동물왕국의 법에 따라 이제 그 보물들은 모두 왕의 것입니다."

새로운 왕은 보물이 있다는 말에 순간 정신이 아찔했지만 겉으로는 관심 없는 척 연거푸 하품을 해댔다.

원숭이는 그것이 여우의 함정이라는 생각은 하지 못하고 단순히 여우가 자기를 놀리는 건 아닌지 걱정했다. 그래서 깊은 밤 혼자 몰래 보물이 숨겨져 있는 곳으로 가보았다. 여우의 함정에 보기 좋게 걸려든 어리석은 원숭이는 그곳에 미리 잠복하고 있던 인간들에게 잡히고 말았다.

숨어서 지켜보던 여우가 원숭이에게 말했다.

"너 아직도 네가 우리의 왕이 될 수 있다고 생각하니? 천만에! 넌 어떻게 자신을 컨트롤해야하는지, 어떻게 해야 다른 동물들에게 좋은 본보기가 될 수 있는지도 모르잖아!"

결국 원숭이는 즉위한 지 하루 만에 왕위에서 내려왔다. 그리고 모든 동물들은 '왕관은 세상에서 아주 훌륭한 소수의 동물만이 쓸 수 있는 것'이라는 사실을 깨달았다.

여우의 지혜 자신의 역할을 충실하게 해내는 사람이 바로 지혜로운 사람이다.

15 여우가 늑대에게 준 선물

닭고기를 배부르게 먹고 나자 여우는 온 몸이 노곤해졌다. 그는 먹다 남은 닭고기를 조심스럽게 수풀 속에 숨겨놓고 큰대자로 누워서 휴식을 취했다.

그때 갑자기 굶주린 늑대 한 마리가 여우 앞에 나타나 픽 쓰러지며 말했다.

"난 정말 재수가 없어. 오늘 뼈다귀 한 개 말고는 아무것도 먹지 못했지 뭐야. 이것 봐. 배가 텅텅 비어서 이제는 쭈글쭈글해졌어. 요즘 양치기들이 양을 삼엄하게 지키고 있는데다가 양치기 개는 왜 또 그렇게 지독한지. 제기랄! 난 더 이상 이렇게 못살겠어!"

"진짜?"

"야, 난 죽어도 거짓말 같은 건 안 하는 놈이라고!"

"가여운 친구, 여기에는 마른 풀이 굉장히 많아. 괜찮으니까 사양하지 말고 마음껏 먹으렴."

그러나 사실 늑대가 정말 먹고 싶은 것은 마른 풀 따위가 아니라 기름기 좔좔 흐르는 육식이었다. 그런데도 여우는 숨겨놓은 닭고기에 대해서 입도 뻥긋하지 않았다. 마른 풀을 먹으라는 여우의 말에 맥이 풀린 늑대는 여우의 위안을 뒤로 한 채 굶주린 배를 부여잡고 다시 집으로 돌아갔다.

여우의 지혜 사람들은 자신에게 쓸모없는 것을 다른 사람에게는 선심 쓰듯 베풀어주는 척한다.

16 여우와 안사돈 늑대

어미늑대가 새끼늑대를 낳자 여우에게 가서 새끼늑대의 대모가 되어달라고 부탁했다.

"사돈어른, 우리가 좀 가까운 사이인가요? 사돈어른은 교양도 있고 지혜로우시니까 우리 아기를 좋은 길로 이끌어주실 거라고 믿어요."

여우는 겸손한 척하며 어미늑대에게 말했다.

"안사돈께서 저를 그렇게 좋게 평가해주시니 부끄럽습니다. 안사돈께서 기대하시는 것에 어긋나지 않도록 열심히 해야겠군요. 그런데 안사돈, 우리 모두 아기한테 관심을 가져야 할 의무가 있지 않습니까?"

"그럼요!"

"그럼 아기가 튼튼하게 잘 자랄 수 있도록 좋은 걸 먹어야 하지 않을까요? 제가 아는 양의 우리가 하나 있는데 거기에서 양 한 마리쯤 훔쳐오는 건 별로 어려운 일도 아니죠. 어떻게 생각하세요?"

이 말을 들은 어미늑대는 흔쾌히 승낙했다. 여우는 저 멀리에 있는 양의 우리를 가리키면서 어미늑대에게 말했다.

"바로 저거예요! 안사돈은 들키지 않게 살금살금 우리 안으로 들어가세요. 저는 다른 쪽에 가서 작은 닭이라도 잡을 수 있는지 살펴볼게요."

하지만 여우는 말만 이렇게 하고 숲 속에 들어가서 다리 뻗고 누워버렸다. 어미늑대는 여우의 말대로 양떼에게 다가가다가 우리 안에 있던 양치기 개가 깨는 바람에 그만 농부에게 잡히고 말았다. 농부에게 한바탕 두들겨 맞고서 어렵게 도망 나온 어미늑대는 가까스로 몸을 일으켜

숲으로 돌아왔다. 여우는 편히 누워 있다가 어미늑대가 나타나자 불쌍한 얼굴로 말했다.

"아이고, 이놈의 팔자야! 우리에 갔다가 농부한테 들켜서 다리가 부러졌어요. 안사돈, 저 좀 업어주세요. 안사돈이 무정하게 저를 놓고 가신다면 전 이대로 죽어버리고 말 거예요!"

어미늑대는 몸이 성하지 않았지만 여전히 여우에게는 잘 해주고 싶었다. 그래서 사실 말짱하다 못해 너무나 건강한 새끼늑대의 대모를 등에 업고 힘겹게 한 걸음 한 걸음 걸어서 집에 데려다주었다.

집에 돌아오자 여우가 어미늑대에게 말했다.

"잘 가요, 안사돈! 사실 안사돈은 양을 훔치기에 몸집이 너무 커요. 다음에는 당신이 잡은 양고기나 한번 맛봐야겠군요! 호호호!"

여우는 잔인하게 비웃고 돌아섰다.

여우의 지혜 지나치게 잔꾀에 밝은 사람을 조심하고 또 조심해야 한다.

17 여우와 나무꾼

양치기 개에게 쫓기던 여우가 어느 공터에 도착했다. 금세라도 숨이 넘어갈 것처럼 지쳐버린 여우는 막다른 곳에 이르러 다행히도 근처에서 나무를 베고 있는 나무꾼을 발견했다. 여우는 재빨리 달려가 나무꾼에게 사정하며 애걸복걸했다.

"나무꾼님, 사냥꾼이 쫓아와요. 저 좀 숨겨주세요. 부탁이에요."

"그래? 그럼, 저기 내가 쓰는 작은 움막에 숨으렴."

고맙게도 나무꾼은 여우의 부탁을 들어주었다. 여우는 얼른 움막 안으로 들어가 구석진 곳에 몸을 숨겼다. 잠시 후 여우를 뒤따라오던 사냥꾼이 나무꾼에게 물었다.

"도망가는 여우를 보지 못했습니까?"

나무꾼은 아무 대답도 하지 않고 사냥꾼에게 움막 쪽을 향해 사인을 보냈다. 하지만 성질 급한 사냥꾼은 도통 눈치를 채지 못하고 오로지 여우가 어디로 갔을지 생각만 하다 그곳을 떠났다.

사냥꾼이 사라진 뒤 가까스로 위험에서 벗어난 여우는 나무꾼에게 한 마디 말도 없이 가려고 했다. 그러자 나무꾼이 여우에게 말했다.

"생명을 구해준 은인한테 고맙다는 말도 안 하냐?"

나무꾼이 여우를 나무라자 여우가 퉁명스럽게 대답했다.

"흥! 지금 나더러 고마워하라고? 하긴 당신 손가락이 날 배신하시만 않았어도 내가 진심으로 고마워했을지도 모르지."

여우의 지혜 상대방의 말에만 의지하지 마라. 말보다 행동이 중요하다.

18 여우와 농부

어느 날 농부가 여우와 우연히 마주쳤다.

"예쁜 여우야, 너 왜 닭을 훔치니? 이렇게 도둑질하면서 사는 게 죄라는 생각 안 들어? 네가 매일 도둑질만 하고 사니까 세상 사람들이 다

너를 욕하고 미워하잖아. 게다가 너도 도둑질할 때마다 항상 마음이 불안하지? 그깟 밥 한 끼 때문에 사람들에게 맞아죽을 걱정하는 게 좀 억울하지 않니?"

그러자 여우가 비굴하게 대꾸했다.

"난들 이러고 사는 게 마냥 좋은 줄 알아? 제기랄! 지지리 복도 없는 인생! 나도 원래는 성실하고 열심히 사는 놈이었어. 자식새끼들 굶기지 않으려다 보니 어쩔 수 없었다고. 게다가 사는 게 점점 더 쪼들리기만 하는데 정말 환장하겠더군. 하긴 나도 가끔은 '아! 세상의 도둑이 나 하나뿐인가? 꼭 이렇게 도둑질을 하며 살아야 되나?'라는 생각이 들기도 해. 이런 일을 하면서 사는데 찔리지 않는다면 그게 더 이상한 거 아냐?"

"그럼, 좋아. 네 말이 전부 사실이라면 내가 널 도와줄게. 이제부터 깨끗하게 손 씻고 새 출발하는 거야. 너는 이제부터 우리 집 닭장을 지키는 파수꾼이 돼서 다른 여우들이 얼씬도 못하게 하렴. 여우인 너보다 여우를 잘 아는 동물은 없을 테니 말이야. 대신 나는 너희 가족이 부족함 없이 살도록 해줄게. 그럼 넌 아무 걱정 없이 풍족하고 행복하게 살 수 있을 거야. 어때?"

여우가 생각하기에도 농부가 제시하는 조건이 참 괜찮았다. 그래서 여우는 그의 제안을 흔쾌히 받아들였고 그의 말대로 닭장을 지키는 일을 시작했다. 여우는 새로운 생활이 너무 만족스러웠고 여우 덕분에 농부도 금세 부자가 되었다.

여우는 부족함 없이 살게 되자 통통하게 살이 오르고 점점 게을러졌다. 그러다 보니 나쁜 버릇이 자꾸 튀어나왔다. 버릇을 완전히 고치기란 정말 쉽지 않았다. 아무리 사는 게 좋아져도 여우는 여우인지라 자꾸 잘못된 일들에 유혹을 느꼈기 때문이다.

그러던 어느 늦은 밤 여우는 농부가 키우는 식물을 다 먹어치우고 닭장 속에 있는 닭들도 다 물어 죽여 버렸다.

또다시 나쁜 짓을 저지르게 된 여우는 지체 없이 줄행랑을 쳤고 성실한 파수꾼생활도 접었다.

여우의 지혜 제 아무리 백만장자가 되었다한들 탐욕스러운 천성은 쉽게 버릴 수 없다.

19 여우와 농부가 우정을 이야기하다

어느 날 여우가 농부에게 평소 궁금했던 것을 물었다.

"너희 집에 말 있지? 계속 지켜보니까 너희들 항상 같이 지내더라. 저번에는 너희 둘이 밭에 나가는 걸 봤어. 너희는 어떻게 친구가 된 거니? 나는 말이 동물 중에서 가장 어리석은 놈이라고 알고 있거든."

그러자 농부가 대답했다.

"뭐, 그다지 대단한 이유가 있는 건 아니야. 난 농부잖아. 그러니 내가 필요한 게 뭐겠니? 난 그저 나 대신에 수레를 끌고 내가 힘들 때 자기 등을 내어주는 친구면 돼. 나야 뭐, 채찍만 살짝 휘둘러주면 되니까 그 친구를 대할 때 어려울 것도 없지. 난 순진한 그 녀석이 정말 좋아."

여우의 지혜 투명하고 순박한 친구가 속을 알 수 없는 친구보다 낫다.

20 여우와 늙은 호랑이가 매력을 이야기하다

여우가 늙은 호랑이에게 말했다.

"난 너처럼 빠른 발이랑 강한 힘을 갖고 싶어."

늙은 호랑이가 물었다.

"그거 말고 다른 매력은 없니?"

"글쎄, 다른 건 잘 모르겠는데?"

"이 털 어때? 멋지지 않아? 봐봐. 네 털도 끝내 줘. 겉모습은 속마음을 닮는다더니 역시……"

"뭐? 겉모습이 속마음을 닮는다구? 그럼 난 어떡하지? 이렇게 아름다운 털을 가지고 있으면 동물들을 헤치지 말아야 한다는 뜻이잖아. 아이고, 차라리 하느님이 내 멋진 털을 하찮은 새털 따위로 바꿔주시면 좋겠다!"

<u>여우의 지혜</u> 내적인 아름다움을 갖추는 것이 화려한 외모를 갖추는 것보다 훨씬 더 중요하다.

21 여우와 표범이 아름다움을 이야기하다

여우와 표범이 서로 잘났다고 싸우고 있었다. 표범이 말했다.

"몸에 이렇게 아름다운 반점이 있는 동물은 세상에 나 하나 뿐이야."

그러자 여우가 비웃었다.

"쳇! 고작 생긴 거 가지고 자랑이라니…… 이것 봐! 내가 얼마나 잘

났는지 넌 상상도 못할 걸? 내 아름다움은 바로 이 머릿속에 있거든."

<u>여우의 지혜</u> 내적인 지혜로움은 외적인 아름다움보다 더욱 값지다.

22 여우와 체면 따지는 당나귀

"어이! 똘똘이 씨, 어디 갔다 와?"

여우가 길거리에서 당나귀와 마주치자 이렇게 물었다.

"방금 사자한테 갔다 왔어. 아, 그 친구, 예전에 위풍당당했던 모습은 다 어디로 갔는지…… 예전에 사자가 한 번만 울부짖으면 온 숲이 쩌렁쩌렁 울렸는데 말이지. 그때 나는 사자 눈에 뜨이지 않으려고 필사적으로 도망쳤지. 어디로 가든 그 험상궂은 놈만 피할 수 있다면 상관없었어. 그런데 그랬던 사자가 지금은 폭삭 늙어서 완전히 쓸모없게 돼버렸어. 기력도 바닥나서 동굴에 누워있는데 꼭 산송장 같더라고. 어? 내 말을 못 믿겠다는 거야? 이제 우리가 두려워하던 사자는 없어! 모두들 그동안 사자한테 맺힌 원한을 갚으려고 난리가 났더라고. 어떤 놈은 이빨로 물어뜯고, 어떤 놈을 뿔로 들이받고……"

당나귀가 열심히 말하는데 여우가 중간에 말을 끊었다.

"그럼 너는? 당연히 아무 짓도 못하고 구경하기만 했겠지? 분명 나중에 무슨 보복이나 당하지 않을까 걱정하면서 구경만 했을 거야."

"어라? 이 자식 말하는 것 좀 보게? 누가 누굴 무서워한다고 그래? 나도 단번에 사자를 걷어찼어. 그리고 사자한테 '네 이놈! 당나귀 발굽 맛이 얼마나 매서운지 한번 맛 좀 봐라!'라고 멋지게 말해주고 왔다구!"
여우의 지혜 비열한 사람은 항상 이렇다. 당신이 권력과 실력을 가지고 있을 때는 머리까지 조아리며 당신의 눈도 제대로 쳐다보지 못하지만, 당신이 높은 지위에서 미끄러지기라도 하면 곧바로 당신을 나무라고 비난하며 '너는 고작 그런 놈에 불과했어!'라고 모욕한다.

23 여우와 원숭이

"야, 네가 생각하기에 누굴 따라하면 내가 더 민첩해질 수 있겠니?"
　원숭이가 여우에게 물었다. 그러자 여우가 대답했다.
　"그 전에 네가 먼저 내 질문에 대답 좀 해줄래? 세상에 어떤 동물이 너처럼 상스럽고 비열해지고 싶어 하겠니?"
여우의 지혜 무작정 다른 사람을 따라하려고 하지 말고 당신부터 다른 사람의 훌륭한 표본이 되도록 노력하라.

24 여우, 사슴에게 충고하다

사슴이 여우에게 말했다.
　"큰일 났어! 지금 사자하고 늑대가 손을 잡았대! 이제 우리처럼 작고 연약한 동물들은 모조리 죽은 목숨이야!"

"뭐? 사자하고 늑대가? 그건 차라리 다행이네. 사자가 한 번 울고 늑대가 또 한 번 우는 동안 시간만 조금 벌 수 있다면 얼마든지 도망갈 수 있잖아. 근데 만약에 힘 센 사자하고 발 빠른 스라소니가 손을 잡았다고 상상해봐. 그럼 우린 그 자리에서 꼼짝없이 잡아먹혀야 할 거야."
[여우의 지혜] 호랑이에게 날개까지 달아주지 마라.

25 여우, 산양을 속이다

여우와 긴 뿔을 가진 산양은 좋은 친구다. 산양은 머리가 단순한 멍청이였지만 여우는 교활하고 약삭빨랐다. 어느 날 여우는 발을 헛딛고 우물에 빠지고 말았는데 아무리 발버둥쳐 봐도 빠져나올 수가 없었다. 그때 마침 산양이 물을 마시러 우물 근처로 왔다. 여우는 산양을 보고 너무 기뻐하며 살려달라고 소리 질렀다. 그런데 산양은 여우에게 이렇게 물었다.

"여우야, 여기 물 맛있니?"

여우는 다급하게 대답했다.

"맛있어, 맛있어. 얼른 이리로 내려와!"

산양은 여우의 말을 듣고 아무 생각 없이 우물로 뛰어들었다. 산양이 실컷 물을 마실 때까지 기다리던 여우는 이렇게 말했다.

"산양아, 우리 이제 어떡하지? 일단 내려와서 물은 실컷 마셨는데 여기서 나갈 방법이 없네. 이렇게 하는 거 어때? 네가 발을 들고 우물 벽에 긴 뿔을 대고 있으면 내가 먼저 네 등을 밟고 올라갈게. 그리고 내가 네

뿔 꼭대기에 서면 네가 뿔을 힘껏 위로 밀어주는 거야. 그럼 내가 먼저 우물 밖에 나간 다음에 위에서 널 끌어올려줄게."

"그래, 그러면 되겠다. 날 끌어줄 땐 내 수염을 잡고 당기면 돼. 아참, 내 수염 엄청 멋지지? 암튼 진짜 좋은 생각이다. 난 항상 너처럼 똑똑한 동물들이 참 부러워. 아마 난 죽었다 깨어나도 이런 생각을 못할 거야."

잠시 후, 여우는 산양의 몸을 밟고 우물 밖으로 빠져나왔다. 하지만 교활한 여우는 산양을 그대로 우물 안에 내버려두었다. 그리고 우물을 떠나면서 산양에게 이런 말을 남겼다.

"산양아, 조금만 기다려봐. 정말 하느님이 너한테 훌륭한 수염을 주실 거였다면 그 전에 네 멍청한 머리부터 손 보셨을 거야. 그럼, 넌 바보같이 우물 안으로 뛰어 들어오지 않았을 거구. 자, 안녕! 어쨌거나 난 이미 빠져나왔으니까 너도 어디 한번 그 안에서 빠져나올 방법을 잘 생각해봐. 난 할 일이 있어서 빨리 가야 하거든. 도와주지 못해서 미안!"

여우의 지혜 하나, 좋은 머리는 멋진 수염보다 쓸모 있다. 둘, 무슨 일이든지 신중하게 생각한 뒤 행동하라.

26 여우와 야생늑대

어느 날 늑대는 고목나무 위에서 이빨을 갈고 있는 여우를 보고 신기해하며 물었다.

"이봐, 여긴 사냥꾼도 없고 사냥개도 없어. 이렇게 안전한 데서 왜 이빨을 가니?"

그러자 여우가 대답했다.

"맞아. 하지만 정작 위험에 처했을 때 살아남으려면 정신없이 싸우기도 바쁜데 어디 이빨 갈 시간이 또 있겠니?"

여우의 지혜 유비무환(有備無患)

27 여우와 고슴도치

여우가 고슴도치에게 말했다.

"내 말 좀 들어봐. 난 있지, 우리 우정에 대해서 너랑 한번 허심탄회하게 얘기해보고 싶어. 나 솔직히 길에서 너랑 우연히 만나면 너무 반가워. 그런데 너는 그런 내 기분은 아랑곳하지 않고 바로 몸을 웅크리더라. 송곳 같은 가시를 뾰족뾰족하게 세우고 말이야. 고슴도치야, 우리 좀 사이좋게 지낼 수 없을까? 음, 말하자면 자비로운 태양의 아버지가 친애하는 대지의 어머니를 따뜻하게 안아주는 것처럼 말이야. 뭐 하러 송곳 박힌 딱딱한 옷을 입고 있는 거니? 빨리 이 지독한 가시들을 뽑아버려. 그리고 우리 정말 좋은 친구로서 서로 꼭 안아주자!"

그러자 고슴도치가 대답했다.

"너 진짜 옳은 말만 한다! 그런데 조건이 있어. 네가 먼저 날카로운 이빨을 몽땅 뽑아. 그럼 나도 내 가시를 뽑을게."

여우의 지혜 자신을 보호하기 위한 경계심을 늦추지 마라.

28 여우, 고양이에게 한 방 먹다

여우와 고양이가 같이 여행을 떠났다. 그들은 겉으로 보기에는 온화하고 귀여웠지만 사실은 하나같이 교활하기 그지없었다. 그들은 날카로운 이빨로 다른 동물의 식량을 훔쳐 먹고 빼앗으면서 여행 도중에 발생하는 문제를 서로 의지하면서 해결했다. 하지만 짧은 여행이 아니었던 터라 그들은 서로에게 서서히 싫증이 나기 시작했다. 서로 그냥 혼자 조용히 있었으면 좋겠다는 생각에 시도 때도 없이 싸움으로 시간을 보냈다. 하지만 싸운다고 해서 그들의 문제가 해결되지는 않았다. 그들은 그렇게 하나도 도움이 되지 않는 싸움을 계속했고 오직 잠을 잘 때만이 유일하게 평화로운 순간이었다. 그들은 힘이 바닥날 때까지 실컷 싸우다가 결국에는 해결 방법을 상의해보기로 했다.

여우가 고양이에게 말했다.

"넌 맨날 니가 잘났다고 하는데 그건 내가 얼마나 똑똑한지 몰라서 하는 말이야. 너 내가 숨겨놓은 백 가지 묘책을 알면 놀랄 걸?"

"그래, 난 너처럼 재주가 많지 않아. 하지만 내 한 가지 재주가 너의 백 가지 재주들 보다 한 수 위라고 장담해!"

고양이가 말을 마치자마자 둘은 또다시 싸우기 시작했다. 그런데 갑자기 사냥개들이 '컹! 컹!' 짖으며 달려오는 소리가 들렸다. 싸움을 멈추고 고양이가 새침하게 말했다.

"이봐, 친구. 어떻게 좀 해봐. 잔머리 굴리기는 네가 최고잖아. 어디 그 좋은 머리를 제대로 한번 굴려보시지! 내 능력은 이것뿐이야."

말을 마친 고양이는 신속하게 나무 위로 뛰어올라갔다.

고양이처럼 나무에 올라가지 못하는 여우는 다른 방법을 생각해내야 했다. 하지만 수많은 묘책을 생각해보아도 지금 상황에서는 아무 쓸모도 없었다. 그래서 여우는 할 수 없이 근처에 있는 동굴로 잽싸게 도망쳤다. 그러나 동굴 안은 사냥개 주인이 미리 만들어 놓은 자욱한 연기 때문에 아무 것도 보이지 않았다. 그리고 바짝 쫓아오는 사냥개들을 도저히 당해낼 수 없었다. 결국 여우는 동굴 출구에서 지키고 있던 사냥개 두 마리에게 물려 죽었다.

여우의 지혜 만 가지 얕은 수보다 쓸모 있는 한 가지 재주가 낫다.

29 여우, 토끼를 가르치다

하루는 토끼가 다급하게 달려와 숨을 헐떡거리며 여우에게 도움을 요청했다.

"여우야, 나 좀 도와줘. 지금 매가 쫓아오고 있어!"

그러자 여우는 고개를 저었다.

"어머, 안돼! 네가 누구한테 쫓기고 있는지만 몰랐어도 분명히 도와줬을 텐데! 미안해!"

여우의 지혜 일을 시작하기 전에는 반드시 그 일이 자신에게 이익이 되는지 해가 되는지, 혹은 쉬운 일인지 어려운 일인지 꼼꼼히 따져보아야 한다.

30 여우와 게

게 한 마리가 바다에서 육지로 기어 나와서 해변을 분주하게 돌아다니고 있었다. 이때 배고픈 여우가 마침 이곳을 지나가다가 게를 보자마자 냉큼 집어 들었다. 여우가 허기를 채우기 위해 게를 입에 넣으려는 찰나 게가 통곡을 하면서 비명을 질렀다.

"으악! 죽기 싫어! 바다에서나 편하게 살 걸. 도대체 무슨 영광을 보자고 육지로 나온 거야! 으앙!"

여우의 지혜 만물은 각자 있어야할 자리가 따로 있다. 사람도 마찬가지이다. 자신에게 맞는 자리를 버리고 경솔하게 다른 자리로 옮겨서는 안 된다.

31 여우와 가면

여우가 어느 배우의 집에 몰래 들어가서 살금살금 집안 곳곳을 뒤지고 있었다. 그러다가 상자 안에 정교하게 잘 만들어진 예쁜 가면을 발견했다. 여우는 너무 좋아하면서 자기가 헛걸음을 하지 않아 다행이라고 생각했다. 그런데 여우는 금세 실망을 감추지 못하고 이렇게 말했다.

"에이! 이렇게 아름다운 머리 안에 왜 맛있는 뇌가 없는 거야? 정말 아깝다!"

여우의 지혜 내실 없는 아름다움은 쓸모가 없다.

32 여우와 늙은 매

어떤 사람이 매를 잡았다. 그 사람은 매의 날개를 묶고 농가 옆에 있는 공터에서 다른 가축들과 같이 생활하게 했다.

거만한 매는 이런 대우가 너무 못마땅했다. 하루 종일 풀이 죽어서 한숨만 내쉬고 아무 것도 먹지 않았다. 그러자 주인은 할 수 없이 다른 사람에게 매를 팔았다.

그런데 새로운 주인은 매에게 정말 잘해주었다. 그는 날개를 묶지도 않고 약으로 상처 난 곳을 정성껏 치료해 주었다. 매의 날개는 금세 나아져서 다시 날개를 활짝 피고 하늘을 날 수 있게 되었다.

그러자 매는 토끼 한 마리를 잡아서 목숨을 구해 준 주인에게 보답을 했다.

여우가 이것을 보고 펄쩍 뛰며 말했다.

"아이고! 이런 바보야! 토끼를 잡아서 지금 주인한테 갖다 주면 뭐해? 토끼는 맨 처음 널 잡은 사람한테 갖다 줬어야지!"

매가 여우의 말을 이해하지 못하고 어리둥절해하자 여우가 다시 설명했다.

"야, 잘 생각해봐. 지금 네 주인은 네가 굳이 애교부리지 않아도 계속 지금처럼 잘해주겠지만 처음에 그 사람은 어땠니? 빨리 토끼를 한 마리 잡아다 주지 않으면 네 날개를 또 묶어버리려고 할 걸!"

여우의 지혜 비열한 사람은 당신이 모질게 대할수록 당신을 떠받들 것이고 당신이 잘해줄수록 당신을 우습게 볼 것이다.

33 여우와 의리를 배신한 매

여우와 산매는 친한 친구 사이였기 때문에 같은 산에서 함께 살기로 했다. 산매는 높은 나뭇가지 위에 둥지를 틀어 알을 낳았고 여우는 나무 아래에 있는 동굴에서 새끼들을 키웠다. 이렇게 그들은 이웃사촌이 되어 서로 의지하며 살기 시작했다.

여우가 먹이를 잡으러 나간 어느 날, 며칠동안 아무 것도 먹지 못한 산매는 배고파 울고 있는 새끼들을 애처롭게 바라보고 있었다. 그러다 갑자기 나무 아래로 날아가서 동굴에서 '엉엉' 울고 있는 여우의 새끼들을 훔쳐 다시 잽싸게 나무 위로 올라왔다. 방금까지만 해도 배고파 지쳐 있던 새끼들은 어미산매가 훔쳐온 먹이 덕분에 순식간에 배를 채울 수 있었다. 산매는 비아냥거리며 혼잣말로 중얼거렸다.

"불쌍한 여우야, 너도 나 같은 능력이 있으면 한 번 복수해보렴."

먹이를 잡으러 나갔던 어미여우가 집에 돌아왔다. 그런데 동굴을 샅샅이 뒤져보아도 새끼들이 한 마리도 보이지 않았다. 이상하다 여긴 여우는 이내 그 이유를 알아차렸다. 하지만 상심한 여우가 할 수 있는 일이라고는 냉정한 산매를 원망하면서 산매 둥지를 노려보는 것밖에 없었다.

얼마 지나지 않아 배신자 산매에게 갑작스런 불행이 닥쳤다.

어느 날 새벽, 근처의 마을 사람들이 도살한 가축을 위한 제사를 지냈다. 최소한의 양심도 없는 산매는 예의 없이 제사상을 덮쳐 화염 속에 굽고 있는 양고기를 훔쳐 달아났다. 그런데 이때 갑자기 바람이 세게 불어서 고기를 굽고 있던 불꽃이 삽시간에 산매의 둥지까지 번지고 말았다. 그리고 방금 날개를 펴기 시작한 새끼들은 불에 타 죽었고 둥지는 땅바닥에 떨어졌다. 그러자 여우는 재빨리 뛰쳐나가 산매가 보는 앞에서 잘 익은 새끼를 단번에 먹어치웠다.

[여우의 지혜](#) 당신을 잘 아는 사람이 당신을 가장 철저하게 짓밟는 사람이 될 수 있다.

34 여우가 황새를 놀린 결과

여우의 식사 초대를 받은 황새가 기쁜 마음으로 여우네 집에 갔다. 하지만 막상 여우가 준비한 음식이 너무 초라해서 실망을 금치 못했다. 심지어 기본적인 준비는 물론이거니와 그나마 먹을 수 있는 음식도 멀건 탕밖에 없었다. 그러나 그 탕마저도 판판한 접시에 담겨 있어서 황새를 더욱 당황하게 만들었다. 물론 황새도 여우가 교활하고 인색하기로 유명하다는 것을 알고 있었지만 이렇게까지 할 줄은 꿈에도 상상하지 못했다.

황새는 부리가 길기 때문에 접시에 담긴 탕을 먹을 수 없었다. 그렇지만 여우는 그 점을 간사하게 이용해서 황새를 당황하게 만들고 자기는 접시에 담긴 탕을 깨끗하게 먹어치웠다.

여우에게 모욕을 당한 황새는 여우에게 꼭 복수하겠다고 결심했다. 며칠 후 이번에는 황새가 여우를 초대했다.

"꼭 갈게! 우리는 친구잖아. 그러니 내가 사양하는 것도 실례겠지?"

약속한 날이 되자 여우는 일찌감치 황새의 집에 와서 알랑거리며 들기 좋은 말을 줄줄이 늘어놓았다.

황새는 미리 준비한 음식을 꺼내 왔다. 향기로운 음식냄새가 코를 찔러 여우의 식욕을 마구 자극했다. 황새가 준비한 음식은 모두 여우가 이제껏 먹어보지 못한 것들이었기 때문에 여우는 더욱 침을 삼켰다.

그런데 황새가 가지고 나온 요리는 잘게 찢겨서 입구가 좁은 기다란 호리병에 담겨 있었다. 긴 부리를 가진 황새는 호리병에 담긴 음식을 편하게 먹었지만 큰 주둥이를 가진 여우는 이리 돌려보고 저리 돌려봐도 병 안에 담긴 음식을 먹을 수 없었다.

여우는 맛있는 음식을 눈앞에 두고도 입에 대보지 못하고 빈속으로 터벅터벅 집에 돌아왔다.

[여우의 지혜]{.underline} 자기중심적으로 행동하지 마라. 뛰는 놈 뒤에 나는 놈 있다.

35 여우와 오리

오리자매는 매일 아침마다 같은 길로 연못에 물놀이를 하러 갔다.

"난 이 길이 참 마음에 들어. 근데 내일은 다른 길로도 한번 가볼까 생각 중이야. 연못까지 갈 수 있는 길이 또 있을 것 같거든."

그러자 동생 오리가 발끈하며 대꾸했다.

"싫어, 싫어. 나는 반대야. 이 좋은 길을 놔두고 뭐 하러 또 다른 길을 찾아. 아, 정말 귀찮아. 난 이미 이 길에 익숙해졌단 말이야. 이 길이 편하고 좋다구."

그러던 어느 날 아침, 오리자매는 여느 때와 마찬가지로 연못에 가다가 길 위에 여우가 앉아 있는 것을 보았다.

"좋은 아침이야, 오리아가씨들! 연못에 수영하러 가는구나!"

"응, 맞아. 우리는 매일 이 길로 다녀!"

오리자매가 말했다.

"정말? 그거 재미있는데?"

여우는 날카로운 이빨을 드러내고 능글맞게 웃으면서 말했다.

그 다음 날, 언니 오리가 동생 오리에게 말했다.

"만약에 오늘도 그 큰길로 가면 또 어제 그 여우를 만나게 될 거야. 난 그 재수 없는 얼굴 보기 싫어. 오늘은 다른 길로 가자."

"언니 정말 바보구나. 뭐가 재수 없어? 매너 있어 보이기만 하던데, 뭘. 어제 우릴 보고 웃었잖아."

동생 오리가 웃으면서 말했다. 그래서 결국 오리자매는 또다시 항상 가던 길로 갔다. 큰길에 들어서니 과연 언니 오리의 말대로 여우가 어제 그 자리에 앉아 있었다. 그런데 여우의 손에 큰 마대가 들려있는 것이 아닌가!

"어이! 아리따운 아가씨들! 기다리고 있었어. 헛수고하지 않게 해줘서 고마워!"

말을 끝마치기가 무섭게 여우는 마대를 벌리고 오리자매를 잡으려고 했다. 놀란 오리자매는 '꽥! 꽥! 꽥!' 하고 크게 울면서 젖 먹던 힘까지 다해 도망쳤다. 간신히 여우를 피해 무사히 집에 돌아온 오리자매는 집에 들어서자마자 문을 꼭 잠갔다.

셋째 날, 오리자매는 물놀이하러 갈 시간이 한참 지났는데도 집에서 꼼짝도 하지 않았다. 마음을 안정시키기 위해 그날은 집 밖에 나가지 않기로 했다. 그리고 넷째 날에는 연못으로 갈 수 있는 다른 길을 찾으러 나갔다.

여우의 지혜 낡은 습관은 가끔 바꿔주는 것이 좋다.

36 여우와 수탉

나무울타리 위에서 영리한 수탉이 보초를 서고 있었다.

"큰형님!"

여우 한 마리가 그에게 다가가 온화한 말투로 말을 걸었다.

"우리 이제 화해합시다! 오늘부터 사이좋게 지내자고요. 이 말을 형님께 전해드리려고 온 겁니다. 너무 인색하게 굴지 말고 내려오셔서 저 좀 꼭 안아주세요! 전 오늘 스무 군데 초소에 들러서 이 말을 전해야 해요. 형님과 형님 동료들도 좀 쉬어야지요. 이제 제가 친형님처럼 모실 테니 이 일은 저한테 맡겨 주십시오. 오늘밤부터 형님들께서는 다리 쭉 펴고 주무셔도 됩니다. 하하! 아니, 아직도 안 내려오시고 뭐하세요? 얼른 내려오셔서 제 사랑의 입맞춤을 받아주셔야지요!"

"이봐, 자네 지금 말 한번 잘했구먼. 지금까지 내가 자네한테 들었던 말 중에 가장 듣기 좋은 소리네. 게다가 사이좋게 지내자는 말을 자네 입으로 직접 말하다니 더할 나위 없이 기쁘군. 그런데 말이야. 여기서 보니 저쪽에서 사냥개 두 마리가 여기로 달려오는 게 보이는구먼. 저 개들도 자네한테 이 말을 듣고 싶어서 달려오는 게 분명하네. 아이고! 참 빨리도 뛰는군. 사냥개들이 올 때까지 잠시만 기다리지. 저들이 오면 우리 셋이서 진하게 안아보세!"

여우가 수탉의 말을 듣자 흠칫 놀라며 냉큼 자리를 떠나며 말했다.

"안녕히 계세요! 전 갈 길이 바빠서 말입니다! 다음에 시간을 내서 다시 얘기하지요!"

여우는 닭을 훔치기는커녕 되레 그의 음모가 들키는 바람에 큰 화를 당할 뻔했다. 하지만 그 반면에 수탉은 자신의 속임수를 이용해 사기꾼 여우를 깔끔하게 처치하는 기쁨을 맛보았다.

여우의 지혜 교활한 상대에게는 교활한 방법으로 대처해야 한다.

37 여우와 인도 칠면조

칠면조 무리는 여우의 공격을 받자 모두들 나무 위로 펄쩍펄쩍 뛰어 올라갔다. 여우는 씩씩거리며 칠면조들의 마지막 보루인 나무 주위를 뱅글뱅글 맴돌면서 칠면조들에게 경고했다.

"뭐야, 이놈들! 나랑 한번 해보겠다는 거야? 너희들 이렇게 하면 무사할 줄 알지? 흥, 천만에! 내가 하늘에 대고 맹세하는데 난 꼭 네놈들을 잡아먹고 말 거야!"

시간이 흘러 해가 지고 밤이 되었지만 훤한 달이 마치 칠면조들을 여우로부터 보호해주는 것 같았다.

　그러나 여우도 이미 이런 방면에서는 초보가 아니었다. 그는 갑자기 칠면조로 변장하고 나타나서는 발톱을 세우고 나무 위로 올라가다 뚝 떨어지더니 죽은 척을 했다. 그러더니 이내 끙끙대고 일어나서는 정신을 못 차리고 비틀거리는 연기를 했다. 아마 제아무리 훌륭한 배우라도 이 여우만큼 이렇게 다양한 연기를 소화해내지 못할 것이다. 그는 꼬리를 세우고 칠면조 흉내를 내서 고의적으로 칠면조들의 주의를 끌었다. 이렇게 여러 가지 웃긴 행동을 하면서 칠면조들이 잠을 자지 못하게 했다.

　여우의 볼만한 연극이 계속되자 칠면조들도 점점 경계를 늦추고 풀어졌다. 그러던 어느 순간 불쌍한 칠면조들은 깜빡 졸다가 나무 아래로 뚝 떨어져 땅바닥에 고꾸라지고 말았다. 곧이어 나무 위에 올라갔던 칠면조 상당수가 나무에서 떨어졌고 여우는 땅바닥에 떨어진 칠면조를 모두 주워서 자신의 식량창고에 챙겨 넣었다.

[여우의 지혜] 상대방이 긴장을 늦출 때가 그를 제압하기 가장 좋은 순간이다.

38 여우와 새

새 한 마리가 치즈 두 조각을 입에 물고 높은 가지 위에 앉아있었다. 근처에 있던 여우가 이 치즈 냄새를 맡고 새한테 왔다.
　여우가 새를 달래기 시작했다.

"이봐, 안녕? 오늘따라 우리 예쁜이 눈이 더 부시는데? 아, 그리고 그냥 하는 말이 아니라 네 목소리는 정말 듣기 좋은 것 같아. 넌 정말 '새들의 여왕'이야!"

여우의 칭찬을 듣고 기분이 너무 좋아진 새는 여우에게 자기의 아름다운 목소리를 자랑하고 싶었다. 그래서 노래하려고 입을 열었다가 그만 입에 물고 있던 치즈를 떨어뜨리고 말았다.

여우는 치즈를 주우면서 이렇게 말했다.

"이쁜아, 칭찬하는 말을 들으면 그 말에 보답하는 건 당연한 거야. 그리고 이 치즈 한 조각은 네가 지금 얻은 교훈에 대한 대가라고 생각해."

새는 잠깐 귀신한테 홀린 것처럼 어안이 벙벙했다. 하지만 후회해도 이미 때는 늦었다. 왜냐하면 그의 치즈는 이미 여우에게 넘어가 돌이킬 수 없게 되었기 때문이다.

여우의 지혜 달콤한 유혹에 넘어가지 마라.

39 여우와 까마귀

어느 굶주린 까마귀가 무화과나무 위에 앉아 있었다. 그 까마귀는 가지 위에 난 작고 파란 무화과를 바라보며 빨리 무화과가 익기만을 기다리고 있었다.

여우는 까마귀가 몇 날 며칠 같은 곳에 앉아있는 것을 보고 참 이상하다고 생각했다.

"까마귀야, 넌 왜 매일 그러고 있니?"

"응, 무화과가 익을 때까지 기다리는 중이야."

까마귀의 대답을 들은 여우는 까마귀가 한심스러웠다.

"아이고, 너 정말 바보로구나! 어떻게 가만히 누워서 열매가 저절로 떨어지기만 기다릴 수 있니? 너무 무모한 희망사항 아냐? 게다가 무화과 열매 하나로는 고픈 배를 채울 수도 없잖아."

여우의 지혜 꿈에만 의지하지 말고 능동적으로 삶을 개척하라.

40 여우와 포도

어느 굶주린 여우가 머리 위 나뭇가지에 매달린 잘 익은 포도를 발견하고는 먹고 싶은 간절한 생각에 얼굴까지 상기되었다. 그러나 어떻게 해봐도 포도를 따먹을 수가 없자 이내 한숨을 쉬며 스스로 위로했다.

"이 포도는 엄청 시릴 거야. 그래, 저런 건 천한 놈들이나 먹는 거야."

가엾고 한심한 여우. 배고픈 자신에게 고작 이런 위로밖에 할 수 없었을까?

여우의 지혜 사람은 아무리 탐나는 물건이라도 얻을 수 없으면 그 물건을 열심히 흠잡는다. 그러므로 남들이 어떤 물건을 흠잡는다고 해서 그 말을 곧이곧대로 믿어서는 안 된다.

Ⅱ. 두려운 강자, 사자

'상대'에는 강자, 경쟁자, 약자가 있다. 상대를 이해하려면 먼저 사자와 같은 강자를 이해해야 한다. 그래야 스스로 먹잇감이 되어 손수 사자의 저녁식탁을 차려주는 최악의 상황을 피할 수 있다.

41 사자의 조기교육

하느님께서 사자 왕에게 세자를 하사해주신 지 어느덧 1년이 지나 이제 곧 세자가 돌을 맞이하게 되었다. 숲 속의 정치가들은 세자가 혹시 어리석고 우둔해서 왕실의 권위를 떨어뜨리는 인물로 자라거나, 왕위에 등극한 후 국정을 소홀히 해서 사자 왕의 얼굴에 먹칠을 하게 될까봐 몹시 염려하였다. 그래서 어느 인물을 세자의 스승으로 삼아야 할지 모두들 심사숙고했다.

"여우가 괜찮을까? 여우는 영리하긴 하지만 순 뻥쟁이란 말이야. 그런 사기꾼에게 세자의 교육을 맡길 수는 없지."

"그럼 쥐는 어떨까? 그런데 이 녀석은 입이 가벼워서 온갖 소문을 퍼뜨리고 다니길 좋아하니까 영 신통치 않아. 그래도 쥐는 해박하단 말이야. 또 어떤 일이든지 꼭 몸소 실천하지. 하긴 그 놈이 먹는 좁쌀만 해도 그래. 언제나 체로 쳐서 깨끗하게 껍질을 벗겨둔다고 하더군. 아니야, 아니야. 하여튼 쥐는 작은 일에만 지나치게 연연하는 게 사실이야. 코앞에 닥치는 결과만 알지 멀리 내다볼 줄을 몰라. 에잇, 쥐들이야 그 코딱지만 한 구멍에서 사니까 굳이 멀리 내다볼 필요도 없겠지만 어디 사자왕국이 그래? 거대한 우리 사자왕국을 쥐구멍과 같은 취급을 할 순 없지."

"그래, 맞아. 표범이 있었지? 표범은 힘도 세고 용맹할 뿐만 아니라 전략, 전술에도 능해. 아, 그런데 표범은 좀 무식하게 행동하지. 그렇게 교양 없는 놈을 보고 세자가 뭘 배우겠어? 왕은 반드시 정치, 사회, 군사 등 모든 방면에 대해서 통달하고 있어야 하는데 표범은 오로지 힘쓰는 일밖에 모르잖아. 이 녀석도 세자의 스승 자리에는 안 어울려."

사자 왕은 원래 신하들 중에 적당한 자가 있으면 그를 세자의 스승으로 삼으려고 했지만 적당한 인재를 찾지 못했다. 사실 어떤 인재가 제아무리 완벽하다 할지라도 세자를 생각하는 사자 왕의 눈에는 여전히 부족한 것투성이로 보일 것이다.

그때 마침 멀리에 사는 매가 사자 왕의 근심거리를 전해 듣고는 자기가 세자를 가르치겠다고 발 벗고 나섰다. 매는 날짐승들의 왕으로 사자와는 두터운 우정을 자랑하는 사이였기 때문에 사자 왕은 매의 도움을 흔쾌히 받아들였다.

어느덧 시간이 흘러 매에게 유학 갔던 세자가 돌아왔다.

"사랑하는 아들아, 너는 나의 유일한 왕위 계승자이다. 나는 이미 너무 늙어서 하루라도 빨리 너에게 왕위를 물려주고 싶구나. 넌 젊고 강인하니까 충분히 네 힘을 발휘할 수 있을 게다. 이제부터 각계각층의 인물들에게 조언을 구해서 어떻게 하면 백성들을 행복하게 해줄 수 있는지 신하들과 상의하도록 하여라."

그러자 세자가 대답했다.

"존경하는 아버님, 아버님께서는 제가 배우고 돌아온 것들을 절대 상상도 하지 못하실 겁니다. 매 선생님께서는 커다란 독수리부터 작은 메추리까지 모든 동물들의 생활습관을 제게 가르쳐주셨습니다. 어느 새는 어떤 서식지에 살고, 무엇을 원하고, 또 어떻게 새끼를 부화하는지 저는 이 자리에서 아버님과 여기 계신 모든 대신들께 하나부터 열까지 속속들이 알려드릴 수 있습니다. 자, 이것이 저의 졸업증서입니다. 모든 새들이 저의 실력이면 하늘에 있는 별도 딸 수 있을 거라고 칭찬해주었습니다. 하하하! 아버님, 아버님께서 저에게 왕위를 물려주시면 전 그 즉시 모든 백성들에게 '둥지를 튼튼하게 짓는 법'을 가장 먼저 가르쳐주고 싶습니다."

사자 왕은 세자의 이야기를 듣자마자 깜짝 놀라며 괴로운 비명을 질렀고 대신들은 차마 무슨 말도 꺼내지 못하고 고개만 떨구었다. 그 후로 몇 가지 질문을 더 해보았지만 어린 세자는 이미 들짐승에게는 필요하지도 않은 엉뚱한 것들만 배운 터라 어떤 질문이든지 당치도 않은 대답만 반복했다.

"우리 왕세자는 태어날 때부터 들짐승들의 통치자로 정해져 있었건만 어째서 오늘날 날개 없는 날짐승이 되었단 말이냐!"

사자 왕은 땅을 치며 후회했다.

여우의 지혜 비록 훌륭한 물건이라도 쓸모가 없으면 욕심내지 마라.

42 사자, 전쟁에 나가다

사자는 왕국의 사활이 걸린 중요한 전쟁을 앞두고 치밀한 군사계획을 세웠다.

그리고 전쟁터에 나가기 전에 모든 동물들을 소집하여 회의를 열고 동물들에게 전쟁터에서 수행해야할 임무를 알려주었다. 모두들 각자의 특징과 장점을 살려 잘할 수 있는 임무를 맡았다.

몸집이 큰 코끼리는 중요한 군수품을 제공하는 임무, 힘 센 곰은 가장 앞장서 적진에 돌격하여 기선을 제압하는 임무, 잔꾀에 능한 여우는 군사계획을 지휘하는 임무, 그리고 속임수에 뛰어난 원숭이는 교란작전을 수행하는 임무를 맡았다.

"어머, 당나귀? 하하하! 정말 어이가 없군요. 당나귀가 전쟁에 나가서 뭘 할 수 있다는 거예요? 그리고 토끼도 있네? 토끼들은 또 얼마나 겁이 많은데요!"

동물들이 이의를 제기했다.

"아니, 아니. 그들은 방해꾼이 아니라네. 나는 당나귀와 토끼가 전쟁에서 충분히 임무를 잘 수행하리라 믿네. 그들을 뺀다면 우리 군대는 이 전쟁에서 결코 승리할 수 없어. 한 번 듣고 나면 고막이 터질 것 같은 당나귀소리는 우리에게 신호를 보내주기에 아주 그만이라네. 그리고 발 빠른 토끼는 시시각각 변하는 전세를 아주 재빨리 전해주는 중요한 정보원 역할을 해낼 거야."

여우의 지혜 사람은 모두 자신만의 재능을 가지고 있다.

43 사자의 이름표

그늘에 누워있던 사자가 갑자기 벌떡 일어나더니 미친 듯이 제자리를 뱅글뱅글 돌았다. 그 바람에 온 숲이 들썩들썩했다. 사실 사자가 이렇게 노발대발하는 이유는 들판에 사는 어떤 동물이 사자에게 거짓말을 했기 때문이었다.

"어? 사자님 꼬리에 뭐가 달려 있네요? 어머나! '당나귀'라고 써 있어요! 그 테두리에 출생번호하고 날짜까지 써 있어요. 세상에! 도장에 사인까지 있네요?"

사자는 그 말을 듣고 너무 흥분해서 이름표를 떼기 위해 안간힘을 썼다. 하지만 미친 듯이 날뛰면서도 한편으로는 이런 생각을 했다.

'이 번호와 도장에는 뭔가 이유가 있을 거야. 그런데 내가 함부로 이름표를 떼었다가 나중에 괜히 무슨 책임이라도 져야 하면 어쩌지?······ 아, 그래! 그거야!'

결국 사자는 모든 동물들이 이름표를 달도록 새로운 법을 만들었다.

"이봐, 내가 누구냐?"

사자가 물었다.

"네, 사자이십니다. 하지만 법적으로는 당나귀이십니다."

여우가 침착하게 대답했다.

"뭐라고? 내가 어째서 당나귀라는 거지? 난 지금까지 고기만 먹고 살았단 말이야! 못 믿겠으면 캥거루한테 물어 보거라. 바로 알 수 있을 테니까!"

그러자 곁에 있던 캥거루가 대답했다.

"겉모습이야 분명히 사자죠. 하지만 생김새가 그렇다는 거지, 속속들이 전부 다 사자인지는 저도 잘 모르겠습니다."

사자가 당황하며 울부짖었다.

"이런 바보 같은 놈들! 넌 어째서 입을 열지 않느냐? 도대체 어딜 봐서 내가 너랑 같은 가축 따위라는 것이냐? 난 가축우리는커녕 그 근처에서 자본 적도 없단 말이야!"

이 말을 들은 당나귀가 잠시 생각하더니 이렇게 말했다.

"내가 보기에 당신은 당나귀가 아닙니다. 하지만 사자도 아닙니다."

이제 사자는 비굴하게 굽실거리면서 별로 기대할 가치도 없는 승냥이한테까지 말 좀 잘해달라고 부탁했다. 물론 이런 사자를 보고 있자니 불쌍한 생각이 드는 건 모두들 마찬가지였지만 아무도 그 이름표를 떼어 주려고 하지 않았다.

철저하게 속은 사자는 서서히 행동하는 것도 예전과 달라지기 시작했다. 길을 가다 다른 동물과 마주치면 몸을 돌려 길을 양보해 주는가 하면 어느 날인가 새벽에는 갑자기 사자 동굴에서 '히잉~' 하는 당나귀울음소리가 흘러나왔다.

여우의 지혜 소위 '간판'이라는 것은 현대사회에서 대단한 영향력을 가지고 있다. 소변도 병에 담아 멋들어지게 포장하고 그 위에 명품상표를 붙여 놓으면 누구나 쉽게 넘볼 수 없는 비싸고 귀한 고가상품이 되고, 무능하고 못된 사람도 번쩍번쩍하는 금으로 살짝 도금만 해주면 능력 있고 베풀 줄 아는 좋은 사람으로 보일 수 있다.

44 사자의 자존심

어떤 화가가 사냥꾼의 총을 맞고 쓰러져 있는 사자 그림을 걸어 놓았다. 이 그림을 보는 사람들은 하나같이 속이 뻥 뚫리고 스트레스가 확 풀리는 느낌이라며 칭찬을 아끼지 않았다. 바로 그때 공교롭게도 사자가 그곳을 지나갔다. 그러자 둘러서서 그림을 감상하던 사람들은 시끄럽게 떠들다 말고 이야기를 멈췄다.

"쳇, 내가 보는 눈 하나는 정확하지. 여기 이 그림은 마치 너희들이 승리자인 것처럼 보이지만, 이건 어디까지나 화가가 조작한 거야. 우리 사자들이 인간보다 더 강하고 훌륭한 점이야 물론 많아. 뭐 충분히 증명해 보일 수도 있지. 단, 우리도 인간처럼 그림을 그릴 수 있다면 말이야."
여우의 지혜 말할 수 있는 권리는 언제나 강자에게 있다.

45 사자 왕의 궁전

어느 날 사자 왕은 자기가 어떤 동물을 지배하고 있는지 알고 싶어졌다. 그래서 각지에 그의 도장이 찍힌 통지서를 보내 사자 왕이 대표 동물들을 만나고자 한다고 전했다. 통지서에는 한 달 안에 회의를 열 것이고 마지막 날에는 즐거운 원숭이곡예단의 공연이 있을 것이라고 쓰여 있었다. 물론 이런 성대한 모임의 진짜 목적은 백성들에게 사자 왕의 위엄을 자랑하는 일이었다. 대표들이 도착하자 사자는 그들을 궁전으로 안내했다.

'헉! 이게 무슨 궁전이야! 완전히 시체보관소잖아!'

동굴 안에서 풍기는 시체 썩은 냄새를 맡자마자 동물들은 재빨리 코를 틀어막았다. 곰도 곧바로 손바닥으로 코를 덮어 안 좋은 기색을 애써 감추려고 했는데 그만 사자의 눈에 띄고 말았다. 사자는 곰의 행동을 보고 기분이 몹시 상했고, 그 즉시 곰을 해치워버렸다.

한편 아첨쟁이 원숭이는 사자 왕 옆에서 그의 잔인한 처리방식에 대해서 주절주절 칭찬을 늘어놓았다.

"친애하는 왕이시여. 왕께서 이토록 노여워하시는 것은 당연합니다. 어머나! 이 멋진 발톱 좀 봐! 그리고 동굴 안에 무슨 향수라도 뿌리셨나요? 어쩜 이렇게 향기로운지……"

원숭이는 사자 왕에게 온갖 아첨을 떨었다. 그러나 원숭이도 지나치게 알랑거리면서 시끄럽게 떠들다가 곰과 마찬가지로 사자의 괴팍함에 희생되고 말았다.

사자는 옆에 서있던 여우에게 물었다.

"이봐, 솔직히 말해봐. 이 냄새가 어떻지?"

그러자 여우는 사자에게 용서를 구하며 이렇게 말했다.

"폐하, 저는 심한 감기에 걸려서 오늘 아무 냄새도 맡을 수가 없습니다. 폐하의 질문에 대답을 못하는 점 용서해 주십시오."

이렇게 해서 다행히도 여우는 위기를 모면했다.

여우의 지혜 싫어하는 상사를 대처하는 가장 좋은 방법은 직설적으로 말하거나 아첨 떠는 것이 아니라 모르는 척, 못들은 척 일부러 멍청한 척 하는 것이다.

46 사자 여왕의 자부심

어미짐승들이 서로 자기가 새끼를 한 번에 가장 많이 낳을 수 있다고 자랑하고 있었다. 서로 이기려고 부풀려 말하면서 누구 하나 물러서지 않더니 결국 싸우기 시작했다. 그러다 싸움은 점점 더 격렬해졌고 싸우면 싸울수록 서로 지치기만 할 뿐 아무런 해결이 나지 않았다.

결국 어미짐승들은 사자 여왕을 찾아갔다.

"여왕님은 한 번에 몇 마리를 낳으셨나요?"

사자 여왕이 자랑스럽게 대답했다.

"하나! 난 한 마리만 낳았어. 그런데 그 한 마리가 바로 사자 왕이란다."

여우의 지혜 양보다 질이다.

47 늙은 사자의 최후

늙은 사자가 땅바닥에 뻗어서 곧 끊어질 것처럼 간신히 약한 숨만 쉬고 있었다. 예전에 위풍당당했던 위엄은 온데간데없었다.

야생늑대 한 마리가 이 소식을 듣고 냉큼 달려와 사자를 긴 송곳니로 힘껏 내리찍고 덥석 깨물면서 오랜 세월 감춰왔던 증오를 발산했다. 어느 틈에 소도 달려 와서 그의 철천지원수를 날카로운 뿔로 세차게 들이받았다. 그러고 나니 마음속의 앙금이 조금 사그라지는 것 같았다. 당나귀는 늑대와 소의 행동을 보고 예전에 그렇게 무서웠던 사자가 이제는 손도 제대로 가누지 못할 만큼 약해졌다는 사실을 확인했다. 그러고 나서야 냉큼 다가가 힘껏 뒷발질을 하면서 사자의 얼굴을 사정없이 갈겨버렸다.

그러자 사자가 마지막 숨을 몰아쉬며 큰소리로 울부짖었다.

"이놈들! 내가 죽으면 죽었지 너희 같은 놈들에게 이런 꼴은 당하고 싶지 않아! 차라리 나를 빨리 죽여라!"

여우의 지혜 실패한 사람은 재수가 없으면 지나가던 개나 고양이한테도 무시당한다.

48 사자, 다른 동물들과 사냥하다

사자는 다른 동물들과 같이 사냥하러 가기로 약속했다. 그들은 사냥을 시작한 지 얼마 되지 않아 튼실한 사슴 한 마리를 잡았다. 모든 동물들은 조금이라도 나눠 가질 수 있기를 바라면서 눈 빠지게 사자를 기다렸다. 사자가 앞으로 나서서 사슴을 세 부분으로 나누고 동물들에게 말했다.

"이 첫 번째 부분은 당연히 왕인 내 것이고, 두 번째 부분도 역시 내 것이다. 이건 내가 직접 사슴을 잡은 대가야. 그리고 마지막 세 번째 부분은……"

사자가 날카로운 이빨을 드러내며 말했다.

"어디, 가져갈 수 있는 놈 있으면 나와서 가져가 보거라."

여우의 지혜 강자가 너에게 공평하게 대해 줄 것이라는 기대를 버려라.

49 사자와 호랑이

어느 날 사자가 사냥을 한 뒤 너무 힘들어서 동굴 입구에서 낮잠을 자고 있었다. 그때 이곳을 지나가던 호랑이가 사자를 비웃었다.

"하하하! 정말 사자가 토끼처럼 눈을 똥그랗게 뜨고 잠을 자네! 항상 얘기만 들었지 직접 보기는 이번이 처음이야!"

"뭐? 이 사자님이 토끼 같다구?!"

원래 사자와 토끼는 둘 다 똑같이 눈을 크게 뜨고 잠을 잔다. 하지만 사자는 일단 토끼 같다는 말에 참을 수 없어 벌떡 일어났다. 그리고는 자기를 비웃는 호랑이의 목덜미를 사정없이 물어뜯었다.

사자에게 당한 호랑이는 피에 흥건하게 젖어서 발버둥치며 데굴데굴 굴렀지만 사자는 별일 없었다는 듯 다시 평안하게 누워 잠을 청했다.

[여우의 지혜] 약자와 조금 닮은 구석이 있다 해도 강자는 강자일 뿐이다.

50 사자와 표범

사자와 표범은 숲을 쟁취하기 위해 끊임없이 싸웠다. 다행히도 지금은 두 집단의 협약에 따라서 싸움을 멈추긴 했지만 사실 진심으로 원해서 그만둔 것이 아니라 둘 다 이빨이 무뎌지고 몸이 쇠약해져서 그만 화해를 해야겠다고 결정한 것이었다.

원래 그들의 신조는 승리한 자가 왕이 되고 승리가 곧 공정한 결론이며, 그 결론에 이르는 수단은 바로 폭력이었다. 그리고 이 폭력의 세계에서 법이라는 개념은 존재하지 않았다.

그렇지만 그들은 일단 이렇게 약해진 이상 계속 싸움만 할 수가 없었다. 그래서 싸움을 멈추고 협약에 쓰인 내용을 가다듬었다. 그런데 두 동물 사이에 평화를 유지하겠다는 내용을 상의하고 있던 중에 난항에 부딪히고 말았다. 왜냐하면 각각의 대표를 선출하는 사항에 대해 사자와 표범의 의견이 너무 달랐기 때문이다. 표범이 말을 꺼냈다.

"나는 고양이를 우리 쪽 대표로 보내려고 하오. 고양이가 인상은 좀 안 좋지만 마음은 온화하고 착하답니다. 나는 그쪽이 당나귀를 보내는 게 어떨까 싶은데…… 당나귀가 유능하고 노련하지 않소? 당신네 어떤 부하도 당나귀 발끝만큼도 못 따라 올 것이오. 나는 당나귀와 고양이가 협상을 원활하게 잘 마무리 할 수 있을 거라고 기대하고 있습니다."

사자는 표범의 의견에 수긍하며 대표를 파견하겠다고 했지만 결국 당나귀가 아닌 여우를 대표로 보냈다.

여우의 지혜 적이 칭찬한 인물에게 의지하지 마라.

51 사자와 총명한 황소

사자는 얼마 전부터 튼실하게 살이 오른 황소 한 마리를 찍어두었다. 사자는 매일 한 순간도 놓치지 않고 황소를 훔쳐보면서 기회를 노리고 있었는데 어느 날 갑자기 좋은 아이디어가 떠올랐다.

사자는 황소한테 다가가서 자기가 전날 토실토실하게 살찐 양을 잡았다고 자랑했다. 그러면서 황소더러 자기 집에 놀러와 양고기를 같이 요리해 먹자고 꼬드겼다. 사실 사자는 황소가 정신없이 양고기를 먹을 때 그를 물어죽일 작정이었다.

사자의 초대를 받은 황소는 그의 집에 놀러갔다. 그러나 사자 집에 들어서자 황소의 눈에는 가장 먼저 거대한 솥과 고기 자르는 큰칼들이 확 들어왔다. 그러자 사자 몰래 살금살금 그 자리를 도망쳐 나왔다.

다음 날 사자가 황소에게 물었다.

"어제 왜 아무 말도 없이 갔니?"

"난 너희 집에 들어가자마자 내 운명을 눈치 챘거든. 너희 집에 있는 커다란 솥은 양고기를 삶기 위한 게 아니라 소고기를 삶기 위한 것이란 걸 말이야."

여우의 지혜 달콤한 몇 마디 말보다 한 번이라도 직접 보는 것이 더욱 믿을 만하다.

52 사자, 황소 세 마리를 이간질하다

황소 세 마리가 오순도순 평화롭게 살고 있었는데 그들은 함께 들판에 풀을 뜯어먹으러 다닐 만큼 사이가 굉장히 좋았다.

한편, 사자는 멀리 숨어서 매일 이 황소들을 감시하고 있었다. 사자는 황소들을 한입에 꿀꺽 삼켜 배 속에 담을 날만을 손꼽아 기다렸지만 황소들은 절대 개인행동을 하지 않았기 때문에 조용히 기다리는 수밖에 달리 방법이 없었다.

사자는 침착하게 기회를 엿보면서 황소들에게 조금씩 다가갔다. 사실 그는 자신의 계획을 하나하나 실행하고 있었다. 사자는 다른 황소들은 모르게 한 황소한테만 살짝 다가가서 그 황소만 추켜세워 주거나 다른 동물들에게 황소들에 관한 헛소문을 퍼뜨려서 그들을 이간질했다. 황소들은 점점 서로를 믿지 못하고 멀리하게 되었으며 결국에는 서로 원수가 되었다.

마침내 황소들은 따로따로 혼자 들판에 나와서 풀을 뜯어먹었다. 그 모습을 본 사자는 기다렸다는 듯이 바로 황소에게 달려들었다.

이렇게 해서 사자는 며칠도 안돼 아주 쉽게 황소 세 마리를 다 잡아먹을 수 있었다.

여우의 지혜 조각난 믿음의 상처가 적에게는 기회가 된다.

53 사자와 어리석은 늑대

사자가 아침식사로 맛난 새끼양고기를 먹고 있었다. 이때 조그마한 강아지가 사자의 앞에서 알짱거리더니 사자가 먹고 있는 양고기 한 조각을 덥석 물고 가져갔다. 그런데 이상하게 사자는 전혀 화내지 않고 아무렇지 않게 계속 식사를 즐겼다. 사실 사자는 강아지가 아직 뭘 모르는 나이니까 그냥 마음대로 하게끔 내버려둔 것이었다. 그런데 수풀 뒤에 숨어

있던 늑대가 이 광경을 몰래 지켜보고 있었다.

'사자가 저렇게 고분고분한 걸 보니 오늘 힘이 없는 게 분명해.'

그러더니 슬쩍 발을 쭉 뻗어서 사자가 먹고 있는 양고기를 끌어냈다. 하지만 이 재수 없는 늑대는 사자의 밥을 훔치기는커녕 결국 사자의 밥이 되고 말았다. 사자가 늑대를 갈기갈기 물어뜯으면서 말했다.

"이 가엾은 친구야, 너같이 다 큰 놈이 저 쬐그만 강아지를 따라하는 게 말이 되느냐? 내가 너한테도 고분고분할 거라고 생각했었나 보지? 저 놈은 어려서 아는 게 없다고 해도 너는 알만큼 아는 놈이 정말 얌체 같구나."

여우의 지혜 자신을 정확히 파악하라.

54 사자와 당나귀가 사냥을 하다

사자와 당나귀가 같이 사냥하러 가기로 약속했다. 그들은 오랫동안 걸어다닌 후에야 산양들이 많이 사는 동굴을 발견할 수 있었다.

사자는 당나귀가 동굴로 들어가면 자기는 동굴 밖에서 대기하고 있다가 뛰쳐나오는 산양들을 잡겠다고 했다. 당나귀는 동굴에 들어가서 산양들에게 발길질을 해대며, 목을 뻣뻣이 들고 최선을 다해 "히잉~ 히잉~" 하고 울어댔다. 그러자 산양들은 정신없이 우르르 동굴 밖으로 뛰어나왔다. 사자는 기다리고 있다가 달려 나오는 산양들한테 달려들어 날카로운 발톱으로 제일 큰 산양 한 마리를 쓰러뜨렸다.

득의양양한 당나귀가 동굴 입구에 서서 사자를 보고 눈을 흘겼다.

"너 솔직히 무서워서 동굴에 안 들어갔지?

그러자 사자가 코웃음을 치며 대답했다.

"그래, 너 정말 대단하더라. 난 네가 당나귀라는 걸 미리 알고 있었으니 망정이지 그렇지 않았으면 아마 나도 놀라서 쓰러졌을 거야."

여우의 지혜 다른 사람의 호의에 감사하지 않고 거만 떨면 결국 자기만 손해이다.

55 사자, 원숭이에게 특별과외를 받다

사자는 왕국을 잘 다스리기 위해서 인(仁)으로서 나라를 다스리는 법을 배우기로 결심했다. 그래서 신하에게 동물세계 최고의 예술 대가인 원숭이를 데려오라고 했다.

원숭이가 사자 왕과의 첫 수업에서 이렇게 말했다.

"폐하, 폐하께서 현명한 정치를 하고자 하신다면 우선 왕으로서 왕국에 대한 충만한 열정을 가지셔야 합니다. 그리고 누구에게든 '거만하고 제멋대로다'라는 인상을 남기시면 안 됩니다. 이런 인상은 동물들에게 나쁜 마음을 먹게 하는 근원이 됩니다. '얼음은 하룻밤 사이에 얼지 않는다'라는 말처럼 이러한 인상도 오랜 시간동안 점차 깊어지기 때문에 나중에 바꾸거나 지우려면 쉽지 않습니다. 그리고 경솔하게 그간의 명성을 무너뜨리는 황당한 일을 하시면 결코 안 됩니다."

그러자 사자 왕이 대답했다.

"그럼 내게 예를 들어보아라."

그러자 원숭이가 이야기를 시작했다.

≪모든 종족의 근원은 우리 원숭이입니다. 우리는 언제나 무엇이든 해낼 수 있다고 생각하면서 다른 동물들이 하는 일은 모조리 하찮게 생각했습니다. 심지어는 다른 동물들을 천박하기 그지없다고 생각했지요. 그래서 우리는 언제나 우리가 최고라고 말하고 다녔습니다. 물론 이런 사실에 대해서 한 치의 의심도 갖지 않았어요. 우리는 항상 같은 방식으로 스스로 잘났다고 떠벌리고 다녔습니다. 하긴 우리가 그렇게 말하고 다니면 어느덧 다른 동물들도 그렇게 믿기 때문에 이것은 높은 지위를 얻는 좋은 방법이 되기도 합니다.

저는 세상에 존재하는 수많은 '능력 있는 존재'는 그저 능력 있는 척하는 것뿐이라고 생각합니다. 그것은 일종의 책략으로 사람들을 속이고 연기하는 '능력 있는 허세'일 뿐이지요.

어느 날 저는 두 마리의 당나귀 뒤에서 걸어가다가 그들이 서로를 칭찬해주는 소리를 들었습니다. 꼴을 보아하니 그들은 이미 그렇게 말하는 일이 습관이 되어버린 것 같았습니다.

당나귀 한 마리가 이렇게 말했습니다.

"이봐, 여태까지 그런 소식도 못 들은 거야? 완전무결한 우리 이름이 어리석은 인간을 비유하는 데 남용되고 있대. 무식하고 단순한 놈을 '어리석은 당나귀'라고 부른다나? 그리고 우리가 즐겁게 나누는 말도 '당나귀 우스갯소리'라고 한대. 인간이라는 놈들은 정말 웃기지도 않아! 자기

네들이 우리 당나귀들 보다 잘난 줄 아나봐! 적어도 너 정도는 돼야 이렇다 저렇다 말할 자격이 있는 건데 말이야. 저놈의 인간들 입을 전부다 꿰매버려야 해. 감히 우리 당나귀들을 우습게 봐? 아휴! 그래! 됐다 됐어! 네가 나를 알고 내가 너를 아니까. 아, 참! 네가 꾀꼬리 같은 목소리로 노래하는 걸 들으니까 꼭 오페라를 듣는 것 같더라. 오페라가수라고 해도 다 믿을 거야. 정말 네 노래 실력은 어디에 내놔도 손색이 없어."

그러자 다른 당나귀가 곧바로 이렇게 대답했습니다.

"아냐, 내 생각엔 그런 소리는 네가 들어야 돼."

이 당나귀들은 성에 도달할 때까지 한시도 쉬지 않고 서로를 칭찬해 줬죠. 그들은 이렇게 서로를 치켜세워주면 결국엔 자신의 가치도 높아진다고 생각했나 봅니다. 아마도 하늘의 모든 영광이 자신들의 머리 위에 떨어질 거라고 굳게 믿나 보지요.

저는 이런 놈들을 이미 많이 보았습니다. 이런 놈들은 당나귀 두 마리만이 아니고 우리의 주변에도 많이 있습니다. 예를 들면, 하느님은 어떤 동물에게는 최고의 권력과 '폐하'라는 칭호를 주었지만 정작 백성들 사이에서는 '지옥'이라고 불렸습니다. 아차! 감히 제가 입에 담지 말아야 할 말을…… 아무튼 거만하고 무례하게 행동하면 백성들의 비웃음거리가 될 수도 있다는 사실만 기억하시면 됩니다.

이제는 '공정함을 잃다'라는 문제를 이야기할 차례군요. 이건 다음 시간에 말씀드리겠습니다. 그럼, 전 이만!≫

원숭이는 황급히 수업을 마치고 궁을 빠져나왔다. 그는 자기도 모르게 왕을 비하하는 말을 꺼내려다 자신의 눈앞에 있는 동물이 다름 아닌 그 무서운 군왕이라는 사실을 알아차리고 즉시 입을 다물어버렸다. 그리고 재빨리 자리를 피했다.

여우의 지혜 강자 앞에서 자신을 낮추지 않되, 경솔하게 말하지 마라.

56 사자와 토끼

한번은 토끼가 사자에게 이런 질문을 했다.

"사자야, 다른 동물들이 그러는데 수탉이 '꼬끼오~' 하고 울기만 해도 너희들 화들짝 놀라서 줄행랑친다며? 그게 진짜야?"

"당연하지. 이건 다른 동물들도 마찬가지야. 우리 사자처럼 몸집 큰 동물들도 작은 약점 하나 정도는 가지고 있거든. 예를 들어 코끼리는 늑대가 우는 소리에도 놀라 봄을 덜덜 떨어."

"아! 그렇구나! 그래서 우리 토끼들이 뱀을 무서워하는 거구나."

여우의 지혜 대화의 목적과 의미를 정확하게 파악하라.

57 사자와 야생늑대

어느 무더운 여름날, 가뭄이 들어 모두들 힘들어하고 있을 때였다. 사자는 샘터에 마실 물을 찾으러 갔다가 우연히 야생늑대와 마주쳤다. 그들은 시원한 물을 먼저 차지하겠다고 으르렁대며 물어뜯고 싸우다가 어느 새 둘 다 힘이 빠져버려서 더 이상 움직일 수 없게 되었다. 할 수 없이 잠시 숨을 돌린 후에 다시 승부를 가리기로 했다. 바로 그때 사자와 늑대는 대머리독수리 한 마리가 쭉 자기네 머리 위를 빙빙 맴돌고 있다는 사실을 알아차렸다.

그 독수리는 가만히 지켜보고 있다가 한 놈이 쓰러지면 잽싸게 그놈을 먹으려고 기다리고 있었던 것이다.

"이봐, 우리는 친구가 아닌가? 우리 이쯤에서 서로 화해하는 게 어때? 그것이 독수리 먹이가 되는 것보다 훨씬 나을 것 같은데."

사자와 늑대는 즉시 싸움을 멈췄다.

여우의 지혜 내부의 싸움으로 적에게 사냥감을 내어주느니 차라리 화해하고 원만한 관계를 유지하는 편이 낫다.

58 사자와 은혜 갚은 쥐

작은 쥐 한 마리가 실수로 사자가 잠을 자고 있는 동굴에 들어오게 되었다. 바로 그 순간, 잠을 자던 사자는 자기 코 고는 소리에 화들짝 놀라 깨고 말았다. 사자는 성질을 내면서 자기의 단잠을 방해한 쥐를 냉큼 잡아 한입에 삼키려고 했다.

"사자님, 이건 순전히 제 실수예요. 한 번만 용서해 주세요, 네? 저는 추호도 사자님을 화나게 할 생각은 없었어요. 저를 살려주신다면 언젠가 꼭 이 은혜를 갚겠어요!"

쥐는 손이 발이 되도록 빌면서 사자에게 애원했다. 이 말을 들은 사자는 가소롭다는 듯이 크게 웃더니 그냥 쥐를 놓아주었다.

그 후로 며칠 뒤, 사자는 사냥을 하러 나갔다가 사냥꾼이 쳐놓은 덫에 걸려 꼼짝도 할 수 없게 되었다. 이리저리 발버둥쳐봤지만 아무 소용이 없었다. 절망하는 사자의 울음소리가 온 숲 속에 퍼졌다. 그 소리를 듣고 쥐가 달려와서 밧줄 매듭을 이빨로 끊고 온 힘을 다해서 사자를 구해주었다. 사자가 그물에서 풀려나 정신 차리고 보니 자기가 며칠 전에 놓아준 그 쥐였다.

사자는 그제야 작고 미천한 동물도 은혜를 갚을 수 있다는 사실을 믿게 되었다.

여우의 지혜 아무리 능력 없고 하찮아 보이는 사람이라도 자신의 몫을 다할 수 있는 재능을 반드시 가지고 있다.

59 사자와 돌고래

하루는 사자가 해안가를 천천히 거닐다가 해면 위에서 햇볕을 쬐고 있는 돌고래 한 마리를 보았다. 사자는 그 모습이 마음에 들어 재빨리 자기 왕국과 동맹을 맺자고 제의했다.

"나는 육지동물의 왕이고 자네는 바다동물의 우두머리이니 우리는 분명 좋은 친구가 될 수 있을 것 같은데, 자네 생각은 어떤가?"

사자와 돌고래는 서로 동맹을 맺는 것은 아주 적절한 처사라고 생각했다. 그래서 돌고래도 사자의 제의에 흔쾌히 동의했다.

　며칠이 지나지 않아 사자와 들소 사이에 큰 싸움이 났다. 그래서 사자는 돌고래한테 도와달라고 했지만 돌고래는 육지에 올라갈 수 없었기 때문에 결국 사자를 도와주지 못했다. 사자는 돌고래에게 서운하고 화가 나서 돌고래에게 다짜고짜 의리를 저버린 책임을 물었다. 그러자 돌고래가 이렇게 대답했다.

　"친구, 자네를 도와주지 못한 건 미안하지만 그렇다고 나를 탓하지는 말게. 난 단지 바다동물에 대한 권한만 가지고 있다네. 육지에서 일어나는 일에 대해서는 아무런 권한이 없어. 이런 내가 육지에서만 싸우는 자네에게 어떤 도움을 줄 수 있겠나?"

여우의 지혜 친구도 가려서 사귀어야 한다. 오랜 시간을 같이 해도 도움이 안 되는 친구는 가까이 하지 마라.

60 사자와 파리

"꺼져버려! 너같이 하찮은 곤충은 지상쓰레기야!"

　사자가 파리에게 고함을 쳤다.

　"흥! 지금 네가 동물의 왕이라는 걸 믿고 나를 만만하게 보나본데 내가 눈 하나 깜짝할 줄 알아? 난 너보다 강한 황소도 복종하게 할 수 있어. 어디 두고 봐!"

　파리가 말을 마치고 돌격나팔을 불었다. 그러자 사방에서 수 백 마리의 파리떼가 날아오기 시작했다. 파리떼는 기회를 틈타 사자의 목덜미를 맹렬하게 습격했다.

파리떼가 달려들자 사자는 괴로워하며 끊임없이 포효했다. 다른 동물들도 놀라 사방으로 달아났고, 다들 몰래 숨어서 벌벌 떨었다. 그래도 파리떼는 아랑곳하지 않고 끊임없이 사자를 괴롭혔다. 어떤 놈은 사자의 등을 물었고, 어떤 놈은 얼굴을 물었다. 그리고 또 다른 놈은 사자의 콧구멍으로 들어갔다.

이윽고 사자는 온 몸이 달아올라 더 이상 참지 못할 지경에 이르렀다. 천하의 사자가 눈에 잘 보이지도 않는 작은 파리 따위에게 당하고 있다고 생각하니 정말 어이가 없었다. 게다가 예전에 다른 무시무시한 맹수들과 싸우다 남은 흉터와 핏자국을 바라보면서 지금은 아무 쓸모도 없는 자기의 큰 발톱과 날카로운 이빨이 오히려 원망스러웠다.

결국 이 불행한 사자는 상처가 심해지고 몸도 마음도 지쳐서 그만 만신창이가 되고 말았다. 간신히 꼬리를 흔들어 허리에 달라붙어있는 놈들이라도 떼어보려고 안간힘을 썼지만 그 힘으로는 파리를 쫓아내기에 역부족이었다.

속이 부글부글 타들어가는 바람에 심신은 더욱 지쳐버렸고 너무 기진맥진해져서 당하고 있을 수밖에 없었다.

파리떼는 승리를 확신하자 공격을 멈추고 뿔뿔이 흩어졌다. 파리는 자기들이 사자를 이겼다는 기쁜 소식을 더 많이 알리려고 분주하게 돌아다녔다.

그러다가 그만 어이없게도 거미가 쳐놓은 함정에 걸려버린 파리는 거미줄에 붙어 꼼짝 못하는 신세가 되고 말았다.

[여우의 지혜] 하나, 어떤 때는 가장 나약한 상대가 가장 무서운 적이다. 둘, 지나치게 두려움을 모르는 자는 간혹 사소한 실수로 생명을 잃는다.

61 사자와 작은 딱정벌레

일명 동물의 왕이라고 하는 사자는 어느 날 한참 동안 거울 앞에서 자신을 비춰보며 자기 모습에 푹 빠져 자랑하느라고 여념이 없었다.

"이 위엄 있는 모습을 봐! 어찌나 품위 있어 보이는지! 그래, 밖에 나가서 신하들한테 자기네들이 얼마나 훌륭한 우두머리를 모시고 있는지 좀 보여줘야겠어."

사자는 곧바로 화려하고 멋진 예복을 차려입고 진주가 가득 박힌 왕관과, 금과 은으로 만든 휘장을 달고는 궁전 밖으로 나갔다. 과연 어느 누구도 감히 그의 길을 가로막지 못했다. 차마 몸을 피하지 못한 동물들은 그에게 허리를 굽혀 예의를 갖췄다.

"오, 그렇지! 당연히 나한테 그 정도 예의는 갖춰야지. 난 너희들의 주인이니까 당연한 거야. 역시 난 동물의 왕으로서 뭐 하나 빠지는 게 없단 말이야."

사자가 거만을 떨며 말했다. 그러다 길가에 서있는 아주 작은 딱정벌레를 보고 갑자기 으르렁대며 크게 화를 냈다.

"이런 건방진 놈! 왕이 왔는데도 예의를 표하지 않다니! 어서 허리를 굽히지 못할까!"

"존경하는 왕이시여, 소인 인사드리옵니다. 저는 폐하의 마음을 십분 이해하고 있습니다. 제 몸집이 너무 작아서 폐하께서 저를 정확히 보실 수가 없으니 노여워하시는 게 당연합니다. 하지만 조금만 숙여 저를 보신다면 제가 분명히 폐하께 허리 굽혀 인사드리고 있음을 보실 수 있을 것입니다."

딱정벌레의 말을 듣고 사자는 과연 정말인지 몸을 굽혀 머리를 쭉 빼고 딱정벌레를 자세히 바라보았다.

"작은 딱정벌레야, 도대체 인사를 하는 게냐 안 하는 게냐? 여전히 잘 보이지 않는구나!"

"존경하는 폐하, 송구스럽사오나 조금 더 아래로 내려와 보시지요. 분명히 제 모습이 보이실 겁니다."

사자왕은 딱정벌레가 시키는 대로 다시 몸을 굽혔다. 허리를 더욱더 굽히자 갑자기 몸 위에 걸친 예복과 머리 위의 왕관, 그리고 목에 감은 휘장들이 와락 앞으로 쏠려 바닥으로 떨어졌다. 그리고 점점 머리는 무거워지고 몸은 가벼워지더니 사자왕은 순간 균형을 잃고 땅바닥으로 떨어지고 말았다.

결국 사자는 '어흥~'하고 외마디 비명을 지르면서 길가의 진흙구덩이에 빠져 세상에서 가장 위대한 '진흙 사자'가 되었고 이 모습을 보고 놀란 딱정벌레는 잔뜩 겁을 먹고 어디론가 도망쳐버렸다.

여우의 지혜 남을 의식하는 사람은 오히려 사람들 앞에서 자주 민망한 모습을 보인다.

Ⅲ. 위험한 경쟁자, 늑대

> 가장 강한 상대보다 더 위험한 상대는 당신과 실력이 비슷비슷한 상대이다. 그는 당신과의 싸움에 대해 함부로 승패를 확신할 수 없기 때문에 승자가 가려지는 그날까지 당신을 의식하고 견제할 것이다.

62 싸움꾼 늑대

"흑흑~ 평생 잊지 못할 우리 아버님! 우리 아버님은 정말 대단한 영웅이셨어! 그래서 이 지역에 사는 동물들은 우리 아버님을 존경하지. 아버지는 생전에 1대200으로 싸우셨는데 적들을 차례차례 때려눕혀서 그들의 썩어빠진 영혼을 지옥에 보내버리셨대. 그런데 이상한 건, 결국에는 아버지가 돌아가시고 말았다는 거야!"

늑대가 흐느끼자 여우가 말했다.

"장례식 때 다른 동물들도 그렇게 말하더라. 근데 어떤 동물은 또 이렇게 말했어. 늑대가 총 200마리 정도를 해치웠는데 그게 전부 양하고 당나귀였대. 그런데 결정적으로 황소의 대담한 한 방에 바로 쓰러졌다지 뭐야."

여우의 지혜 눈에는 눈, 이에는 이, 그리고 힘에는 힘이다.

63 늑대의 가르침

아빠늑대가 어린늑대에게 숲 속을 돌아다니면서 어디 괜찮은 먹잇감이 없는지 살펴보고 오라며 동굴 밖으로 내보냈다. 물론 먹잇감은 훔쳐오거나 빼앗아 와야 한다. 어린늑대는 이런 아버지 대의 생존방식을 배워야 했기 때문에 아빠늑대가 시키는 대로 먹잇감을 찾으러 나갔다. 잠시 후 어린늑대는 동굴로 뛰어 들어와 아빠늑대에게 다급한 목소리로 말했다.

"아빠, 빨리 저하고 같이 가세요! 오늘 식사는 그야말로 진수성찬이에요. 산기슭에 양떼가 있는 걸 제 두 눈으로 똑똑히 보고 왔거든요. 보면 볼수록 토실토실하고 먹음직스러운 양들이 되게 많아요. 아무 거나 잡아먹어도 모두 끝내 줄 거예요."

그러자 늑대가 말했다.

"잠깐! 촐싹대지 말거라. 먼저 양떼들의 양치기가 어떤 사람인지 확실히 알아봐야겠다."

"아참, 사람들이 그러는데 저 양치기가 꽤 대단하대요. 근데 제가 양치기 개들도 보고 왔거든요. 그런데 그 놈들은 너무 형편없어요. 몸은 비쩍 마르고 생긴 것도 그다지 사나워 보이지 않더라고요."

아빠늑대가 고개를 저었다.

"그렇다면 이 일은 가망이 없겠구나. 성공하지 못하면 까딱하다가 목숨이 날라 갈 수도 있겠어. 그렇게 영리하고 야무진 양치기가 형편없는 개더러 양떼를 지키라고 할 리가 없지. 아들아, 가자! 다른 곳에 가서 먹잇감을 찾아봐야겠다. 어디 한번 멍청한 양치기를 찾아보자. 양치기가 멍청하면 양치기 개는 말할 것도 없이 형편없거든."

<u>여우의 지혜</u> 혼자서 여러 명을 상대해야 할 때 그 중에 가장 능력 있는 한 명만 제압하라. 그러면 나머지는 식은 죽 먹기나 다름없다.

64 늑대, 양치기와 허물없이 친한 척하다

그렇게도 먹잇감으로 양을 좋아하는 늑대가 희한하게도 양떼 옆에 와서도 털끝 하나 건드리지 않고 양떼들을 가만히 놔두었다. 처음에 양치기는 안 하던 짓을 하는 늑대를 보고 오히려 더 경계하면서 긴장을 늦추지 않았다. 그리고 만일의 사태에 대비해서 철저하게 방지책도 준비해 두었다. 그런데 오랜 시간이 흘러도 늑대는 양떼들을 따라다니기만 할 뿐 좀처럼 양을 다치게 하거나 해치지 않았다. 양치기는 점점 늑대를 다시 보게 되었고, 마침내 늑대가 자기의 적이라는 생각을 버리고 서로에게 좋은 친구가 되어주기로 했다.

그러던 어느 날 양치기는 절친한 늑대에게 양떼를 지켜달라고 부탁하고 시내에 볼일을 보러 나갔다. 그러나 늑대는 양치기가 나가자마자 기다렸다는 듯이 그 큰 입으로 양들을 몽땅 잡아먹었다. 집에 돌아온 양치기는 양들이 한 마리도 눈에 띄지 않자 땅을 치며 후회했다.

"아이고, 세상에 늑대한테 양을 맡기다니! 이런 멍청이, 바보!"

<u>여우의 지혜</u> 늑대가 영원히 늑대인 것처럼 당신의 적도 언제까지나 적이다. 어떤 경우라도 당신의 이익을 적에게 노출시켜서는 안 된다.

65 늑대의 생트집 잡기

어린양 한 마리가 맑은 시냇가에서 물을 마시고 있을 때, 배고픈 늑대 한 마리가 갑자기 나타났다. 늑대가 화를 내며 어린양을 협박했다.

"어느 간땡이 부은 놈이 내가 마실 물을 더럽히는 거야? 이 놈!"

"늑대님, 먼저 제 말을 들어주세요. 제가 어찌 감히 늑대님께서 마실 물을 더럽히겠어요? 저는 여기에서 스무 발자국 떨어져 있는 하류에서 물을 마십니다. 그러니까 절대 늑대님의 물을 더럽힐 리 없어요."

"지금 네가 내 물을 더럽혔잖아! 그리고 난 네가 작년에 내 욕을 하고 다닌 것도 다 알고 있어!"

못된 늑대가 우기기 시작했다.

"제가 작년에 늑대님을 욕하고 다녔고요? 작년에 전 태어나지도 않았는데요? 전 지금도 엄마의 젖을 먹고 있어요."

어린양이 눈을 동그랗게 뜨고 대답했다.

"만약에 네가 내 욕을 하지 않았다면 그럼 네 형이 그랬겠구나!"

"어? 전 형이 없는데요."

"그럼 너희 양떼 중 어느 한 놈일 테지. 지금까지 너희 양, 양치기 그리고 사냥개들은 단 한 번도 나를 너그럽게 대해준 적이 없어. 그러니 당연히 그 대가를 치러야 해!"

말을 마치자 늑대는 어린양을 깊은 숲 속으로 데려가 잡아먹었다.

여우의 지혜 일단 마음만 먹으면 어떤 구실이든 만들어낼 수 있다. 특히 누군가를 해쳐야겠다는 마음은 그 어떤 구실과 이유든 가리지 않는다.

66 늑대와 경계심이 많은 산양

늑대는 산양 한 마리가 가파른 낭떠러지 위에서 풀을 뜯어먹고 있는 모습을 보고 슬금슬금 다가갔다. 늑대는 산양을 위해주는 척하면서 이렇게 말했다.

"산양아, 낭떠러지 위는 너무 위험하지 않니? 산 아래가 안전해. 그리고 여기에서 자라는 풀도 낭떠러지 위에 있는 풀 못지않게 아주 맛있단다. 이리 내려와서 먹어!"

그러자 산양이 말했다.

"됐네, 이 친구야! 네가 지금 배고파서 나를 꼬드기고 있는 거 모를까 봐? 정말 나한테 맛있는 풀 뜯어먹게 해주려고 부르는 게 아니잖아! 쳇!"

여우의 지혜 적의 달콤한 입담에 넘어가지 마라.

67 머리가 텅 빈 늑대

어느 날 멍청한 늑대가 마을에서 걸어 나오는 개 한 마리를 발견하고 재빨리 달려들어 잡아먹으려고 했다. 그런데 이 개는 너무 작고 삐쩍 말라 살도 없어서 간에 기별도 안 갈 것 같았다. 개가 늑대에게 자기 몸을 이리저리 보여주면서 이렇게 말했다.

"늑대님, 이 말라비틀어진 몸 좀 보세요. 저 같은 놈은 드시나 마나예요. 우리 이렇게 하는 건 어때요? 며칠만 참고 기다려 주세요. 저희 집주인 외동딸이 곧 시집을 갈 건데 그 결혼식 때 저도 예복을 입어야 하거든요. 그래서 지금은 이렇게 말랐지만 그때가 되면 보기 좋게 살이 오를 거예요."

늑대는 이 말을 믿고 개를 놓아주었다.

며칠이 지난 후, 늑대는 그들이 예전에 만났던 그곳에서 개를 기다리고 있었다. 늑대는 그 빼빼마른 개가 과연 얼마나 통통해졌는지, 그 놈을 가지고 얼마나 맛난 요리를 만들어 먹을 수 있을지 상상하고 있었다.

하지만 늑대는 그 개가 자기 집에서 한적하게 놀고 있는 모습을 발견했다.

늑대가 다가가자 마른 개는 울타리 맞은편에 와서 이렇게 말했다.

"늑대님, 저도 지금 나가고 싶어 죽겠어요! 아, 그럼 이렇게 해요. 만약에 늑대님이 조금만 더 저를 기다려 줄 수 있다면 저기 문지기 개도 데리고 나갈게요."

늑대는 문지기 개를 쳐다보았다. 그런데 그 개를 보아하니 늑대도 물어죽일 수 있을 만큼 몸집이 건장해 보였다. 그래서 늑대는 마른 개의 말을 듣고 잠시 머뭇거렸다.

"젠장, 왜 하필 저런 문지기 개가 있는 거야?"

늑대는 그렇게 중얼거리면서 그 길로 도망가 버렸다.

사실 그 늑대는 움직임만 민첩할 뿐 머리는 상당히 나빴다. 심지어는 먹고 살기 위해서 어떻게 해야 하는지도 잘 몰랐다.

[여우의 지혜] 살아남고 싶다면 삶의 목적을 확실하게 정하고, 그 목적을 위해 해야 할 일을 미루지 말고 실천하라.

68 늑대와 지혜로운 양

개에게 물려 큰 상처를 입은 늑대가 사냥조차 할 수 없게 되자, 길 건너편에 사는 양을 불러 근처 시냇가에 가서 물 좀 떠다 달라고 부탁했다.

"이봐, 자네가 나를 위해서 물을 좀 떠다준다면 나는 금방 일어나서 고기를 잡아먹을 수 있을 거야. 나 좀 도와주겠나?"

그러자 양이 대답했다.

"그러시겠지. 만약에 내가 정말 너를 도와준다면 넌 일어나자마자 제일 먼저 나를 잡아먹을 테니까."

여우의 지혜 상대가 아무리 힘없고 약해졌다 해도 제 발로 다가가서는 안 된다. 죽어가던 독사가 벌떡 일어나 당신을 사지에 몰아넣을 수 있다.

69 늑대와 어리석은 양

양떼를 유심히 지켜봐오던 늑대들은 어느 날 특별대사를 파견해 그 양떼들과 이야기를 나누었다.

"우리 너무 오랫동안 서로 싸우기만 해서 사이가 더 나빠진 것 같아요. 이게 다 저 못된 개들이 우리 사이를 이간질하는 바람에 괜히 쓸데없는 오해만 생긴 거잖아요. 게다가 그 놈들이 사소한 일까지 일일이 생트집을 잡으면서 괴롭히니까 우리가 계속 요 모양인 거라고요. 여러분이 저 양치기 개들을 쫓아내기만 한다면 우리는 언제까지나 사이좋고 행복하게 지낼 수 있을 거예요."

어리석은 양들은 늑대가 살살 꼬드기는 말에 자기들을 보호하고 있던 개들을 해산시켰다. 든든한 방패였던 개들이 사라지자마자 양떼들은 의리를 저버린 늑대들에게 모조리 잡아먹혔다.

여우의 지혜 상대를 이길 수 있을 만큼 강하지 않다면 그의 사탕발림과 타협하지 마라.

70 배고픈 늑대와 배부른 개

개들의 빈틈없는 감시 때문에 늑대 한 마리가 쫄쫄 굶고 있었다. 도대체 얼마나 굶었는지 뼈하고 가죽만 앙상하게 남았을 정도였다. 그날 늑대는 길을 잃은 개 한 마리와 마주쳤는데, 체구가 건장하고 털은 윤기가 번지르르한 아주 멋진 사냥개였다. 늑대는 그 개를 갈기갈기 뜯어먹고 싶은 마음이 굴뚝같았지만, 막상 달려들고 보니 이 놈이 만만치 않았다.

늑대는 사냥개한테 상대가 안 되겠다 싶어 재빨리 잔꾀를 부렸다. 반항을 멈추고 사냥개의 건장하고 멋진 체구를 주둥이가 닳도록 칭찬하고 나서 자기는 사냥개의 그 점이 부러워 미칠 지경이라고 아부를 떨었다.

"이봐, 당신도 나처럼 건장한 체구를 가질 수 있어."

사냥개가 말했다.

"정말?"

"저 숲을 떠나기만 하면 편하게 살 수 있어. 자, 저기 당신 동료들을 봐. 당신이 그랬던 것처럼 모두들 숲에서 힘든 나날을 보내고 있잖아. 먹을 것도 없고, 입을 것도 없고, 오죽 없으면 쨍쨍 내리쬐는 햇볕도 저 안에서는 귀하기 그지없겠어. 숲 속 생활에만 의지해서 살면 굶어죽기밖에 더 하겠나? 내 말이 너무하다고 생각해? 저 안에서의 생활은 보장된 게 아무 것도 없잖아. 누군가 '옛다!' 하고 던져주는 음식도 없이 하루하루 위태로운 생활을 하고 있지! 그러지 말고 나랑 같이 가세. 등 따시고 배부르게 해 줄 테니."

"그럼, 난 숲에서 나온 뒤에 뭘 해야 하지?"

늑대가 물었다.

"뭘 하다니? 아무것도 안 해도 돼!"

개가 대답했다,

"자네는 밥 빌어먹으러 오는 거지들이나 멀리 쫓아내면 돼. 그리고 주인집 식구들한테 꼬리나 살랑살랑 흔들면서 예쁨 좀 받으면 주인은 자네를 후하게 대해 줄 거야. 갖가지 먹다 남은 찌꺼기에 닭 뼈다귀, 비둘기 뼈다귀까지……다 자네에 대한 애정이 담겨있는 거지."

늑대는 사냥개가 한 말에 완전히 감동 받아서 자기도 모르게 눈가가 촉촉해졌다. 그리고 곧장 사냥개를 따라갔다. 길을 가던 중에 늑대는 사냥개의 목이 문드러져 있고 그 가죽 위로 짧게 난 털을 발견했다.

"여기 왜 이래?"

늑대가 물었다.

"별거 아냐."

"에? 별거 아니라고?"

"사소한 일 땜에 그래."

"근데 왜 이렇게 됐는데?"

"아마 올가미 때문에 문드러졌을 거야."

"뭐라고? 그럼, 묶여 있던 거야? 가고 싶은 곳에 마음대로 가지 못한다는 거야? 응?"

늑대가 재촉하며 물었다.

"가라고 해도 안가."

"그건 또 왜?"

"그건 내 삼시세끼 때문이야. 그게 얼마나 중요한데. 쉽게 말하면 나는 지금도 그렇고 이후에도 마찬가지로 삼시세끼 때문에 바쁘게 뛰어다니고 싶지 않다는 뜻이야."

늑대는 사냥개의 말을 듣고 몰래 도망쳤다. 그렇게 먼 곳으로 도망가서는 다신 얼씬도 하지 않았다.

여우의 지혜 세상에 공짜란 없다. 인정은 다른 무엇인가를 잃는 대가이다. 이것이 공짜가 달콤하지만은 않은 이유이다.

71 늑대와 영특한 당나귀

당나귀 한 마리가 초원에서 풀을 뜯어먹다가 갑자기 늑대 한 마리가 자신을 노려보고 있다는 것을 눈치 채고는 재빨리 절름거리며 걸었다.

늑대는 당나귀에게 다가오더니 그에게 왜 다리를 절뚝거리느냐고 물었다. 당나귀는 울타리를 건너다 조심하지 못해서 발을 가시에 찔렸다고 했다. 그는 늑대에게 자기를 잡아먹기 전에 먼저 가시부터 없애서 입이 다치지 않도록 조심하라고 말해주었다. 늑대는 당나귀의 충고를 듣더니 당나귀의 발을 들여다보았다. 그리고 당나귀의 발바닥을 아주 뚫어져라 쳐다보면서 박힌 가시를 찾았다. 그러자 당나귀는 갑자기 힘차게 늑대를 걷어찼고 그 바람에 늑대의 아래턱은 비뚤어지고 이빨은 모조리 빠져버렸다. 늑대는 허겁지겁 도망가면서 가슴을 치며 말했다.

"아이고, 난 정말 멍청해. 우리 아버지가 분명 동물을 죽이는 게 우리 일이라고 하셨는데, 왜 난 의사가 하는 짓을 하려고 했지?"

여우의 지혜 사람은 종종 자신의 본분을 잊는다.

72 늑대와 상처받은 당나귀

어느 날 혼자서 길을 가던 당나귀가 굶주린 늑대를 만나게 되자 부들부들 떨면서 말했다.

"전 너무 불쌍한 놈이에요. 그저 병든 동물에 불과하죠. 이것 좀 보세요, 제 발 위에 뭐가 박혀 있는지."

"어, 정말이네? 너 정말 불쌍하구나. 나도 양심이 있지, 너를 꼭 도와줘야겠다. 내가 너를 이 고통에서 벗어나게 해주마."

말을 마치자마자 늑대는 당나귀를 잡아먹었다.

여우의 지혜 적이 당신을 진심으로 도와주리라는 기대를 하지 마라.

73 늑대와 명석한 말

늑대 한 마리가 농장을 지나가다가 보리밭을 보았지만 보리 따위에는 관심이 없었기 때문에 그냥 별 생각 없이 그곳을 지나왔다. 잠시 후 늑대는 지나가던 말을 불러 세웠다.

"이봐, 친구. 나랑 좋은 데 갈래? 저기에 큰 보리밭이 있거든. 이야~! 보리 한 톨 한 톨이 진짜 크고 먹음직스럽더라. 특별히 널 위해 남겨두느라 난 맛도 못 봤어. 자, 얼른 따라와. 그리고 그냥 고마우면 다른 거 말고 너의 꾀꼬리 같은 울음소리나 한 번 들려줘."

그러자 말이 콧방귀 뀌며 대답했다.

"어머! 너무 감동이야! 근데 정말 네가 보리를 먹고 사는 동물이었다면 이렇게 배고픈 걸 참으면서까지 나한테 양보했을까? 흥! 천만에 말씀이야!"

여우의 지혜 자기가 보기에도 시시한 선물을 하면 받는 사람도 결코 감동하지 않는다.

74 인자한 늑대

하루는 토끼가 늑대의 초대장을 받았다. 초대장에는 토끼더러 늑대의 숙소로 와달라는 내용이 쓰여 있었다. 토끼는 최대한 겸손하고 예의바른 말투로 거절했다.

"너무나 감사합니다…… 그런데 정말 죄송해요…… 제가 몸이 안 좋아서…… 부디 넓은 아량으로 용서해 주시기 바랍니다."

사실, 토끼는 지금까지 늑대가 인자하다는 소문은 단 한 번도 들어본 적이 없었다. 그런데 이 늑대는 다른 늑대들과는 달리 숲 속이나 들판에서 자기를 만났는데도 이빨을 갈거나 못살게 굴지 않았다. 그러자 토끼는 차츰 늑대에게 마음이 기울었다. 매너 있는 늑대에게 과분한 대우를 받는 것 같아서 몸 둘 바를 몰랐다. 그래서 늑대의 이런 호의에도 불구하고 초대를 거절한 것이 마음에 걸려서 늑대의 집을 한 번 찾아가기로 결심했다.

"마누라, 빨리 씻고 치장해! 감히 우리 같이 미천한 놈들이 인자하신 늑대님의 친절을 거절했다니! 얼른 가서 인사드리고 옵시다!"

토끼부부는 늑대의 집에는 맛있는 요리와 좋은 술이 가득 있을 거라는 부푼 기대를 하고 늑대 집에 찾아갔다.

손님들이 문을 두들기자 주인은 몹시 기뻐하면서 그들을 맞이했다.

"오랜만입니다! 두 분 모두 아주 건강해 보이는군요!"

토끼부부가 집 안으로 들어서자 늑대는 긴 송곳니를 드러내며 주방장에게 말했다.

"어때? 두 근이면 충분하겠지?"

잠시 후 주방장은 요리를 쟁반에 담아 내어놓았다. 쟁반 위에는 붉은색을 띤 토끼 고기가 놓여 있었다.

여우의 지혜 적이 던져주는 당근 몇 개에 판단력을 잃어서는 안 된다. 상대가 제아무리 인자하게 굴어도 적은 영원히 적일뿐이다.

75 배은망덕한 늑대

목구멍에 뼈가 자주 걸리는 늑대가 있었다. 한 번 목에 걸리면 아파 죽을 지경이어서 그때마다 다른 동물의 도움을 받아야 했다. 다행히 만나는 동물마다 흔쾌히 도와주었고 늑대도 감사의 뜻으로 사례를 해주곤 했다.

어느 날 늑대는 또 목구멍에 뼈가 걸리고 말았다. 그래서 이번에는 학에게 뼈를 꺼내달라고 부탁했다. 조금 위험하기는 했지만 학은 긴 부리를 늑대의 목구멍까지 깊숙이 집어넣어 목에 걸린 뼈를 꺼내주었다. 그리고 살짝 부끄러워하면서 늑대에게 은근슬쩍 두둑한 사례를 요구했다. 그러자 늑대가 날카로운 이빨을 드러내면서 흉악한 표정으로 말했다.

"이런 어이없는 놈을 봤나! 이거 안 보여? 네 큰 머리통을 집어넣는 바람에 내 입이 완전히 튀어나와버렸잖아! 너 정말 낯짝도 두껍구나! 내가 네 머리통을 삼키지 않은 것만으로도 감사할 줄 알아야지."

여우의 지혜 나쁜 사람과 같이 일하고 피해를 입지 않았다면, 그것만으로도 다행이라고 생각하라.

76 늑대의 동정심

무시무시한 급성전염병이 크게 유행하는 바람에 양치기는 모든 양들을 잃었다. 그러자 이 소식을 전해들은 늑대는 양치기를 위로하기 위해 목장으로 향했다.

"양치기님! 무서운 재난을 당하셨다는 게 정말이에요? 양들이 다 죽었다면서요? 오! 사랑스럽고 토실토실한 양들을 다 잃다니! 아이고, 아이고!"

"고맙다, 늑대야. 너도 동정이란 걸 할 줄 아는구나."

그러자 옆에 있던 양치기 개가 끼어들었다.

"쳇! 다른 사람의 불행이 자기한테도 손해를 주니까 늑대가 이런 말도 다 하는군."

여우의 지혜 다른 사람의 불행에 대한 태도는 자신의 손익에 의해 결정된다.

77 스스로 위안하는 늑대

목마른 양이 물을 마시러 강가에 갔다. 마침 늑대 한 마리도 갈증이 나서 강가에 왔다. 강 하나를 사이에 두고 양과 늑대는 마주보고 있었다. 양은 자기가 아주 안전하다는 생각이 들자 늑대에게 농담을 걸었다.

"내가 네 물을 더럽히는 게 용납이 안 되지, 늑대 선생? 잘 봐봐, 내가 6개월 전에 네 뒤통수에 대고 욕을 했던 놈인지 아닌지. 아이고, 그런데 이를 어쩌나? 사실 그건 내가 아니고 우리 아버지라네. 하하하~"

늑대는 양이 신나게 자기를 놀리는 동안 강폭이 얼마나 넓은지 폭을 재보고 속으로 이를 바드득 바드득 갈며 애써 태연하게 말했다.

"친구, 우리 늑대들은 이미 습관이 돼서 너희 같은 양들에게 관대해진 지 오래야. 후후, 넌 정말 운이 좋구나."

여우의 지혜 타인과 적당한 거리를 유지하는 법을 익혀라.

Ⅳ. 비천한 약자, 쥐

강한 자를 바로 보고, 경쟁자에게 집중하라. 그리고 약한 자를
경솔하게 상대하지 마라. 작고 힘없는 인물이라도
반드시 자기 몫을 다할 수 있는 일이 있는 법이다.

78 늙은 쥐와 코끼리

아주 작은 늙은 쥐가 거대한 코끼리에게 몸집도 큰 동물이 너무 느리게 걷는다고 비웃었다.

코끼리는 등에 주인과 그녀가 항상 데리고 다니는 동물들을 태우고 있었다. 코끼리 마차에 탄 손님들을 셋으로 나누어 보면 첫 번째는 유명한 수단의 왕비, 두 번째는 왕비의 개, 고양이, 원숭이, 그리고 마지막 세 번째는 왕비의 앵무새와 물고기였다. 코끼리는 몸 위에 화려한 파라솔까지 달고 궁전으로 향하고 있었다.

사람들이 길가에서 코끼리를 바라보며 정말 대단한 동물이라고 칭찬하자 늙은 쥐가 화들짝 놀라며 말했다.

"몸만 크면 뭘 해요! 몸집 크기로 지위를 결정하는 건 정말 불공평해요! 몸집 큰 거 빼고 코끼리가 칭찬 받을 만한 게 또 뭐 있어요? 그 큰

몸으로 아이들이라도 놀라게 하지 않을까 걱정이군요! 우리는 몸집만 조금 작을 뿐이지, 사실 코끼리랑 나이도 비슷하단 말이에요. 놀랍지 않아요? 아니, 그런데 왜 우리는 아무도 칭찬해주지 않는 거죠?"

늙은 쥐가 계속 수다스럽게 떠들자 코끼리 등에 있던 고양이가 어느새 내려와 그를 덮쳐버렸다. 고양이는 눈 깜짝할 사이에 늙은 쥐가 코끼리와 절대 같은 대접을 받을 수 없다는 사실을 일깨워 주었다.

여우의 지혜 시간과 장소를 초월해서 우리는 항상 실력을 근거로 말해야 한다. 실력이 있어야만 높은 지위와 영향력 있는 발언권을 얻을 수 있으며, 그밖에 당신이 얻고자 하는 모든 것을 가질 수 있다.

79 작은 쥐와 큰 사자

사자가 달콤한 잠에 푹 빠져있을 때였다. 갑자기 작은 쥐 한 마리가 사자의 몸 위로 기어올라 그 위에서 펄쩍펄쩍 뛰기 시작했다. 잠자던 사자는 깜짝 놀라 우왕좌왕하며 사방을 빙 둘러보았다. 여우가 이 광경을 보고 박수를 치면서 깔깔대고 웃었다. 큰 사자가 고작 작은 쥐 때문에 깜짝 놀라 벌벌 기는 모습이 너무 우스꽝스러웠다. 그러자 사자는 변명하며 말했다.

"절대 내가 쥐를 무서워해서 이러는 게 아냐. 난 단지 감히 어떤 놈이 이렇게 대담하게 내 몸에서 정신없이 뛰어노는지 깜짝 놀랐을 뿐이라구."

이렇게 약한 동물도 힘 있는 동물을 자극할 줄 안다.

여우의 지혜 작고 연약한 사람을 보고 그의 모든 것을 과소평가하지 마라. 맨주먹의 그는 당신에게 결정타를 한 번 날리기 위해 기회를 엿보고 있는지도 모른다.

80 도시 쥐와 시골 쥐

옛날 옛날에 도시 쥐가 매우 정중하게 시골 쥐를 식사에 초대했다. 시골 쥐가 찾아가자 도시 쥐는 사람들이 먹다버린 산해진미를 가득 대접했다.

오늘 저녁식사는 과연 흠잡을 데 없이 명실상부한 최고의 요리들로 가득했다. 그들은 터키산 양탄자 위에 멋진 요리도구를 갖추어 놓고 사이좋게 식사를 하고 있었다. 하지만 도시 쥐와 시골 쥐가 기분 좋게 식사를 하고 있을 때, 반갑지 않은 손님이 그들의 행복한 식사를 방해했다.

갑자기 주방 밖에서 무슨 소리가 들려왔다. 그 소리에 도시 쥐가 즉시 뛰어나가자 시골 쥐도 같이 따라 나갔다. 그런데 갑자기 밖에서 나던 소리가 사라졌고 도시 쥐는 다시 식탁으로 돌아왔다. 그리고 시골 쥐도 냉큼 뒤따라왔다. 도시 쥐가 시골 쥐에게 말했다.

"어! 불고기를 다 먹어버렸네!"

"아니야, 괜찮아. 그만 됐어. 너 내일 우리 집에 와서 밥 먹을래? 네가 해준 요리가 별로였다는 게 아니라 우리 집에서 밥을 먹으면 아무도 방해하지 못하거든. 우리 집은 아무 것도 신경 쓰지 않고 편안하게 식사를 할 수 있어서 참 편안해. 내일 우리 집에서 보자! 난 아까 그 소리 때문에 너무 놀라는 바람에 긴장해서 입맛이 없어져버렸어."

여우의 지혜 그 어떤 구애도 받지 않는 자유로운 생활이 조그마한 변화에도 흠칫 놀라는 불안한 일상보다 훨씬 더 행복하다. 그러나 실제로 대부분의 사람들은 도시 쥐처럼 살고 있다.

81 쥐와 고양이

세상물정 모르는 작은 쥐가 어느 날 늙은 고양이에게 덥석 붙잡혀버렸다. 쥐는 고양이가 분명히 자기에게 넓은 아량을 베풀 거라고 철석같이 믿고 두 발을 싹싹 빌며 애원했다.

"목숨만은 살려주세요! 저처럼 이 집을 자유자재로 왔다 갔다 할 수 있는 동물은 아무도 없어요. 게다가 이 집에 사는 사람들은 저만 보면 꼼짝도 못 한다구요. 생각해 보세요! 저는 고양이님이 좋아하시는 생선을 얼마든지 갖다드릴 수 있답니다. 그리고 저는 보리 한 톨만, 아니 씨앗 한 톨만 먹어도 금방 배가 부르는데 아쉽게도 지금은 먹은 게 없어서 배가 홀쭉해요. 게다가 지금은 너무 말라서 먹을 것도 없어요. 제가 살을 좀 찌울 수 있을 때까지 조금만 참고 기다려 주세요. 제가 나중에 고양이님의 새끼고양이들을 위한 맛있는 먹이가 되어드릴게요."

여우의 지혜 쥐는 온갖 감언이설로 고양이를 속이려고 했다. 그러나 기억하라. 원수가 당신에게 자비를 베풀 가능성은 단 1%도 안 된다.

82 총명한 쥐

나이를 먹는 바람에 고양이는 왕년에 민첩하게 행동했던 모든 감각을 잃어버렸다. 그렇다보니 이제는 쥐를 쫓아다니기가 힘들어 고양이는 다른 좋은 방법이 없을까 요리조리 궁리해 보았다.

고양이는 바구니에 들어가서 뒷다리를 살짝 내어놓고 죽은 척을 했다. 쥐들이 염탐하러 가까이 오면 자기는 그때 맛있는 먹잇감을 손에 넣겠다고 생각했다. 영리한 쥐들이 죽은 척하고 있는 고양이를 보고 멀리 숨어서 소곤거렸다.

"얘들아, 저기 봐. 나 고양이 머리가 들어있는 바구니는 태어나서 처음이야. 크크큭!"

그 중에 한 마리가 큰소리로 웃으면서 소리쳤다.

"이봐요, 고양이 마님! 왜 거기에 들어가 계세요? 그런 어설픈 방법으로는 우리를 속일 수 없다구요! 우린 그 근처에 얼씬도 안 할 거예요!"

[여우의 지혜](#) 연륜 있는 새가 스스로 덫에 걸리기를 바라는 사냥꾼의 바람은 너무나 무모하다.

83 세상물정 모르는 쥐

새끼 쥐가 어미 쥐 없이 혼자 있던 상황에서 까딱하다가 고양이한테 붙잡힐 뻔한 이야기를 어미 쥐에게 이야기해주었다.

"제가 국경 근처에 있는 큰 산을 지나는데 꼭 새로운 삶을 찾은 것처럼 기분이 너무 좋은 거예요. 그래서 마구 뛰어다녔죠. 근데 갑자기 동물 두 마리가 제 눈앞에 나타나더니 제가 가던 길을 막는 거예요. 그제야 걸음을 멈추고 그 놈들을 쳐다봤지요. 그 중에 한 놈은 우아하고 온화하게 생겼고, 다른 한 놈은 몸놀림이 빠르고 민첩한 것 같았지만 자기 분수도 모르고 날뛰는 놈 같았어요. 근데 그 놈 목소리가 진짜 고막 찢어질 것처럼 날카롭더라고요. 꼴에 머리에는 뻘건 왕관을 쓰고 있고 꼬리에도 큰 깃털을 가지고 있었어요."

새끼 쥐가 신이 나서 계속 이야기했다.

"그걸 또 좋다고 흔드는 거 있죠. 얼마나 웃기던지…… 게다가 양쪽 어깨를 사용해서 양 옆구리를 계속 흔드니까 '텅텅텅!' 하는 소리가 났어요. 나야 고마웠죠! 큰소리가 나는 틈에 용기를 내서 재빨리 도망쳤거든요. 근데 너무 아쉬워요. 그 놈만 아니었으면 그 옆에 착해 보이는 동물하고 잘 지낼 수도 있었을지 모르는데…… 그는 탐스러운 털과 깊은 눈을 가지고 있었어요. 그리고 우아하면서도 힘 있는 긴 꼬리도 가지고 있더라구요. 분명히 그 동물도 저한테 호감을 가졌을 거예요. 왜냐하면 저를 보는 눈빛이 예사롭지 않았거든요. 엄마, 우리 그 동물하고 가까이 지내는 게 어떨지 한 번 생각해 보는 게 좋겠어요. 아, 근데 울음소리는 좀 소름끼쳤어요."

그제야 어미 쥐가 입을 열었다.

"아가야, 태도가 온화하고 거동이 우아한 동물이 바로 고양이란다. 고양이가 착한 표정을 하고 있는 건 우리한테 나쁜 속셈을 품고 있다는 뜻이야. 그리고 네가 본 우리와 확실히 다르게 생긴 동물은 절대로 우리에게 나쁜 짓을 하지 않는 놈이야. 오히려 우리의 맛있는 식사가 되어 줄 수 있을지도 모르지. 어쨌거나 고양이는 우리를 호시탐탐 노리는 게 생활의 전부인 놈들이란다.

여우의 지혜 외모로 사람을 평가하지 마라.

84 욕심 많은 쥐

굶주린 쥐가 온 동네를 뒤지고 다니다가 곡물창고 하나를 발견했다. 그 쥐는 작은 구멍을 찾아 안으로 가까스로 비집고 들어갔는데 막상 창고 안을 둘러보니 맛있는 곡물들이 가득했다. 욕심 많은 쥐는 허겁지겁 그것을 먹어치웠다. 그렇게 만족할 때까지 실컷 먹고 난 후 부른 배를 두들기며 왔던 길로 다시 도망가려고 했다. 그런데 무리해서 너무 많이 먹은 터라 배가 너무 빵빵해져서 아무리 죽을힘을 다해 봐도 구멍을 빠져나올 수 없었다. 쥐는 너무 막막한 나머지 구멍 입구에 앉아서 소리 내어 서럽게 울기 시작했다. 쥐가 큰소리로 울자 이 소리를 들은 족제비가 달려와 그를 격려했다.

"울지 마, 친구야. 지금 유일한 방법은 네가 그 안에 있다가 날씬해지면 다시 기어 나오는 것뿐이야."

족제비는 그 앞에 앉아 이렇게 말하며 입맛을 다셨다.

여우의 지혜 행동하기 전에는 반드시 나쁜 결과도 미리 계산해야 한다.

85 쥐, 달걀을 품다

쥐 두 마리가 같이 먹이를 찾으러 나갔다가 달걀 하나를 주웠다. 이 달걀 하나면 그들의 점심 한 끼로 충분하기 때문에 쥐들은 소 한 마리도 부럽지 않게 되었다.

기쁜 마음으로 입을 쩍 벌리고 달걀을 둘이 나눠 먹으려는 찰나에 갑자기 뜻하지 않은 손님이 불쑥 나타났다. 바로 여우였다. 이는 정말 위기 일발의 뜻밖의 만남이었다.

'어떻게 달걀을 보호한담?'

만약에 달걀을 들고 가려면 두 앞발을 이용해야 하는데, 달걀 둘레가 넓어서 두 앞발이 서로 닿지 않아 밀리고 끌리기만 할 뿐 도저히 어떻게 할 수 없는 상황이 되고 말았다.

"그래, 머리를 써야지 힘으로만 할 순 없어.'

궁리 끝에 쥐들은 결국 기발한 방법으로 달걀을 집에 가져가기로 결정했다. 집까지는 꽤 먼 거리였기 때문에 이렇게 할 수밖에 없었다. 쥐 한 마리가 땅바닥에 누워 고개는 뒤로 젖히고 양발을 뻗고는 달걀을 품었다. 그리고 다른 한 마리는 누워있는 쥐의 꼬리를 잡아당겨 앞으로 질질 끌면서 집으로 향했다.

어기적대는 폼이 다소 불안해 보였지만 쥐들은 달걀을 옮기면서 열심히 길을 걸어갔다.

<u>여우의 지혜</u> 가끔은 바보 같은 방법이 오히려 가장 좋은 해결책이 되기도 한다.

86 쥐, 굴을 먹다

머리가 좀 모자란 들쥐가 있었다. 하루는 집안에서 뒹굴고 있다가 갑자기 여행을 가고 싶다고 생각했다. 그래서 자기가 살던 땅이며, 땅 속에 모아놓은 식량들, 심지어는 자기가 살던 쥐구멍까지도 내버려두고 혼자서 세계여행을 떠났다. 그는 쥐구멍을 기어 나오면서 크게 외쳤다.

"아! 세계는 크고 넓도다!"

원래 좁고 보잘것없는 쥐구멍에서 살았던 들쥐는 눈앞에 큰 산이 우뚝 솟아있는 것을 보자 또다시 탄성을 질렀다.

"오! 저 높은 산 좀 봐!"

며칠 후 들쥐는 굴이 많이 나는 어느 외진 해안가에 도착했다.

해안가에 있는 굴들은 모두들 껍데기를 꾹 다물고 있었는데 유독 하나만 슬그머니 입을 벌리더니 햇볕을 쬐며 하품을 했다. 그리고는 살랑대는 바람을 느끼면서 맑은 공기를 크게 들이쉬고 흡족해하며 휴식을 취했다. 굴은 새하얗고 탱글탱글 영근 살을 보이면서 그 무엇과도 비교할 수 없는 맛을 가늠케 했다.

그때 해안가에 있던 쥐가 하품하는 굴을 보고 중얼거렸다.

"어? 내가 지금 뭘 본 거지? 분명히 먹을 게 틀림없어. 내가 틀리지 않았다면 그 색깔은 너무나 맛있는 음식이란 걸 말해주는 거야. 오늘 맛난 걸 먹을 수 있는 게 분명해."

들쥐는 이렇게 아름다운 미래를 만끽하면서 굴에게 다가갔다. 그리고 목을 앞으로 쭉 빼고 굴을 살펴보았다. 하지만 불쌍한 들쥐는 가엾게도 굴의 함정에 걸려버렸다. 들쥐가 머리를 들이대자 굴이 껍데기를 닫아버린 것이다. 결국 어리석은 들쥐는 껍데기에 머리가 끼어 죽고 말았다.

여우의 지혜 독단적인 생각과 섣부른 확신은 자신을 해친다.

87 쥐, 회의를 열다

어느 날 쥐들이 중요한 대책회의를 열었다. 모두들 고양이에게 더 이상 희생되지 않기 위한 좋은 방법을 찾기 위해 열성적으로 논의했고, 회의는 끊임없이 계속되어 늦은 밤이 되도록 끝나지 않았다. 갑자기 작은 쥐 한 마리가 용감하게 일어나서 의견을 말했다.

"방울을 달면 어때요? 만약에 고양이 목에 방울이 달려 있다고 생각해 보세요. 고양이가 조금이라도 움직이면 방울은 바로 소리를 낼 거예요. 그럼 우리는 그 소리를 듣고 빨리 도망가면 되잖아요!"

작은 쥐가 말을 끝마치자 회의장은 순간 조용해졌다. 그러더니 여기저기서 호응하는 소리가 들려오기 시작했고 모두들 좋은 방법이라고 칭찬하며 그의 의견을 만장일치로 통과시켰다.

그런데 이때 쭉 침묵을 지키고 있던 늙은 쥐가 입을 열었다.

"아주 훌륭한 생각이야. 이렇게만 한다면 분명 효과가 있을 게야. 그런데 궁금한 게 있는데, 우리들 중에 누가 고양이 목에 방울을 달지?"

여우의 지혜 계획을 세우는 일 보다 그것을 실천하는 일이 더욱 중요하다.

제**2**장

늙은 여우가
'생존의 법칙'을 알려주다

I. 출세의 비밀

경쟁상태에서 상대방의 마음을 알고 싶다는 바람은 곧 그를 제압하고 싶다는 심리적 욕구를 의미한다. 결국 출세는 이러한 자신의 욕구를 적절히 활용할 줄 아느냐에 달려있다.

88 사자처럼 행동할 수 없다면 여우의 지혜를 배워라

만약 꿈을 현실로 실현시킨다면 당신은 곧 고귀한 명성을 얻고 지도자의 반열에 오를 것이다. 그러나 그 꿈을 이루기에 당신의 실력이 다소 부족하다고 당신의 모든 가능성까지도 포기해버리면 안 된다. 게다가 당신의 부족한 부분이 일의 성패에 상당히 많은 영향을 끼치는 부분이라고 좌절할 필요도 없다.

자신의 길에 장애물이 있다면 그것에 연연하지 않고 다른 길로 가면 그만이다.

용기는 당신의 길에 환한 빛을 비춰주고 책략은 그 길을 빠르게 지나갈 수 있는 방법을 제시해 준다. 용기와 책략이 서로 힘을 합치면 더 큰 힘을 발휘하지만 경쟁자와의 치열한 싸움을 부추기는 책략은 의욕만 앞서게 한다.

89 높은 이상에 현실적인 계획을 더할 때 꿈은 이루어진다

아무리 세상물정을 모르는 사람이라도 현실을 직시할 줄 알아야 한다. 우리는 자기가 제일 잘났다고 여기는 사람들을 자주 만날 수 있는데 사실 그들 대부분은 별로 특별할 것이 없는 지극히 평범한 사람이다.

물론 굳이 잘난 척하는 사람이 아니더라도 우리가 일상에서 만나는 대부분의 사람들 역시 자기가 꽤 똑똑하며 앞으로 부자가 될 것이고, 머지않아 자신의 꿈도 이룰 수 있을 것이라고 자신한다. 하지만 현실이라는 녀석은 상당히 짓궂어서 항상 사람의 뜻대로 움직이지 않는다. 그래서 사람은 현실에 눈을 뜨는 과정에서 허세와 공상의 허구성을 인정하는 일종의 고통을 겪게 된다. 좀더 단도직입적으로 말하면 이상이 높으면 높을수록 그 이상을 이루기 위한 계획은 낮은 곳에서부터 시작해야 한다. 수많은 고통과 인내의 과정을 통해 마침내 원하던 결과를 얻었을 때 당신은 비로소 마음의 평안을 찾을 수 있다.

그렇다고 자신의 이상을 터무니없이 높은 곳에 두어서는 안 된다. 무슨 일을 하든지 결과에 대한 기대치가 너무 높으면 그만큼의 결과를 얻기도 어렵거니와 실패했을 때의 좌절도 크기 때문이다.

이상의 높고 낮음을 떠나서 사람은 종종 경험 부족으로 틀린 결정을 내리기도 하는데, 이러한 실수에는 '지혜' 만큼 잘 드는 치료약도 없다. 세상에는 실수를 치료할 수 있는 명약이 있으니 실패를 두려워하거나 도전을 피하지 마라. 그리고 꿈을 실현하고 싶다면 자신을 정확히 인지한 후 그 조건 위에서 차근차근 실천할 수 있는 현실적인 계획을 세워라.

90 신비주의 1) 속마음을 감춰라

신비주의는 사람들에게 일종의 기대심리를 갖게 한다. 그러므로 당신에 대한 신비감은 당신의 가치를 높여주는 촉매제와 같다고 할 수 있다.

아무리 하찮고 별 가치가 없어 보이는 일이라도 그것이 당신이 해야 하는 일이라면 절대 경솔하게 처리해서는 안 된다. 사소한 일에 임할 때도 신중함을 잃지 않도록 자신을 철저히 보호하라. 설사 속마음을 들켜버렸다 할지라도 주저리주저리 변명하지 말고 잠시 침묵을 지키고 모든 것을 폭로하지 마라. 침묵은 당신을 보호하는 방패 역할을 해 줄 것이다.

만약에 이러한 요령도 없이 당신을 모조리 드러내 보인다면 좋은 평가를 받기는커녕 오히려 불합리한 대우를 받을 것이다. 게다가 당신이 좋은 성과를 거두지 못했을 때 당신에게 남겨지는 것은 사람들의 오해와 비난에 의한 큰 상처뿐이다.

성공한 사람 주변에는 그를 시샘하는 의심의 눈초리가 많다는 사실을 기억하고 최대한 그 시선을 즐겨라.

91 신비주의 2) 생각을 감춰라

사람들은 쉽게 알아낼 수 있는 비밀은 별로 알고 싶어 하지 않으면서 도대체 진실이 무엇인지 아리송한 비밀은 꼭 알려고 한다. 마치 어렵게 노력해야 간신히 얻을 수 있는 물건이 더욱 값져 보이는 것처럼 사람들은 당신의 생각을 알기 어려울수록 당신을 높게 평가한다.

만약 당신을 다른 사람과 비교해본 결과가 기대보다 훨씬 더 좋게 나온다면 사람들은 당신을 높게 평가할 것이다. 그러므로 숨기는 면과 보이는 면을 적절하게 유지해야 한다. 그리고 지나치게 많이 내보이면 오히려 나쁜 평가를 받을 수 있다는 점도 유의해야 한다.

'사람들과의 대화에서 당신의 생각을 감추라'는 근본적인 의미는 사람들이 당신의 말과 생각을 그들의 입장에서 경솔하게 지적하고 비난할 기회를 주지 말라는 뜻이다.

많은 사람들이 정작 잘 알지도 못하면서 그것(혹은 그 사람)을 칭찬하고 좋아하는 이유는 단지 다른 사람들이 그것(혹은 그 사람)을 칭찬하거나 좋다고 말하는 것을 들었기 때문이다.

신비함은 확실히 증명할 수 없기 때문에 더욱 사람들의 이목을 끄는 강한 힘을 발휘한다.

92 신비주의 3) 특기를 감춰라

어느 무술이든지 가장 특별한 기술은 그것을 가르치는 방법 또한 유달리 정교하고 심오하다. 당신의 특기를 드러내는 방법도 마찬가지이다. 당신만의 특기를 아끼고 감출 때 더욱 특별한 사람으로 대접받을 수 있기 때문에 언제 어디서든 쉽게 드러내지 말고 어쩌다 한번, 가장 중요한 순간에, 잠깐 보여줘야 한다.

예를 들어 성현의 도를 전하거나 지식과 기술을 전수할 때도 일종의 책략을 세워 조금씩 의문을 풀어주는 것처럼, 사람들에게 당신의 능력을 보여줄 때도 있는 그대로 탈탈 털어주지 말아야 한다. 그렇게 해야 당신의 능력도 오랫동안 사람들 입에 오르내리고 당신의 명성 또한 그와 더불어 오래 지속될 것이다. 그리고 당신에게 의지하는 사람들도 당신을 믿고 그 곁을 변함없이 지키고자 할 것이다.

만약 당신에게 조언이나 도움을 요청하는 사람이 나타난다면, 당신은 이 모든 것을 사전에 염두에 두고 그들의 기대감을 부추기면서 당신의 생각을 조금씩 전해야 한다.

일종의 제한을 두는 것은 경쟁사회에서 승리하는 중요한 기술이다. 중요한 상황에 임할수록 더욱 더 이 점을 명심해야 한다.

93 신비주의 4) 미완성의 걸작은 감춰라

언제나 가장 완벽한 모습으로 사람들 앞에 서라. 불완전한 과정을 너무 자주 드러내면 불완전에 대한 좋은 않은 인상이 사람들의 뇌리에 깊이 박힌다. 그렇기 때문에 후에 아무리 훌륭한 완성품이 나오더라도 뇌리에 남아있는 안 좋은 인식 때문에 좋은 평가를 받지 못한다.

아무리 맛있는 음식이라도 그것이 완성되기까지 사람들을 너무 오랫동안 기다리게 하면 사람들의 기대는 지루함이 되고, 그 지루함은 식욕을 잃게 한다.

훌륭하고 맛좋은 음식과 마찬가지로 중요하고 훌륭한 일은 그것을 이루어가는 과정에 오랜 시간과 꾸준한 노력이 반드시 필요하다. 그렇다고 이 모든 과정을 사람들에게 다 보여주면 사람들이 흥미를 잃게 되는 것은 너무나 당연한 일이다.

그래서 지혜로운 사람은 중요한 일일수록 완성되지 않은 모습을 철저하게 감춘다.

94 비밀은 혼자만의 것이다

당신은 맛있는 과일을 다른 사람과 공평하게 나눠가졌다고 생각하겠지만 실제로 당신이 가지고 있는 것은 과일을 깎고 남은 껍질뿐이다.

주위를 둘러보라. 비밀을 다른 사람과 공유한 뒤 나쁜 결과를 얻는 사람이 얼마나 많은가.

비밀은 다른 사람과 나누는 순간 탕 속에 넣자마자 흐물흐물해져버리는 식빵으로 만든 숟가락이 되고 만다. 다른 사람의 비밀을 아는 것은 특권이 아니라 일종의 책임임에도 사람들은 비밀을 너무 쉽게 생각하는 경향이 있다.

거울은 사람의 모습을 그대로 비춰준다. 못난 구석을 예쁘게 보여주는 법은 절대 없다. 솔직히 자신의 못난 꼴을 보는 일은 거울을 깨고 싶은 충동을 느낄 만큼의 큰 치욕거리이다. 자기 혼자서 봐도 부끄러운 이 모습을 다른 누군가에게 보였다면 설사 그 사람이 전혀 개의치 않는다고 해도 그 시선이 곱게 받아들여질리 없다.

비밀을 공유하는 일은 자신의 좋은 기회를 남에게 거저 넘겨주는 것과 다름없다. 게다가 세상에서 가장 위험한 일은 친구 사이에 서로의 비밀을 털어놓는 일이다. 자신의 비밀을 다른 사람에게 말하는 순간 당신은 그 사람의 노예가 된다는 사실을 명심하라.

95 침묵을 지켜라

진실을 폭로하는 일은 자신(혹은 그 사람)의 심장을 꺼내는 것과 같기 때문에 고도의 세심한 기술이 필요하다. 하지만 가장 훌륭한 기술은 진실을 폭로할 적당한 기회를 잡았을 때도 묵묵히 말하지 않는 것이다. 한순간 잘못 내뱉은 한 마디 때문에 그 동안 당신이 성실하게 쌓아온 명성이 나락으로 떨어질 수도 있기 때문이다.

누군가의 무책임한 발언으로 인해 피해를 입거나 불이익을 당한 사람은, 그저 조금 재수가 없었을 뿐이라고 생각하고 스스로를 위안하며 가볍게 넘어갈 수도 있다. 하지만 그와 반대로 무책임한 발언을 한 사람은 단순한 실수였다고 둘러댈 자격도 없거니와 잘못에 대한 막중한 책임도 짊어져야 한다.

그러므로 잘 모르는 일을 아는 척 떠들어대거나 설사 안다고 해도 함부로 말하면 안 된다. 침묵은 자신을 위하고 타인을 위하는 가장 좋은 방법이다.

96 마음의 꿍꿍이는 천재라는 표시

솔직하게 마음을 표현하는 것은 대중들 앞에 비밀편지를 펼쳐 보이는 것과 같다. 중대한 사안은 언제나 거대한 공간 사이에 존재하는 미세한 틈 안에 그 정체를 숨긴다는 사실을 명심하라.

사람도 마찬가지이다. 다른 사람은 이해하지 못하는 자신만의 세계를 가진 사람이 훗날 가치 있는 인재로 성장을 한다. 그래서 소위 '천재'라고 불리는 사람은 시종일관 마음에 무언가를 감추고 자신만의 세계에 빠져 있다.

그러나 애석하게도 대다수의 사람들에게 천재라는 호칭은 낯설기만 하다. 사람들은 대부분 사람들의 시선을 의식하고 그들의 기대치에 부응하고자 숨 가쁘게 달리기 때문에 언제나 타인과의 경쟁상태에 자신을 노출시키고 있다.

경쟁상태에서 상대방의 마음을 알고 싶다는 바람은 곧 그를 제압하고 싶다는 심리적 욕구를 의미한다. 결국 출세는 이러한 자신의 욕구를 적절히 활용할 줄 아느냐에 달려있는 것이나 마찬가지이다.

물론 제아무리 명석한 천재라도 자신의 비밀이 새어나가는 일을 완전히 막아내기란 결코 쉽지가 않다. 하지만 당신의 세계가 타인에 의해서 침입 받는다면 이것은 당신에 대한 함축적인 위협이라는 사실을 명심해야 한다. 일을 다 끝마치지 않았으면 당신의 계획을 절대 입 밖으로 꺼내지 말고, 설사 말을 하더라도 적당한 때가 아니라면 열었던 입도 다시 닫아야 한다.

97 열 길 물 속은 알아도 한 길 사람 재능은 모른다?

주의 깊고 신중한 사람은 다른 사람에게 인정받고 싶을 때 다른 사람이 자기의 지혜와 용기를 깊이 헤아리지 못하게 한다.

당신이 알고 있는 것을 다른 사람은 모르게 하라. 당신이 재능이 있는 사람인지 그들이 모른다고 해도 당신에게 실망할 사람은 아무도 없다. 그리고 설사 사람들이 당신을 인정하고 존경을 한다할지라도 그것에 안주하지 말고 당신의 재능을 끊임없이 추측하고 의심하게 하라.

숨겨진 재능은 완전히 드러내기보다 호기심과 의구심을 갖도록 하는 편이 훨씬 좋다.

98 도대체 진짜 의도는 어디에?

일반적으로 포장한 물건이 비싼 것처럼, 사람도 자신을 드러낼 때는 어느 정도 값어치가 있어보이도록 포장하는 것이 좋다. 자신을 확연하게 드러내는 사람은 분명 도태되기 마련이다. 이왕이면 다른 사람이 야심을 품고 노리는 대상이 되지 마라.

억누르기 힘든 욕망은 진실한 의도가 새어나가는 큰 문과 같다. 다른 사람이 자신의 그릇된 기준으로 당신의 생각을 얕잡아본다 해도 절대로 쉽게 드러내서는 안 된다. 그 누가 어떤 방법을 취하든 당신은 그가 당신의 진짜 의도를 발견하기는커녕 예견하지도 못하게 해야 한다.

99 숨겨둔 의도는 신중히 생각해서 정도껏 드러내라

깊이 숨겨둔 진짜 의도는 신중하게 생각해서 정도껏 드러내야 한다. 절대 쉽게 드러내서는 안 된다. 더욱이 책략의 기술은 사람들의 의심을 모으고 화나게 할 수도 있기 때문에 더욱 더 신비하게 포장해야 한다. 그리고 남에게 속지 않도록 항상 조심해야 한다. 당신의 숨겨진 의도를 파헤치기 위한 사기가 도처에 도사리고 있기 때문에 당신은 자기방어 심리를 한시도 늦추지 말아야 한다. 그렇지 않으면 어차하다가 사람에 대한 근본적인 신뢰까지도 잃을 수 있다. 한편으로 자신의 의도를 지나치게 숨겨서 당신의 방어심리까지 들켜버린다면 당신은 오히려 더 큰 상처를 입을 수 있다.

일을 할 때는 신중히 생각하고 행동해야 많은 것을 얻을 수 있다. 어떤 행동 하나가 타당한지 아닌지 반성해 보는 일은 매우 중요하다. 그리고 이렇게 자신을 판단할 때는 당신의 행동이 얼마나 주도면밀했는가를 기준으로 삼아야 한다.

100 아무런 상처도 없는 완벽한 당신

만약 당신이 상처를 입었다면 다른 사람에게 말하지 말고 그 상처를 숨겨야 한다. 그렇지 않으면 당신은 나쁜 사람들의 노리개가 되기 십상이기 때문이다.

나쁜 사람들은 언제나 다른 사람의 약점이나 상처를 건드릴 기회를 호시탐탐 노린다. 그래서 당신이 마음에 상처를 입고 의기소침하여 좋지 않은 얼굴빛을 드러낸다면 그들은 곧장 당신을 비웃음거리로 만들어버릴 것이다. 게다가 그런 사람들은 음흉한 속셈으로 당신을 더 화나게 할 수 있는 방법을 항상 찾고 있기 때문에 어느 순간 당신의 상처를 발견하면 계속해서 그 상처를 건드려 자꾸 덧나게 만들 것이다.

당신은 그들이 좋은 의도로 다가오건 아니건 상관하지 말고 무조건 당신의 우울한 속마음부터 숨겨야 한다. 운명은 언제든지 사람을 가지고 장난하거나 당신의 뒤통수를 칠 수도 있다. 당신이 생각하기에 수치라고 여겨지는 부끄러움과 당신의 재수 없는 악운은 마음속 아주 깊은 곳에 묻어두고 철저히 숨겨야 한다.

101 반은 전부보다 많다

일을 하는 과정에서 반드시 남기는 미덕을 실천하라. 잘해보겠다는 의욕이 앞서 당신의 모든 재능과 역량을 남김없이 다 써버리면 나중에 당신에게 남는 것은 아무 것도 없다.

재능은 점차 완벽으로 기울고, 임기응변 능력은 당신의 둘도 없는 귀중한 무기가 될 수 있도록 끊임없이 당신의 역량을 갈고 닦아라. 원대한 생각과 주도면밀한 계획을 가지고 있는 사람은 항상 확실하고 안전한 방향을 고집하기 때문에 나쁜 결과란 있을 수 없다.

102 재능, 어쩌다 한번 조금씩 보여주기

성공의 기회는 매일 오지 않는다. 그러므로 자신의 재능을 펼칠 수 있는 기회가 온다면 놓치지 말고 최대한 이용하라. 물론 성공을 위해서는 사람들이 깜짝 놀랄만한 훌륭한 재능이 있어야 함은 당연하다. 그러나 진정 재능이 넘치는 사람은 다소 미흡한 재능이라도 남들 앞에서는 멋들어지게 표현할 줄 안다. 그렇기 때문에 그 재능이 더욱 빛나 보인다. 결국 자신의 재능을 얼마만큼 효율적으로 잘 표출해낼 줄 아느냐가 당신의 성공을 좌우한다.

적극적이고 능동적으로 재능을 표출해냄으로써 사람들은 만족감을 느끼고, 당신은 과거의 수많은 결점을 보완할 수 있는 소중한 기회를 갖는다. 나아가 결점을 극복하고 사람들 앞에 당당하게 설 수 있는 자신감도 생긴다.

만약 당신의 재능이 현실을 바탕으로 성장한다면 그 효과는 더욱 놀라울 것이다. 물론 일은 사람이 계획하는 것이지만 그 성패는 하늘에 달려 있다. 신은 우리에게 재능을 주고 우리가 그것을 훌륭하게 다듬을 수 있도록 끝없이 격려해준다. 그러나 훌륭한 재능을 갖기 위해서는 자신만의 기교가 있어야 하고, 적절한 시기가 왔을 때 유감없이 발휘할 줄 알아야 한다.

일을 할 때 반드시 유의해야 할 점은 항상 힘을 비축해 놓고 있어야 한다는 사실이다. 당신의 재능이 아직 완벽하게 다듬어지지 않았을 때 섣불리 재능을 펼치는 일은 괜한 힘과 시간만 낭비하는 헛수고일 뿐이다. 재능을 펼치는 과정에서 예상치 못한 난관에 부딪혔을 때 섣불리 자신의 부족함을 감추려다보면 그 모습이 부자연스러울 수 있다. 그런 상황에서 책임을 떠맡는다는 것은 결국 당신에게는 부담을 주고, 다른 사람에게는 당신을 괴롭히고 비웃을 수 있는 기회를 제공해 주는 것밖에 되지 않는다.

지혜로운 사람은 재능을 펼칠 때 한결같이 겸손한 자세를 취한다. 그리고 오히려 지나치게 자신을 뽐내고 과시하는 사람을 질타한다. 이렇게 훌륭한 재능과 겸손함을 지키면 다른 사람들의 시샘어린 소문에 자신감을 상실하거나 흔들리지 않는다. 이런 사람이 자신의 재능을 실현시킬 가능성은 100%나 다름없다.

그렇다면 당신의 말과 행동을 기교 있게 포장하는 일 또한 재능을 실현시킬 수 있는 좋은 경로이다. 포장지에 싸여있는 당신의 재능을 하나씩 꺼내어 천천히 보여주면 그만큼 좋은 기회도 많이 얻게 된다. 그리고 그 기회를 십분 활용하여 당신의 재능을 펼쳐 보인다면 사람들의 열렬한 박수소리와 함께 성공을 향한 큰 발걸음을 한발 한발 내딛게 될 것이다.

103 한 걸음씩 다가가라

다른 사람의 의견에 귀를 기울이되 지나치게 끌려가지 마라. 무엇이든 맹목적으로 좇다보면 큰 낭패를 당하기 마련이다. 그렇기 때문에 다른 사람만 믿고 의지하다 보면 자연히 어느 순간 그에게 서운함을 느끼고 마침내 증오하는 마음까지 얻게 된다.

그리고 모든 일을 당신의 기준으로 판단하고 무조건 상대방을 자기 기준에 맞추려고 하지마라. 어떤 사람은 첫눈에는 충직하고 온후해 보이지만 그와 조금 지내다보면 곧 실망스러운 부분을 발견할 수도 있다. 그러므로 자기 눈에 그가 조금 괜찮아 보인다고 해서 다른 사람들의 평가를 무시하고 그의 모든 것을 높이 평가해서는 안 된다.

사람은 인간 본연의 한계를 극복할 수 없다. 상식적으로도 완벽한 사람이란 세상에 존재할 수 없음에도 사람들은 모두 완벽한 삶을 얻기 위해 안간힘을 쓴다. 그렇다면 여기에서 말하는 '완벽함'이란 무엇인가? 재능, 성격, 인품, 능력? 실제로 현대사회에서 높은 지위는 그 사람에게 힘과 재력을 가져다주지만 참다운 인품으로는 그만한 지위만큼 대접받지 못한다. 그러나 사회적 지위는 표면적인 이익에 지나지 않다는 사실을 명심하라.

남들이 우러러보는 사회적 지위를 가지고 있는 사람이라도 그의 재덕이 지위에 상응하지 못하여 경솔하게 행동하다가는 결국 큰 죄 값을 치르게 된다.

상상 속의 물건은 지나치게 과장되어 현실과 어울리지 않는 것이 많다. 그래서 인간의 상상은 현실에서 실현하기가 쉽지 않다. 즉, 감성에 치우친 상상은 공상으로 남는 것처럼 잘못된 이성 역시 자꾸 자기 자신을 이상향과 엇나가게 만든다.

어리석은 사람은 지나치게 무모하지만 지혜로운 사람은 계획적이고 현실적이다.

104 아름다움을 부각시킬 수 있는 표현법을 배워라

아주 소수의 사람은 사물을 평가할 때 그것의 내실에 근거하여 판단하지만, 대부분의 사람들은 그저 보이는 것으로 판단한다. 즉, 당신은 죽을힘을 다해 노력했다하더라도 그 결실이 눈에 보이지 않으면 그것은 하지 않은 것이나 다름없다.

그래서 지혜롭지 못한 사람은 지혜로운 사람보다 훨씬 더디기 마련이다.

그들은 합리적이지 못한 방법으로 자신을 표현하기 때문에 남들보다 몇 배 노력하고 몇 배 많은 시간을 들여야 한다. 사람들이 자신의 전문기술을 발휘하여 일을 완성하는 것이야말로 진정한 능력이라고 말하는 이유도 여기에 있다.

솔직히 세상에는 정직한 사람보다 남을 속이는 사람이 많다. 게다가 현대사회는 이미 거짓과 조작된 것들로 가득하기 때문에 사람들도 하나같이 모든 사물을 깊이 있게 이해하려 하지 않고 오직 겉모양밖에 볼 줄 모른다.

사회가 발달할수록 사람들은 점점 이런 늪에 깊이 빠져들고 있다. 그래서 안과 밖이 일치하는 경우는 빙산의 일각에 지나지 않는다. '보기 좋은 떡이 먹기도 좋다'라는 옛 속담처럼 내제된 아름다움 못지않게 외형적인 아름다움 역시 매우 중요하다.

그러므로 내제된 아름다움과 보기 좋은 겉모양을 함께 겸비하고 있어야 그 가치를 제대로 인정받을 수 있다.

105 좋은 물건도 멋들어진 포장이 필요하다

사람들은 대부분 좋은 것과 나쁜 것을 구분할 줄 모르기 때문에 단순히 물건의 품질만 좋아서는 사람들의 시선을 끌기가 부족하다. 사람들은 일반적으로 대중의 의견에 따르기를 좋아한다. 예를 들어 그들이 어떤 장소에 가는 이유는 단지 다른 사람들이 그곳에 가는 것을 봤기 때문이다. 그러므로 어떠한 물건에 대해 사람들의 호기심을 끌어내기 위해서는 당신이 먼저 그 물건을 칭찬하는 모습을 보여야 한다. 그들은 당신이 칭찬하는 모습을 보고 그 물건을 다시 한번 눈여겨 볼 것이 분명하다.

사람들이 물건의 가치를 제대로 이해하도록 하기 위해서는 고도의 작전이 필요하다. 먼저 훌륭한 물건에 아름다운 이름을 지어주어라. 단, 말하기 좋고 듣기 좋되 너무 꾸몄다는 인상을 남기지 않는 이름이어야 한다. 다음에는 그것을 현장에서 인정받고 있는 전문가에게 팔아라. 사람들은 어떠한 분야에 정통한 사람을 동경하기 때문에 그러한 전문가가 호감을 갖는 물건이라면 그 물건에 대해서 신뢰를 갖게 된다.

마지막으로 물건을 소개할 때는 차별화된 기술이 중요하다. 너무 간단하고 평이하게 설명하면 그것은 언제든지 쉽게 얻을 수 있는 평범한 물건으로 보일 수밖에 없다. 그러므로 물건을 설명할 때는 그것의 특별한 점을 부각시켜 다른 사람들과 차별화될 수 있는 점을 집중 공략해야 한다. 이러한 차별성이 사람들에게 각인된다면 대중의 관심뿐만 아니라 고급스러운 취향을 가진 사람의 관심도 이끌어낼 수 있고 나아가 지혜롭고 신중한 사람까지 흡수할 수 있다.

106 대화의 기술

대화는 사람의 진실한 성품을 제대로 추측할 수 있게 하는 기술이자 인간의 가장 보편적이면서도 신중함을 요구하는 행위이다.

삶의 성패는 사람들과 어떻게 교류하는가에 달려있다. 그러므로 대인관계 형성에 필수적인 수단인 언어는 그 중요성에 대해 몇 번을 강조해도 지나치지 않다.

그런 점에서 편지로 하는 대화는 자신의 생각과 감정을 신중한 고려를 통해 펜 끝에 호소하기 때문에 말로 하는 대화보다 더욱 신중할 수 있다. 반면 직접 말로 하는 대화는 자칫하면 실수할 가능성이 있기 때문에 상대방의 맥락에 제압당하기 쉽다.

어느 철학자는 '자유로운 대화를 통해 상대를 이해할 수 있다'라고 했다. 물론 어떤 사람들은 몇 마디 주고받는 대화 따위가 무슨 특별한 기술씩이나 되느냐고 치부해버리겠지만 진정한 대화는 우리가 자연스럽고 당연하게 생각하는 것만큼이나 어렵기도 하다.

대화는 우리가 매일 옷을 입고 밥을 먹는 것처럼 편안하고 자유로워야 하기 때문에 어렵다고 한다. 물론 친구와의 수다는 굳이 장소에 개의치 않고도 얼마든지 편안하고 자유롭게 주고받을 수 있지만 우아하고 고급스러운 식당에서의 형식적인 대화는 마냥 편하고 느긋할 수 없다. 그리고 기껏 근사하게 차려입고 우아하게 앉아있다가도 무의식중에 자신의 진짜 모습을 드러내고 만다.

그리고 성공적인 대화는 자신과 타인이 어느 방면에서 같은 생각을 가지고 있는가를 정확하게 인식하고 상대방의 말에 지나치게 트집 잡지 않는 것에서 출발한다. 만약 당신이 상대방의 말끝마다 토를 달고 말을 가로 막으면 상대방은 당신이 문법을 전공했거나 직업적으로 교정보는 사람이라고 생각할지도 모른다. 이런 식으로 타인과의 교류를 회피하고 거부하는 사람은 기본적인 대화의 기술조차 모르는 경우가 많다.

107 의문점을 가지고 사전에 탐색하라

지혜로운 사람은 선견지명을 가지고 매사에 임한다. 일을 시작하기 전에 자기가 해야 할 일을 정확하게 숙지하고 있어야 좋은 결과에 대한 확신과 성공에 대한 자신감을 가질 수 있다.

신중하게 탐색하는 사람은 항상 자신의 자리도 정확하게 찾는다. 그러므로 당신의 조건과 주위 환경에 대해 정확하게 이해하도록 노력해야 한다.

108 결점에 현명하게 대처하라

사람의 감정은 수없이 많은 포장지로 쌓여있다. 특히 자신의 결점을 드러내고 싶지 않은 마음은 더더욱 그러하다. 성인(聖人)이 아닌 이상 그 누구도 자신의 결점에 대해 관대할 수 없기 때문에 제각기 각자의 방식으로 자신의 결점에 대처한다.

상대방이 결점을 감추고 싶어 할 때, 지혜로운 사람은 모르는 척하면서 그냥 넘어가거나 오히려 그의 잘못이 드러나지 않도록 가려주지만, 어리석은 사람은 상대방의 다른 결점까지 들추어내서 그것을 더욱 과장하려고 한다.

훌륭한 명성의 반은 타인의 '선(善)'을 훔쳐와 얻은 것이나 다름없다. 당신의 명성이 모두 스스로 올바르게 행동한 덕분이라고 생각하면 큰 오산이다.

속세에 때 묻지 않고 양심을 위해 목숨이라도 내놓을 수 있는 사람이라면 말과 행동을 신경 쓰지 않아도 저절로 문제될 것이 없다. 그러나 대부분의 사람들은 사리사욕에 눈이 멀면 양심을 쉽게 버릴 수 있기 때문에, 눈앞에 보이는 이익에 현혹되지 말고 언제나 말과 행동을 각별히 조심하도록 주의를 기울여야 한다.

위대한 사람이 저지르는 잘못은 마치 일식이나 월식과 같다. 즉, 보이지만 보이지 않는 것과 같다는 뜻이다. 위대한 사람들은 설사 자신이 결점을 갖고 있어도 그것을 있는 그대로 다 털어놓지 않는다. 그래서 사람들은 그가 완전무결하다고 생각하거나, 설사 그의 결점을 발견하더라도 대수롭지 않게 여긴다.

가능하다면 사회생활을 할 때도 이 점을 명심하라. 결점에 현명하게 대처하는 사람은 반드시 출세의 길이 열릴 것이다. 그러나 사실 그럼에도 대부분의 사람들이 성공하지 못하는 이유는 실컷 배워놓고 돌아서면 잊어버리는 불치의 건망증 때문이다.

109 자신을 한 가지 틀에 가두지 마라

사람들은 저마다 나름대로의 관점을 가지고 있고, 갖가지 다른 이유로 자신의 관점을 지지한다. 또한 사람의 관점은 항상 감정의 지배를 받기 때문에 오랜 시간동안 치열하게 논의를 하다보면 이성적으로 판단하지 못하고 자신의 의견만 고집하는 경우를 종종 발견할 수 있다.

만약 당신이 감정의 지배를 받는 경우에 놓인다면 맹목적으로 고집하지 말고 시기와 상황을 합리적으로 잘 살펴서 자신의 관심을 되짚어 보는 편이 좋다. 경우에 따라서는 전혀 상반된 각도에서 자신의 관점을 설명하거나 다른 사람의 입장에서 해결의 실마리를 찾아보는 것도 큰 도움이 된다.

절대 어느 한 가지 틀에 자신을 가두고 독단적이고 맹목적으로 생각해서는 안 된다. 항상 이성적인 마인드를 잃지 않고 타인의 비난에 대처하며 자신을 보호할 줄 알아야 한다.

110 비난하지 마라

열등감으로 스스로를 멸시하거나 분수에 맞지 않게 허영부리는 일은 모두 자기 자신에 대한 가혹한 비난이다.

사람은 자기 자신을 잃었을 때 가장 두렵다고 한다. 특히 정확한 판단력을 잃었을 때는 타인의 비웃음거리밖에 될 수 없다. 거리낌 없는 친구 사이에서도 자신의 생각과 의도를 정확히 밝혀야 서로 비웃고 감정이 뒤틀려 사이가 멀어지는 결과를 피할 수 있다. 특히 자주 대중 앞에 나서야 하는 사람은 그 사람의 말 한 마디와 작은 행동 하나하나가 대중에게 큰 영향을 끼친다. 그러므로 요직을 맡고 있어 대중 앞에 자신을 드러내야 하는 사람일수록 항상 이러한 가능성을 염두에 두고 자기 자신에 대한 신념을 지켜야 한다.

또한 자신의 오만으로 다른 사람을 비난하는 일도 올바르지 못한 태도이다. 당신의 경솔한 비난으로 다른 사람에게 꽂았던 비수가 어느 순간 당신의 심장을 찌를 수도 있고 그렇게 되면 당신은 사람들에게 저속하고 불손하다는 손가락질을 받게 될 것이다.

111 엇나가지 마라

자꾸 사람들과 반대 방향으로 엇나가는 사람은 그저 자기만 피곤하고, 결국은 사람들의 구박덩어리가 된다.

지혜로운 사람은 대인관계에서 엇나가는 행위를 어떻게 조절해야 하는지 잘 안다. 하지만 어리석은 사람은 친절하고 호의적인 대화도 치열한 설전(舌戰)으로 바꿔버리는 타고난 능력을 가지고 있다. 그렇기 때문에 그들에게는 친구도 적인 셈이다.

맛있는 음식을 앞에 놓고도 사소한 결점을 들춰내어 즐거운 식사시간을 방해하는 당신은 같은 테이블에 앉은 일행의 구박덩어리이다.

112 허풍을 떨지 마라

간혹 어떤 사람은 말이 입 밖으로 나오는 즉시 쓰레기가 되어버린다. 그들은 말을 할 때 아무런 생각 없이 나오는 대로 마냥 지껄이기 때문에 그들의 말을 듣고 있노라면 세상 모든 것이 공허하고 의미가 없다. 그러면서도 그들은 뻔뻔스럽게 사람들에게 갈채를 요구한다. 어떤 사람은 거지가 동냥하듯이 명예를 구걸하지만 어떤 사람은 식량을 모으는 개미처럼 자신의 명예를 차곡차곡 쌓아간다. 지혜로운 사람은 자신의 목표가 지나친 욕심에서 비롯된 것이라면 차라리 깨끗하게 포기한다. 또한 자신의 양심을 버리면서까지 높은 지위와 명성을 엿보지 않는다.

이렇게 뛰어난 재능과 지혜로운 두뇌를 가진 사람은 허영과 자만을 삼간다. 허황되고 상식에 맞지 않은 일은 비웃음거리만 낳을 뿐 당신이 원하는 결과를 가져다주지 못한다. 내실이 다져진 영웅이 사람들의 존경을 받는 까닭은 그의 인품과 재능이 성실한 땀으로 일구어진 것이기 때문이다. 마음의 허영을 버리고 자신의 길을 묵묵히 걷는 사람만이 강한 자부심을 가진 내실 있는 영웅이 될 수 있다는 사실을 명심하라.

113 진흙 속의 진주는 쉽게 눈에 띄지 않는다

자신의 재능을 뽐내지 않고 다소 어수룩하게 행동하는 것은 재능과 학문이 뛰어난 사람들이 자주 쓰는 고도의 눈속임 술이다. 어리석은 사람에게는 지혜가 필요 없지만, 미치광이에게는 그것에 이성까지 필요 없다. 그래서 어리석은 사람과 미치광이는 무슨 일이든지 무조건 자기가 처리하는 방식대로 해결하려고 한다. 그들은 그러한 척 가장한 것이 아니라 천성이 그렇게 타고난 것이기 때문에 영원히 어리석을 수밖에 없다. 그러나 그와 반면에, 지혜로운 사람의 어수룩한 행동은 어디까지나 일부러 멍청한 척, 모자란 척했던 것이기 때문에 언제든지 그의 지혜로운 본성을 드러낼 준비가 되어 있다. 인정받고 싶다면 재능을 뽐내고 싶어 안달난 사람처럼 굴지 말고 조금은 어수룩하게 행동하면서 먼저 여유롭게 전체적인 형세를 지켜보는 것이 유리하다.

114 아주 똑똑이는 헛똑똑이다

지나치게 총명한 것보다는 차라리 멍청한 것이 낫다. 머리로 계산하는 사람들은 항상 심기가 복잡해서 하는 일마다 꼬이기 쉽기 때문에 결국엔 스스로 망가지고 자체모순에 빠지는 경우가 많다. 그러므로 이런 사람들은 생각을 너무 많이 하지 말고 가장 상식적인 방법으로 행동하는 편이 더욱 안전하다. 물론 총명함을 인정받는 것도 좋긴 하지만 지나치게 학문적으로 빠지다 보면 결국 이해해주는 사람 하나 없이 자기 생각의 깊은 골짜기에 빠져버리고 만다. 즉 자기중심의 학문적 이론은 원만한 대인관계를 방해한다. 그러므로 중요한 논단에서 인정받은 확실한 이론이 아니면 당신의 학문적인 소견은 함부로 입 밖으로 꺼내지 말아야 한다.

115 빛 좋은 개살구=속 빈 강정

다이아몬드가 발견하기 힘든 곳에 숨겨있는 것처럼, 내재된 것은 외관보다 훨씬 더 가치 있다. 어떤 사람은 쓸데없이 좋은 표정만 가지고 있어서 빛 좋은 개살구나 수리대금이 부족해 대문만 고쳐 놓은 집과 같다. 그런 집은 들어가는 입구만 화려할 뿐 실내는 엉망진창이어서 발 디딜 틈도 없다. 집주인은 스스로 얼마든지 마음 편하게 쉴 수 있는 공간이라고 아무렇지 않게 말하겠지만 그 집을 방문한 손님들의 심사는 그다지 편하지 않다. 일단 손님들은 집안에 들어가면서 '하하 호호' 웃으며 인사치레로 듣기 좋은 말 몇 마디를 건넬 것이다. 그러나 그것도 잠시 뿐, 손님들은 이내 기도원에 들어온 수련생처럼 정숙해진다는 사실을 명심하라.

　매사를 건성으로 대처하는 사람은 외관에 쉽게 속아 넘어가지만 눈치가 빠른 사람은 그렇게 호락호락하지 않다. 눈치가 빠른 사람은 상대방의 말과 행동이 진실인지 가짜인지를 어렵지 않게 판단할 수 있기 때문에 그 겉모습을 보고 금세 속 빈 강정이라는 사실을 눈치 챌 것이다.

116 당신의 기술을 일의 요구사항보다 한 수 위에 놓아라

당신의 기술을 일의 요구사항보다 한 수 위에 올려놓아라. 당신이 보유하고 있는 기술보다 앞선 요구사항을 받고 일에 끌려 다녀서는 안 된다. 즉, 어떤 일에 임하든지 당신에 대한 대우가 당신의 기술에 비해 다소 박하다는 인상을 심어주어야 한다. 그러기 위해서는 당신의 분야에서 요구하는 뛰어난 능력을 보유하고 그 능력을 적절히 드러내는 요령도 간파하고 있어야 한다.

도량이 작은 사람은 어려운 일이 겹치면 겹칠수록 무거운 부담을 느끼고 결국 일을 망쳐 자신의 명성도 잃고 만다. 그러나 위대한 왕이 실패를 거듭하면서도 훌륭한 업적을 남길 수 있는 이유는 스스로 자신이 군왕이라는 사실에 자부심을 갖고 스스로 용감한 사나이라는 최면을 걸었기 때문이다. 그러므로 위대한 성공을 거두기 위해서는 훌륭한 기술뿐만 아니라 강인한 정신력과 반드시 이룰 수 있다는 자신감도 갖추어야 한다.

117 무시하기의 힘

얻고 싶은 물건을 손에 넣을 수 있는 가장 좋은 방법은 그것을 거들떠보지 않는 척하면서 은근슬쩍 유인하는 방법이다. 세상의 모든 소중한 것들은 정작 찾을 때는 보이지 않다가 생각하지도 못한 순간에 눈앞에 '떡!' 하고 나타난다. 세상에 존재하는 만물은 결코 사람 마음대로 움직이지는 않는다. 당신이 쫓아가면 멀리 도망가고 당신이 도망치려고 하면 되레 죽어라 쫓아온다. 사람들이 한결같이 갈망하는 성공도 마찬가지이다. 쉬울 것 같으면서도 결코 아무나 이룰 수 없는 것이 바로 성공이다. '무시하기'는 잡힐 듯 안 잡히는 성공의 그림자를 효과적으로 거머쥐게 할 수 있는 은밀한 작전이다.

특히 교활한 사람이 이러한 은밀한 작전을 좋아한다. 그들은 항상 자기보다 위대한 사람을 라이벌로 삼고 그의 명성에 가까워질 수 있는 기회를 엿보기 때문에 근본적으로 꿈이 소박하고 포부가 작은 사람은 그들의 눈에 띄지 않는다. 그래서 포부가 작은 사람은 이미 위대하거나 위대함을 바라는 사람들의 '무시하기'에 의해 자연히 도태된다.

'무시하기'는 포부가 작은 사람들에 대한 따끔한 처벌이다. 이 처벌은 그들을 도태와 현실안주의 철장 안에 가둬버린다. 그렇기 때문에 별로 내세울 것이 없는 사람일수록 자기가 나서서 세상 사람들에게 자신을 인식시켜야 한다. 큰일이든 사소한 일이든, 좋은 일이든 나쁜 일이든 세계 역사에 남게 되는 일을 했을 때, 최소한 이름 석자만이라도 남길 수 있게 말이다.

한편으로 '무시하기'는 자신을 높이는 좋은 방법이다. 누군가가 당신과 겨루고 싶어 한다는 의미는 그가 당신의 우월함을 인정한다는 뜻이다. 그러한 사실에 야릇한 기쁨을 느끼는 것은 아주 당연한 일이지만 그렇다고 자만하여 상대방의 부족함을 비난하면 안 된다. 타인을 비난하고 상처받는 사람은 비난받는 사람이 아닌 비난하는 사람, 즉 당신이라는 사실을 명심하라. 상대방을 다치게 하면 그 뒤에 남는 것은 땅바닥에 떨어진 당신의 명예뿐이다. 그러므로 누군가 당신의 우월함을 해치려고 할지라도 결코 그를 비난하거나 다치게 하지 말고 모르는 척 무시하고 있어라. 아무리 당신을 뛰어넘겠다고 한들 어차피 당신의 숨겨진 역량은 헤아리지 못하고 있기 때문에 결국 당신 앞에 무릎을 꿇을 것이기 때문이다.

118 본능을 통제하라

항상 이성의 끈을 놓지 말고 본능에 의한 욕구를 통제해야 한다. 조심스럽고 신중한 사람이라도 평소에는 본능을 쉽게 통제하다가도 어느 순간 마음이 뒤숭숭하고 생각이 복잡하면 '아차!'하는 순간에 이성의 끈을 놓아버릴 수 있다. 만약 통제력을 잃어버릴 것 같은 위기를 느끼면 우선 마음을 차분하게 가다듬어라. 사실 이러한 방어는 상당히 높은 수준의 통제력을 요구한다. 하지만 일단 이러한 통제력을 갖게 되면 당신은 아주 빠른 시간 안에 당신의 노여움을 평정할 수 있을 것이다.

반드시 멈춰야 할 때 곧바로 멈출 수 있는 것이 바로 본능을 제대로 통제하는 능력이다. 항상 흥분상태에 있는 사람은 자신의 본능을 자극하는 충동기제들을 제대로 통제하지 못한다. 본능은 항상 이성에 영향을 미치지만 매순간 심리상태에 따라 그 정도가 달라서 스스로 본능적 사고와 행동에 대한 경각심을 갖는다면 어느 정도 통제력을 가질 수 있다. 그러면 당신의 판단력도 조금씩 좋은 방향으로 발달할 것이다.

119 어떤 직업을 선택하느냐가 성공을 좌우한다

어떤 직업은 대부분의 사람들이 고개를 끄덕이며 양팔 벌려 환영하지만 또 어떤 직업은 상당한 발전 가능성이 있는 일임에도 사람들의 주목을 끌지 못한다. 일반적으로 전자를 쫓는 사람이 많고 후자를 선택하는 사람은 아주 드물다. 많은 사람들이 알아주는 일은 아니더라도 그 일에 깊은 조예를 가지고 가능성을 멀리 내다보는 사람은 굳건히 자신의 임무를 완성한다.

깊은 산중의 희귀한 열매가 상당한 가치를 지닌 진귀한 물건인데도 불구하고 그 가치를 제대로 인정받지 못하는 이유는 그것이 세상에 알려지기 어렵기 때문이다.

그러나 진정한 성공을 거둔 사람은 자기 일에 대한 사람들의 편견과 일의 본래 가치를 인정받지 못하는 서러움을 극복했다는 사실을 명심하라. 자기 일에 열정을 바치고 큰 희생을 감내한 사람이 결국에는 큰 성공을 거둔다. 사람들 앞에서 자기 일을 정확히 밝힐 수 있는 자신감을 가지고 그 분야에서 인정받는 사람으로 성장한다면 당신은 반드시 후세에 길이 남을 훌륭한 명성을 얻게 될 것이다.

120 빠른 손으로 가장 유리한 기회를 잡아라

손이 빨라야 성공한 사람이 될 수 있다. 손이 빠른 사람은 균등한 조건에서 재빨리 유리한 기회를 잡기 때문에 그렇지 않은 사람보다 좋은 것들을 더 많이 취할 수 있다.

어느 분야의 최고 권위자라도 추후에 다가오는 좋은 기회를 재빨리 거머쥐지 않으면 곧바로 다른 사람에게 자신의 지위를 넘겨줘야 한다. 즉, 가장 먼저 기회를 잡는 사람은 맏아들이고 그 다음에 차선책을 잡는 사람은 차남이다. 손이 느린 사람은 다른 사람이 먹다 남긴 찌꺼기를 주워 먹을 수밖에 없고 아무리 근면하게 노력한다고 해도 앞 사람의 꽁무니만 쫓아갈 뿐이다.

먼저 기회를 거머쥔 사람은 재덕을 겸비한 인재로 보통사람보다 더 빠르게 발전하지만 그의 뒤꽁무니를 따라온 사람들은 그를 뛰어넘지 않는 한 언제나 그 위치에 있을 수밖에 없다. 그러면서 결국에는 자신을 이렇게 합리화할 것이다.

'흥! 뱀의 머리보다는 용의 꼬리가 낫지.'

121 능숙한 말솜씨와 민첩한 행동

능숙한 말솜씨로 사람들의 시선을 멈추게 하고 매사에 민첩하게 행동하는 사람은 어디에서나 인정받고 자신이 원하는 바를 이룰 수 있다. 그들은 동료들과 대화를 하거나 여러 사람 앞에서 연설을 할 때에도 항상 분위기를 주도하며, 심지어는 시장에서 사소한 가격 흥정을 할 때에도 능숙한 말솜씨로 재기를 발휘한다.

궁지에 몰렸을 때 이판사판으로 달려드는 사람은 결코 그 상황을 극복할 수 없다. 전후 과정을 빠르게 감지하고 침착하게 상대방을 이해시키는 사람이 원하는 바를 얻을 수 있다. 이렇게 자신의 뛰어난 재기를 재빨리 발휘하여 난관을 극복하는 자세가 중요하다. 그러나 자신의 장점을 활용하지 못하고 소극적으로 다른 사람에게 질질 끌려 다니기만 하면 결코 좋은 성과를 얻을 수 없다.

　진정한 승리자는 싸움에서 뛰어난 말솜씨로 상대방을 제압하며, 민첩한 행동으로 그를 제압할 수 있는 결정적인 기회를 놓치지 않는다. 요컨대, 뛰어난 말솜씨와 민첩한 행동을 겸비한 사람이 성공을 거둔다.

122 눈치 빠르면서도 신중한 사람이 돼라

확실하게 모르는 일을 추리할 때는 신중하고 정확하게, 논리적으로 사고해야 한다. 예전에는 대세에 따라가는 것이 일반적이었지만 지금은 이런 방법이 잘 통하지 않는다. 생활에서 사람들을 만날 때 상대방이 말해주고 드러내기 전에 먼저 눈치 채고 적절히 행동하는 기술은 상당히 요긴하다.

　간단하게 보이는 일일수록 어떤 기술을 쓰느냐에 따라 정말 쉬울 수도 있고, 의외로 골치 아플 수 있다. 상대방이 당신에게 무심코 내뱉는 말과 그때의 얼굴 표정을 세심하게 살펴보고 어떤 상황에서 빠져야 할 때 알아서 빠져주는 센스가 있어야 한다. 그래야 쓸데없는 다툼과 오해를 피할 수 있다.

　눈치가 빠른 사람은 매순간 상대방의 속마음을 체크한다. 사람은 말과 표정에 모든 것이 드러나기 때문에 무슨 생각을 가지고 있는지 헤아릴 수 있다. 그러므로 이런 기술이 부족한 사람은 지혜롭고 능력 있는 사람이라는 평가를 기대하기 어렵다.

하지만 상대방의 진심을 꿰뚫어봤다고 해도 단도직입적으로 "당신이 그렇게 말해도 사실 난 다 알고 있어!"라고 말하면 안 된다.

지혜로운 사람은 다 알고 있다고 해도 정말 필요한 순간에 정말 필요한 말만 한다. 말을 아끼는 이유는 자신의 기준으로 경솔하게 단정 짓는 오류를 피하고, 조금 더 자세히 그 사람을 이해하고 그 뜻을 헤아리기 위함이다.

그러므로 간단해 보이는 일이라고 너무 가볍게 여겨서는 안 된다. 마찬가지로 해가 될 것 같은 일은 그럴 가능성을 최대한 염두에 두고 대처해야지 '설마……'라는 안일한 태도를 가져서는 안 된다.

123 선택의 기술

중요한 순간에 선택을 잘하는 기술은 삶에 많은 영향을 끼친다. 큰일을 이루기 위해서는 그에 상응하는 재능과 노력, 그리고 훌륭한 성품과 정확한 판단능력도 중요하지만 일을 완벽하게 완성하기 위해서는 세심한 분석력과 탁월한 선택도 반드시 있어야 한다.

탁월한 선택은 다음 두 가지 재능과 관련된다. 하나는 선택을 할 수 있는 능력이고, 다른 하나는 수많은 가능성 중에서도 가장 적합한 하나를 가려낼 줄 아는 능력이다.

신중하면서도 재빠르게 판단할 줄 아는 사람이 바로 지혜로운 사람이다. 그런데 어이없는 일은 그렇게 지혜로운 사람들도 정작 결정적인 순간에는 그만 어이없는 선택을 하기도 한다는 사실이다. 마치 일을 그르치는 능력이 가장 우수한 것 마냥 항상 가장 나쁜 선택을 한다.

신이 인간에게 내려준 위대한 능력 중 하나는 바로 '선택의 기술'이다. 이 기술을 잘 활용하라.

124 거절의 노하우

도움을 요청받았다고 해서 뭐든 다 들어주는 사람은 세상에 거의 없다. 이때 상대방의 도움 요청을 승낙하고 거절하는 일은 둘 다 중요하다. 특히 많은 사람을 거느려야 하는 높은 지위에 있는 사람일수록 승낙과 거절의 균형을 잘 유지해야 한다.

그런데 대부분의 사람들이 승낙보다 거절을 어려워하는 이유는 어떻게 거절하느냐에 따라 그 결과가 극과 극을 달릴 수 있기 때문이다. 즉, 사람들이 일반적으로 느끼는 거절의 어려움은 '어떻게 거절하느냐?'이다.

흔쾌하게 '좋아!'라고 하는 것보다 '싫어!'라고 살짝 운을 떼는 것이 상대방을 자기편으로 끌어들이기에 더욱 유리하다. 사람들이 진심과 다르게 '싫어!'라고 말하는 것도 마찬가지이다. 먼저 '싫어!'라는 말을 해서 상대방의 흥을 깼다가 다음에 '좋아!'라고 하면 상대방이 더 큰 호감을 나타내기 때문이다. 일반적으로 사람들은 무조건적인 승낙보다 거절 후의 승낙을 더욱 기뻐한다. 그러므로 만약 어떤 일을 이루기 위해서 실패라는 과정이 반드시 필요하다면 절망하는 가운데에도 반드시 한 가닥 희망을 남겨 놓아라. 그래야 실패하더라도 언젠가는 달콤한 희망이 그동안의 좌절을 보상해줄 것이라고 기대감을 갖게 된다.

그리고 거절을 해야 하는 상황이 왔을 때는 경솔하거나 거만하게 굴지 말고 최소한의 도리를 지켜 예의 바르게 대처해야 한다. 그 부탁에 대해 행동으로 보상할 수 없다면 말로라도 반드시 보상하라. 그리고 거절할 때는 '싫어!'라는 말을 '도저히 안 되겠어.', '미안해.'라는 보다 완곡한 표현으로 대신하는 것이 좋다.

125 재치 있게 말 돌리기

곤란에 처했을 때 재빨리 도망치는 일은 어려움을 벗어나는 훌륭한 기술 중 하나이다. 그리고 수준 높은 유머도 곤경에 빠진 사람을 구해주거나 어려움에 처한 자기 자신을 안전한 곳으로 대피시켜주는 재치 있는 기술이다.

이 두 가지 기술의 공통점은 적과 정면승부를 하지 않는다는 점이다. 즉, 누군가와 대화를 하다가 피하고 싶은 이야기거리가 나오면 우호적인 말이나 가벼운 농담으로 자연스럽게 화제를 바꾸는 재기를 발휘할 줄 알아야 한다. 만약 그것도 쉽지 않다면 차라리 무슨 말인지 못 알아듣는 척하는 것도 현명한 처사이다.

이처럼 재치 있게 말 돌리는 기술은 별로 내키지 않는 상황에서 효과적으로 빠져나올 수 있는 현명한 방법이다.

126 자기 자신을 정확하게 관찰하라

자기 자신을 정확하게 관찰하라. 자기 자신을 정확하게 알지 못하면 통제가 불가능하다. 사람들은 외적인 모습을 중시하는 경향이 있어서 항상 외적인 모습에만 신경 쓴다. 하지만 단순히 보여지는 모습에 연연하기보다는 스스로 자신의 내적인 모습까지 돌이켜봐야 한다. 내적인 모습의 변화와 성장이 진정한 자아발전을 실현하기 때문이다.

일을 현명하게 처리하기 위해서는 자신의 장점과 단점을 정확하게 알고 있어야 하기 때문에 내적인 성숙은 외적인 그것보다 중요하다. 그리고 어떤 목표에 도전하고자 한다면 당신이 알고 있는 자신의 모든 장점을 활용하여 문제해결 능력을 시험해 보라.

127 전성기에 있을 때 과감하게 물러나라

현명한 노름꾼은 푼돈에 연연하지 않고 더 큰 이득을 위해 아쉬운 시기에 과감히 돌아선다. 이처럼 성공했을 때 물러나는 것은 자신을 보호하는 현명한 방법이다.

사람은 끊임없이 좋은 일만 계속되면 왠지 의심하고 불안해하지만, 좋은 일과 나쁜 일이 교차하면 심신의 안정을 느낀다. 그래서 사람들은 마냥 순탄했을 때보다 힘든 와중에 얻었던 보람과 즐거움을 더욱 소중하게 여기고, 그로 인해 쓰라렸던 지난날을 잊지 않는다.

행운은 예견하지 않고 바람처럼 왔다가 사라지는 도박과 같다. 그렇기 때문에 손에 거머쥐기도 어렵고 설사 운 좋게 거머쥔다 하더라도 잃어버리기 쉽다. 하지만 인생이 잘 풀리는 듯하다가 자칫 삐끗해서 모든 것을 잃었을 때 행운의 여신이 나타나 우리에게 위안을 준다.

그러나 행운의 여신이 언제까지나 당신을 찾아올 것이라는 기대를 버려라. 행운의 여신의 마음은 그 누구도 예측할 수 없다. 그렇기 때문에 당신의 배가 순풍을 만났을 때에는 거친 바람을 재촉하지 말고 바람에 돛 단 듯 잔잔히 흘러가도록 내버려두어라.

128 최후의 승리를 위해 남들보다 한 발 뒤에서 지켜보라

최후의 승리를 위해 남들보다 한 발 뒤에서 지켜보아라. 이것은 일을 뜻대로 진행시키기 위한 책략이다. 이러한 책략은 잘 이용하면 쉽게 다른 사람을 제압할 수 있다. 남들보다 뒤에 있는 이유는 인생에는 언제나 예상할 수 없는 위험이 도사리고 있기 때문이다. 그러므로 신중한 태도를 잃지 말고 표면상으로는 타인의 이익을 중시하되 사실상은 자신의 이익을 꾀해야 한다.

누군가 당신에게 '틀렸어. 그게 아니야'라고 주저 없이 말한다면 당신은 그 사람을 경계해야 한다. 그리고 자기 자신만의 위장술을 사용해서 그보다 한발 뒤에서 지켜보아라. 진정한 고수는 '맞아'라고 말하면서도 자신의 의도를 완벽하게 감추기 때문에 상대방에게 아무런 위기감도 주지 않는다. 만약 다른 사람의 진짜 의도를 알고 싶다면 먼저 자신의 진짜 의도부터 철저하게 숨기고 그의 뒤에서 시작해야 한다. 어떠한 책략이든 세밀하고 정교한 기교가 필요하다.

129 운이 안 좋은 날에는 잠깐 쉬었다 가라

누구나 유독 재수 없는 날이 있다. 그런 날은 무슨 일을 해도 뜻대로 되지 않는다. 당신이 언제 어디에서 무슨 일을 하든 항상 악운은 존재한다. 그렇기 때문에 좀처럼 술술 풀리지 않고 일이 꼬이는 날에는 지지부진하게 매달리지 말고 그것이 당신을 더 괴롭히기 전에 재빨리 손에서 놓아야 한다.

다른 사람의 의중을 헤아릴 때도 운이 안 좋은 날에는 행운의 힘이 필요하다. 왜냐하면 신이 아니고서야 모든 사람을 완벽하게 꿰뚫어 볼 줄 아는 사람은 세상에 존재하지 않기 때문이다.

환한 낮과 어두운 밤이 반복되고, 계절도 항상 따스하고 아름답기만 한 것은 아닌 것처럼 사람도 일이 꼬일 때 현명하게 잘 대처하는 때가 있는가 하면 반대로 현명함을 잃고 지나치게 신중하거나 경솔하여 일을 그르치는 때도 있다.

당신도 마찬가지로 어느 날은 모든 일이 뜻대로 되지 않지만 또 어느 날은 무슨 일이든지 원하는 대로 다 이루어진다. 모든 일이 술술 풀리는 이유는 맑은 정신으로 일의 성격을 분명히 파악하여 가장 간단하면서도 확실한 방법을 쓰기 때문이다. 만약 바로 오늘이 정신이 맑은 날이라면 단 일 분 일 초도 낭비해서는 안 된다.

일이 잘 된다고 해서 자만하지 말고, 안 된다고 해서 자포자기하지 마라. 힘겨울 때는 한 박자 쉬어가도 늦지 않다.

130 지혜로운 사람이 빠르다

사실 어리석은 사람과 지혜로운 사람이 하는 일은 별반 다른 점이 없다. 굳이 다른 점이라면 단지 일을 완성하기까지 걸리는 시간이다. 지혜로운 사람은 적절한 시기를 선택해서 재빨리 일에 임하지만 어리석은 사람은 이런 선택을 할 줄 모른다. 만약 일이 술술 풀리지 않고 시작할 때부터 꼬인다면 그 일은 잠시 미뤄두고 먼저 다른 일부터 하는 편이 좋다. 어려운 일을 잠시 보류해두었다가 다른 시간에 다시 해보는 것은 일을 쉽게 풀기 위한 좋은 방법이다.

어떤 방법이 더 좋은지 확실히 결정하지 못하겠다면 현실적으로 판단하여 더 나은 하나만을 과감하게 취하라. 그리고 어떤 방법을 사용하든 빨리 할 수 있을 때 신속히 일을 완성하라. 그렇지 않으면 즐거운 일도 억지로 하는 꼴이 되어버린다.

지혜로운 사람은 앞과 뒤, 처음과 나중을 분명하게 구분한다. 무엇을 먼저 해야 하고 무엇을 나중에 해야 하는지 일목요연하게 파악한 후에 즐거운 마음으로 일에 임한다.

131 당신이 먼저 버려라

버림받기 전에 먼저 버려라. 갈 곳이 없더라도 개선장군처럼 당당하게 돌아오고, 떠날 때도 사람들이 떠나기를 기다리기 전에 당신이 먼저 앞서서 떠나야 한다.

사람들은 당신에 대한 평판이 극히 나쁠 때는 당신을 산 채로 묻거나 당신이 평생 땅을 치고 후회하도록 당신의 모든 것을 빼앗아 갈 수도 있다. 그러므로 그들과의 관계가 틀어지거나 괜한 미움을 사기 전에 어느 정도의 거리를 두는 것도 괜찮다.

지혜로운 사람은 경주마가 은퇴해야 하는 시기를 잘 안다. 그래서 관중 앞에서 웃음거리가 되기 전에 먼저 경기장을 떠난다. 이와 마찬가지로 아름다운 미녀도 적절한 시기에 자신의 거울을 깨버려야 한다.

젊음은 영원하지 않다. 괜히 세월의 무색함을 감당하지 못할 때까지 거울을 쥐고 있다가는 후회밖에 남지 않는다.

132 찌꺼기는 버려라

벌은 꿀을 만들기 위해 꽃가루를 찾아다니고 독사는 독을 만들기 위해 먹잇감을 찾으러 다닌다. 각자 목적도 다르고 찾는 것도 다르다. 사람도 어떤 사람은 진짜 알맹이만 찾고 어떤 사람은 쓸데없는 찌꺼기만 찾는다. 목표가 높고 정확한 사람은 그만큼 좋은 것을 취하므로 인생도 덩달아 즐거워진다.

　세상 만물은 각자 나름대로 아름다움을 가지고 있지만 어떤 사람은 트집 잡기를 좋아해서 수십 수만 가지의 좋은 점을 두고도 굳이 결점을 찾아 부풀린다. 이런 사람들은 힘을 가진 사람과 지혜로운 사람들이 버린 쓰레기를 수집하여 그들의 흠과 결점을 찾아내서 결국 자기 자신의 손실만 가중시킨다. 그들은 절대 다른 사람의 장점을 볼 줄 모른다. 그렇기 때문에 그들은 항상 불행할 수밖에 없다. 이렇게 괴로움과 부족함 사이만 왔다 갔다 하는 삶은 결코 만족을 모른다.

　반면, 긍정적이고 능동적인 사람은 수많은 결점 중에 아름다움을 찾아낼 줄 안다. 그리고 부단히 노력하여 단점을 장점으로 발전시킨다.

133 방어의 노하우

경쟁자를 만났을 때 나누는 몇 마디의 인사가 은밀한 이유는 안부를 묻는 말 속에 상대방을 견제하고 자신을 방어하는 다른 뜻이 숨어있기 때문이다. 이런 은밀함을 요령껏 이용하면 좋은 결과를 얻을 수 있다는 점에 귀를 기울여라.

　일의 진행이 자신의 의도와 맞지 않는다고 해서 앞뒤 가리지 않고 자신의 질투와 욕망을 드러내면 자칫하다 자신의 지위와 명예까지 한순간에 잃어버릴 수 있다.

　경솔한 방어는 자신의 모든 것을 철저히 망가뜨릴 수 있기 때문에 어느 정도 인지도를 얻은 사람은 타인의 비난과 악의를 두려워한다. 그러나 지혜로운 사람은 방어의 위험을 오히려 역이용하여 명성과 이익을 얻는다. 부메랑은 던지면 반드시 다시 되돌아온다. 그러므로 던져놓고 마냥 느긋하게 있어서는 안 된다. 부메랑이 없을 때 미리 배워두었다가 그것을 손에 넣었을 때는 능숙하게 다룰 수 있어야 한다.

공격하는 사람은 밝힐 수 없는 숨은 의도가 있겠지만 방어하는 사람은 순수하다. 이런 상황에서 두 사람이 부딪칠 때 무조건 의도를 가진 자가 이길 것이라고 단언하지 마라. 순수한 방어가 전세를 역전시킬 가능성도 있기 때문이다.

134 만능열쇠를 쓰지 마라

쉽게 가질 수 없는 물건은 한없이 아끼고 또 아까워하면서, 언제든지 쉽게 가질 수 있는 물건은 남용하고 낭비하는 것이 사람의 마음이다. 이처럼 '무능(無能)'은 사람의 마음을 졸이게 하고 '만능(萬能)'은 사람을 헤프게 한다.

전쟁에서 항상 승리만 하는 장군이 어느 날 예상치 못한 패배를 한다면 사람들은 그 즉시 그를 비난할 것이고 장군 역시 다시는 대중 앞에 나설 용기를 내지 못한 채 평생 패배감을 안고 살아갈 것이다.

만능상표로 통하는 아름다운 사물도 마찬가지이다. 초기에는 세상에 둘도 없는 완벽함 때문에 큰 명성을 누리겠지만 어느 순간 매력을 잃으면 언제 그랬느냐는 듯이 아예 처음부터 아무 가치도 없었던 것으로 취급된다.

재능을 평가할 때 '중용(中庸)'을 기준으로 삼는 것은 문제를 극단적으로 정의하지 않기 위함이다. 만물은 '완벽한 경지'에 이르기 위해 힘써 노력하나 그 경지에 이르는 것만이 전부는 아니다. 당신이 완벽함을 드러내는 순간 그 완벽함은 반으로 줄어들어버린다. 즉, 완벽함을 드러내는 일은 오히려 많은 부분을 버리고 극히 일부분을 취함에 불과하다. 횃불은 밝히면 밝힐수록 소모되는 에너지가 많다. 그리고 그 에너지가 유지되는 시간도 점점 짧아진다.

당신이 드문 인재라고 평가될 때 당신의 가치가 높아진다는 사실을 명심하라.

135 자기 자신을 아는 만큼 타인을 알아야 한다

교활한 사람의 무기는 잔꾀이다. 그는 몸과 마음이 항상 따로 놀기 때문에 본심 또한 늘 다른 곳에 있다. 이런 사람들은 남에게 자신을 맞추거나 항상 깊이 생각하고 행동하는 척하지만 사실은 이기적이고 충동적인 본심을 가지고 있다. 겉으로 보기에는 한 가지에만 몰두하듯 보여도 사실은 당신의 생각처럼 그렇게 근면성실하지 않다. 사람들이 다른 사람의 관심을 얻고 믿음을 구하는 목적은 적당한 기회를 틈타 경쟁에서 승리하기 위함이다.

능력 있는 사람은 이런 경쟁자의 심리를 사전에 파악하고 있다. 그래서 아주 사소한 것까지 정확하게 알아내고 어려움을 미연에 방지한다. 그리고 신중하게 대처하여 겉으로 보이지 않는 숨어있는 의도까지도 충분히 밝혀내서 상대방의 허튼 수작에 넘어가지 않는다.

삶은 선과 악의 싸움의 연속이다. 책략을 즐기는 사람은 자신의 진짜 의도를 아주 깊은 곳에 숨기고 사람들을 시험하기 좋아한다. 또한 지혜로운 사람은 사람들이 쉽게 넘보지 못하는 위치에서 제2의, 제3의 의도까지 계획한다. 그러나 교활하고 악한 사람들도 나름대로의 노하우를 바탕으로 뜻밖의 이면을 감추고 고의적으로 정직하고 무던한 자태를 드러내면서 아무렇지 않게 살고 있다.

물론 지혜로운 사람은 눈부시게 밝은 겉모습 뒤에 숨겨진 어두운 그림자를 한눈에 알아본다. 그리고 그 단순한 겉모습 뒤에 숨겨진 못된 생각도 꿰뚫어본다.

싸움은 선과 악의 심리전이다. 한없이 솔직하고 성실해 보이는 사람도 남들이 꿰뚫어보기 어려운 깊은 곳에는 지독하게 간사한 마음을 품고 있을 수 있다는 사실을 항상 염두에 두어야 한다.

136 반드시 주목받아야겠다는 생각을 버려라

반드시 주목받아야겠다는 생각을 버려라. 너무 남의 시선을 의식하다보면 자기도 모르게 분수에 넘치는 행동을 할 수 있다. 이런 모습은 사람들이 당신의 참모습을 보지 못하고 오해하게 만든다. 그래서 그들은 당신의 장점도 단점으로 평가하고 당신의 모든 말과 행동을 곱지 않게 받아들일 것이다.

어쩌면 지나치게 아름다운 미모도 당신에게 해를 입힐 수 있다. 왜냐하면 뛰어난 외모는 주위 사람의 질투를 유발하기 때문이다. 그들의 유치한 질투로 인해 당신에 대한 평가가 왜곡될 수 있는데 경우에 따라서는 그 정도가 예상보다 훨씬 더 심각할 수 있다.

그렇다고 이 모든 시선을 의식하고 그에 맞춰 살 수는 없다. 각자 다른 인생이 있듯이 그 인생을 살아가는 방식 또한 다르기 때문이다. 자신의 삶의 방식을 존중하되 지나치게 남의 시선을 끌지 마라.

137. 원대한 꿈과 치밀한 계획이 행운을 부른다

일을 잘 해내는 사람이 일하는 속도도 빠르다. 그래서 일하는 속도가 느리면 느릴수록 실패할 가능성이 커진다. 그러므로 갈 길이 까마득한 일일수록 그 만큼 많은 노력을 해야 한다.

사람들이 주목하는 성공이 당신의 신념과 노력에 의한 것일 때 비로소 그것은 최고의 가치로 인정받을 수 있다. 즉, 당신이 당신의 원대한 꿈을 위해 치밀한 계획을 세우고 그 과정에서 당신의 모든 것을 쏟아냈다면 그 결과로 얻은 성과물은 영원한 가치를 지닐 수 있다. 위대한 가치란 자신의 신념과 모든 열정을 바치는 데 있다. 그러므로 훌륭한 사람은 노력한 만큼 크고 빛나는 보상을 얻는다.

138 장기계획을 세워라

항상 준비하는 자세로 장기적인 계획을 세우는 사람이 성공한다. 아무 준비 없이 닥치는 대로 일을 하는 사람은 결국 총칼 없이 전쟁터에 나가는 병사와 다름없다. 이성은 어려움이 닥칠 때까지 기다렸다가 닥치고 나서 부랴부랴 사용하지 말고, 어려움을 미리 예측하고 대처하기 위해 사용해야 한다. 걱정거리가 있을 때는 무작정 베개에 머리를 묻고 잠을 청하기보다는, 먼저 걱정거리를 해결하고 다시 잠을 청하는 편이 좋다. 간혹 어떤 사람은 항상 무작정 일을 벌인 후에 생각을 하는데 이는 단지 자신의 실패에 대한 변명을 찾기 위한 발버둥일 뿐이다. 그리고 이런 자세는 당신의 발전에 아무런 도움을 주지 못한다.

일을 시작하기 전에 충분히 생각하고 계획하지 않는 사람은 절대로 성공할 수 없다. 삶은 고민과 선택의 반복이다. 일을 시작하기 전에 미리 예견하고 심사숙고하여 계획하라. 현실적이고 장기적인 계획을 바탕으로 성공에 이르는 모든 과정을 준비한다면 실패란 있을 수 없다.

139 항상 사전에 체크하고 행동하라

의욕만 앞서고 계략이 없는 사람은 항상 덤벙대고 일을 닥치는 대로만 처리한다. 그들의 머리는 단순하기 때문에 잠재된 위험을 예견할 줄 모르고, 그로 인해 자신이 어떤 영향을 받을지 생각하지 않는다.

지혜로운 사람은 일을 처리할 때 신중하고 조심스럽다. 일을 할 때마다 예방책을 미리 마련해두고 신중하게 생각한 후에 확실하고 안전한 방법으로 일을 처리한다. 가끔 행운의 여신이 어리석은 사람에게 특별한 기회를 안겨 줄 때도 있지만 어리석은 사람은 이런 기회조차도 전혀 눈치 채지 못하고 그냥 지나쳐버리기 일쑤이다.

지혜로운 사람은 강을 건널 때도 무턱대고 건너지 않고, 먼저 조금만 들어가 보고 그 깊이를 체크한다. 그래야 확실하게 알 수 있기 때문이다. 특히 현대사회의 대인관계에는 함정이 많다. 그러므로 더욱 꼼꼼한 사전조사를 통해 정확하게 체크한 뒤 행동해야 한다.

140 신중하게 생각한 후에 행동하라

당신의 실패에 대한 가능성은 곁에서 지켜보는 사람도 충분히 눈치 챌 수 있다. 특히 그 사람이 당신의 라이벌일 경우에는 더욱 확실하게 알아차린다. 당신은 감정에 의해 판단력이 흔들렸을 때는 실패의 가능성을 눈치 채지 못했다가 냉정해진 후에야 당신이 얼마나 어리석고 멍청했는지를 땅을 치며 후회한다.

정말 위험한 일은 실제로 얼마나 위험한 일인지 잘 모르면서 무턱대고 그 일에 몸을 던지는 일이다. 자신의 행위가 옳은지 그른지 제대로 판단할 수 없을 때는 아무 것도 하지 말고 잠시 멈춰야 한다. 그렇게 한다고 해도 옳고 그름을 확인할 수는 없지만 최소한 잘못된 판단을 막을 수 있다.

이성은 상황을 현명하게 다스릴 수 있는 가장 훌륭한 기제이다. 어떤 일은 시작하기 전부터 비난을 받는다. 하지만 또 어떤 일은 사전에 꼼꼼히 알아보고 성공을 확신했다 하더라도 실제로 일을 진행시키는 과정에서 자기가 예상했던 것과 달라질 수 있다. 물론 의심과 비난을 받았음에도 사전에 가졌던 기대치보다 훨씬 큰 대가를 얻게 되는 경우도 있다. 사람의 일은 수시로 상황이 변하기 때문에 그때마다 적절히 대처할 수 있도록 신중하게 생각하고 행동할 줄 아는 성숙한 이성을 갖추어야 한다.

141 고집부리지 마라

고집부리고 감정으로 일을 처리하면 좋은 결말을 얻을 수 없다. 무슨 일이든지 무조건 이기고 싶어 하는 사람은 근본적으로 평화적인 교류의 장점을 모르기 때문에 항상 다투고 싸우기만 한다. 그래서 온순한 사람들마저도 그들의 적이 되기도 하고, 그들이 남몰래 꾸민 못된 짓의 표적이 된다.

그들은 항상 나쁜 방법으로 다른 사람을 이긴다. 그들이 말하기로는 다 자기들이 훌륭하고 선량한 책략을 사용한 덕분이라고 한다. 하지만 누군가 그들의 가면을 벗겨내는 날에는 곧바로 흉악한 본색을 드러내고, 본성을 밝혀낸 사람을 자신들의 적으로 간주한다.

사실 그들은 자기들끼리 적을 만들었다 없앴다 하기 때문에 그들에게는 적이라는 개념 자체가 실제로는 아무런 가치가 없다. 그리고 언제나 적을 만들었다 없애는 일만 반복하기 때문에 결국 자기만 골치 아플 뿐이다. 애석하게도 이런 사람들은 남들이 쉽게 느끼는 기쁨이라는 감정을 도통 모른다. 그리고 그들의 감정은 행복하고 아름다운 것을 보지 않으려는 어리석은 고집 때문에 금세 지치고 상처받는다.

142 성공에는 전략이 필요하다

재능이 있는 사람은 모든 일을 우연한 기회에 의지하지 않고, 오로지 개인의 노력만으로 자신의 운명을 결정한다. 하지만 어떤 사람은 언젠가 행운이 오리라고 철석같이 믿고 살아간다.

지혜롭고 해박한 사람은 행운에 얽매이지 않고 분별력 있고 대담하게 행동한다. 그들은 항상 자신감을 갖고 용기 있게 전진하며, 뛰어난 담력과 식견으로 사소한 일까지도 빈틈없이 살핀다. 그리고 자신의 판단과 운명을 균형 있게 조합하여 일을 추진한다. 지혜로운 사람이 이렇게 철두철미한 전략으로 얻는 가장 큰 성과는 자신이 계획한 바를 실현시키고 그만큼의 충분한 보상을 받는 일이다.

이것저것 손대지 말고 제대로 된 하나만 처음부터 끝까지 계획대로 실천하라. 물론 실천의 과정에는 행운과 악운이 존재한다. 당신이 훗날 얻게 되는 결과는 이 과정에서 행운과 악운, 그리고 지혜로움과 어리석음을 얼마나 균형 있게 다스리느냐에 달려있다.

143 항상 꼼꼼하게 따져라

'급할수록 돌아가라'는 말이 있다. 아무리 조급하고 분초를 다투는 일이라도 항상 심사숙고해야 한다는 뜻이다.

어리석은 사람이 성공하지 못하는 가장 큰 원인은 판단이 신중하지 못하기 때문이다. 그들은 자신의 판단에 대한 자신감도 없으며, 한 가지 판단을 내리지도 못하고 항상 애매모호한 태도로 일관한다. 그래서 딱히 이익도 손해도 아닌 모호한 결과만 얻는다. 즉, 피해를 최소화하는 만큼 반대로 큰 성과도 없다.

어떤 사람은 언제나 시작과 끝을 제대로 파악하지 못하고 잘못 판단하기 때문에 정작 중요한 일에 대해서는 아무런 문제의식을 느끼지 못한다. 그래서 아무런 대책이 없고, 오히려 사소한 일에 전전긍긍하며 헤어날 줄을 모른다.

근본적으로 어리석은 사람은 '정신없다'는 말의 뜻을 모른다. 왜냐하면 정신없는 상태는 사고가 틔어 많이 고민하고 바쁘게 살아가는 사람들에게서나 발생하기 때문이다.

무슨 일이든지 꼼꼼하게 따져보고 그 결과를 마음속에 깊이 새겨야 한다.

지혜로운 사람은 일을 맡을 때 항상 사전에 충분히 알아보고 계획한다. 이것은 지혜로운 사람의 필수 자격요건이다. 특히 불확실하고 의심할 여지가 있는 일들에 대해서는 더욱 신중하고 자세하게 따져봄으로써 현실에 입각한 현명한 결론을 끌어내야 한다.

144 성숙한 아름다움을 위한 칭찬

모든 만물은 밤하늘의 달과 같다. 달이 차면 다시 기울 듯이 세상의 만물도 시간의 흐름에 따라 충만해졌다가 완벽한 경지에 이르면 차츰 쇠하기 마련이다.

만약 사람의 힘으로 할 수 있는 일이 만 가지에 이른다면, 그 중 완벽함에 이를 수 있는 일은 단 하나에 불과하다. 그 한 가지는 바로 자기 스스로 선택하는 아름다움인데, 가장 완벽한 경지에 이르는 아름다움은 오로지 성품이 곧고 인성이 고운 사람만이 그 가치를 제대로 이해할 수 있다.

대부분의 사람들은 '칭찬'의 참뜻을 모른다. 설사 안다고 할지라도 조금 아는 정도이지 정확하게 이해하는 것은 아니다. '칭찬'은 성숙한 아름다움의 완벽한 경지를 이해하고, 그 귀중함을 아는 사람을 위한 것이다.

145 싸움의 미덕

지혜로운 사람은 절대 더러운 싸움에 휘말리지 않는다. 스스로 신념을 가지고 있는 사람은 타인의 의도에 의해서 쉽게 좌지우지되지 않기 때문이다.

싸움은 자신의 위신을 승리로써 증명하기 위한 수단이다. 그러나 비열한 방법으로 이기는 일은 승리가 아니라 단지 적을 항복시키는 것뿐이다. 그리고 그들이 싸움에서 이길 수 있던 이유는 단지 비열한 무기를 사용했기 때문이다.

선량한 사람은 비열한 무기를 쥘 수 없으므로 비열한 방법에 당해내지 못한다. 당신이 친구를 배신하고 얻은 무기로 다른 사람과 관계를 맺고, 그 사람은 당신의 믿음을 이용해 이익을 취하려고 한다면 당신들의 우정은 지독한 결말을 맞이하게 될 것이다.

군자(君子)는 본디 어떠한 상황에서도 의로운 신념을 저버리지 않고 마음에 물어 부끄러움이 없는 일을 한다. 고귀하고 순결한 정신을 가지고 있는 사람에게 무례한 일은 가치가 없기 때문이다. 비록 세상에 의로운 신념과 믿음을 지키는 미덕이 자취를 감췄다 해도 이는 아직 군자의 마음속에 존재한다.

146 모험, 신중하게 결정하라

신중하면 많은 위험을 피할 수 있다. 용감하고 영리한 사람이 최악의 상황에 처하게 되는 경우는 아주 드물다. 현명한 사람은 목표를 향한 길 위에서 한결같이 길의 중간에서 걷는다. 그들은 준비가 안 된 상황에서 갑작스러운 일을 당하지 않도록 언제나 신중하게 행동한다. 위험은 예고 없이 찾아와 사람들을 당황하게 만들기 때문에 항상 이 점을 염두에 두어야 한다.

이성적인 사람은, 위험이란 정복하는 것이 아니라 시기와 형세를 잘 판단하여 피해가야 하는 것이라고 말한다. 그들은 진지한 고민과 철저한 계획 없이 의욕만 앞서서는 큰일을 이룰 수 없다고 한다.

　항상 신중한 태도로 낡고 험한 길을 피해 안전한 길을 선택하라.

147 돌다리도 두들겨 보고 건너라

사람은 인생의 대부분을 지식을 습득하고 견문을 넓히는 데 투자한다. 그렇지만 직접 눈으로 보고 몸으로 습득하는 지식은 아주 적고, 주위 사람들이나 매체를 통해 전해 듣는 것들이 대부분이다. 그러나 단순히 듣는 것만으로는 옳은 판단을 하기 어렵다. 그렇기 때문에 여기저기에서 들려오는 소문을 맹목적으로 믿어서는 안 된다. 귀로 듣는 말들은 우리의 판단력을 흐리게 하고 이성을 기만한다.

　소문의 진상은 항상 멀리 있다. 소문은 여러 사람을 거치는 과정에서 사람들의 주관과 감정이 뒤섞이기 때문에 그 진상이 왜곡되기가 쉽다. 그래서 사람들은 그것의 본질이 아닌, 소문이나 인상에 따라 태도를 바꾼다.

　당신을 비판하는 사람보다 당신을 무조건 잘했다고 치켜세워주는 사람을 주목하라. 당신을 칭찬하는 말의 진심은 무엇인지, 그가 자신을 속이는 바가 없는지 꼼꼼히 관찰해야 한다. 특히 겉과 속이 다른 위선적인 사람을 조심하라. 차근차근 그의 생각을 물어서 진심이 무엇인지 파악해야 한다.

148 너무 신경 쓰지 말고 기다려라

인간의 삶은 자유분방하고 그만큼 변화도 심하다. 예를 들어 세찬 비바람이 몰아칠 때는 조용한 항구에 몸을 피해 파도가 자연적으로 잦아질 때까지 기다리는 편이 좋다. 자연현상은 항상 다르게 변화하지만 그 근본은 변하지 않는다. 인간의 삶이든 자연현상이든 기복이 심하고 예측할 수 없는 것에 대해서는 그 근본을 방해하지 않는 범위 내에서 자연스럽게 대처하는 것이 좋다.

가끔은 아무 간섭도 하지 않는 것이 모든 것을 간섭하는 것이다. 잠시 머리를 숙이는 것은 장차 그것을 정복할 수 있다는 가능성을 함축하고 있다. 깨끗한 시냇물은 너무 쉽게 더러워진다. 하지만 탁한 물은 건드릴수록 더욱 혼탁해지는 법! 오히려 건드리지 않고 자연스럽게 되어가는 대로 맡겨놓는 것이 가장 좋은 방법이다. 즉, 어지러운 세상을 바로잡으려고 좌지우지하는 것은 그것이 스스로 평정을 되찾길 기다려주는 것만 못하다.

149 인사치레 말에 흔들리지 마라

인사치레 말에 흔들리지 마라. 인사치레는 일종의 뻔뻔한 속임수이자 당신을 슬그머니 잠들게 하는 일종의 마취약이다. 마취약이 듣지 않는 자신만의 대처방법을 찾아야 한다.

당신의 허영심을 부추기고 당신을 혼미하게 만드는 달콤한 말은 미련 없이 버려야한다. 인사치레가 만들어놓은 함정에 걸려, 그들이 유인하는 대로 무조건 따라가는 사람은 항상 다른 곳에 가서도 실수하기 마련이다.

진심에서 우러나오는 사양은 온순하고 정직하다. 그러나 예의 바른 척, 순종하는 척하는 위선은 꼭 막판에 뒤통수를 친다.

지나친 정성을 표하는 것은 당신을 존경한다는 뜻이 아니라, 당신의 힘을 등에 업고 더 좋은 기회를 잡아보겠다는 간사한 의도이다. 결국 아첨하는 사람은 타인의 인품을 존경하는 척하지만 사실은 그의 재물을 흠모할 뿐이다.

150 자기 자신의 빛을 지켜라

타인의 후광으로 인해 당신 본연의 빛을 잃지 마라. 완벽함을 향해 열심히 걸어가는 사람은 항상 사람들의 존경을 받는다.

하지만 당신을 앞서가는 누군가가 있고 당신은 고작 그 사람 뒤를 쫓아가는 것뿐이라면, 당신이 받는 칭찬은 앞사람이 먹다 남긴 음식쓰레기에 불과하다.

하늘에 있는 밝은 보름달은 수많은 별들의 빛을 잡아 삼킬 만큼 밝지만, 정작 태양 앞에서는 빛을 잃는다. 심지어 존재하지 않는 날도 있다. 이와 마찬가지로 당신 본연의 색을 퇴색시키는 사람과 절대 가까이 지내지 마라. 당신의 빛을 마음껏 발산할 수 있도록 격려해주는 사람을 당신의 파트너로 삼는 것이 좋다.

괜히 걱정거리를 만들거나 자신을 낮게 평가하지 마라. 그리고 경솔하게 다른 사람을 찬양하지도 마라. 자기 자신의 빛에 자부심을 가져야 한다. 젊었을 때는 당신의 빛을 더욱 밝혀줄 수 있는 사람과 사귀고, 어느 정도 자신의 모습을 갖추었을 때는 당신과 함께 나란히 걸을 수 있는 평범한 파트너를 만나는 것이 좋다.

151 타인의 충고에 대처하는 방법

어리석은 사람의 귀에 현명한 사람의 충고가 들리지 않는 이유는 충고의 좋은 점을 모르기 때문이고, 지혜로운 사람이 그러한 이유는 자신의 진짜 속마음을 감추기 위해 일부러 안 듣는 척하는 것뿐이다. 즉 지혜로운 사람은 다른 사람에게 자신의 속마음을 들켜 상황이 불리해지는 것을 방지하기 위해서 타인의 충고를 무시하는 척한다.

그러므로 이해득실을 따질 때는 다른 사람의 말에 완전히 의지하거나 자기 의견만 고집해서는 안 된다. 어느 한쪽으로든 치우침 없이 공정한 기준으로 접근해야 한다.

그리고 나중에 무슨 일이 발생하지는 않을까라는 어리석은 걱정은 접고, 무슨 일이 발생하기 전에 어떻게 예방하면 좋겠는지 능동적인 대안을 찾아보는 편이 더욱 유익하다.

152 유행의 흐름과 발을 맞춰라

유행은 대중의 환심을 끌어들이는 일이다. 많은 사람들의 관심이 한 가지에 집중된다는 것은 사회전반의 윤리와 도덕의 잣대에 상관없이 그 자체로 사람들을 끌어들이는 힘이 있다는 뜻이다.

만약 당신의 행동이 시대와 맞지 않으면 사람들은 그 행동에 반감을 가질 것이고, 그것이 대중의 흐름과 엇나가는 것이라면 사람들은 대놓고 황당한 웃음을 터뜨리고 말 것이다. 게다가 대중이 좋아하는 유행을 당신 혼자 비웃을 때는 당신은 대중의 비웃음거리가 될 것이다. 결국 당신의 개인적이고 독단적인 성향 때문에 당신은 사람들과의 거리를 만들게 된다. 만약 유행을 어떻게 따라가야 할지 모르겠다면 우선 당신이 둔하다는 사실을 숨기고 당신의 촌스러움도 겉으로 드러내지 말아야 한다.

궁극적으로 유행의 흐름을 경솔하게 평가해서는 안 되는 이유는, 대중이 신뢰하는 허상이 대중의 희망으로 인해 현실이 될 수 있기 때문이다. 그것이 바로 대중의 힘이다.

153 구박덩어리가 되지 마라

같은 말을 계속 반복하거나 고집스럽게 주장하지 마라. 간단명료함은 감정을 유쾌하게 만들고, 쉽게 사람들의 호감을 얻을 수 있게 하며, 결과적으로 일의 성공률을 높인다. 간단명료함이 놓치는 부분이 있는 것도 사실이지만, 그에 대한 기본적인 보상이 있기 때문에 그다지 걱정할 필요는 없다. 간단명료함은 그렇지 않을 때보다 나쁜 점을 축소시킨다. 나쁜 점을 축소시키다 못해 점점 사라져, 마침내는 복잡한 문제도 이길 수 있게 만든다.

지혜롭지 못하면서 신분만 높은 사람은 생각 없이 하고 싶은 말을 내뱉고 나서 높은 신분을 이용해 사람들의 입소문을 막기에 급급하고, 더 이상 잃을 것도 없으면서 갖은 근심거리를 안고 사는 사람은 사람들에게 거부당할까봐 매사에 전전긍긍한다. 하지만 지혜로운 사람은 사람들의 반응에 쉽게 흔들리지 않고 일관성 있게 적절하게 대처한다. 또한 구구절절한 변명과 핑계로 남을 화나게 하거나 바쁜 사람을 귀찮게 하지도 않는다. 사실 유명한 격언들을 봐도 간단명료하지 구구절절 길지 않다.

154 혼자 취하거나 혼자 깨어있지 마라

다른 사람들과 함께 취할지언정 혼자 깨어있지 마라. 모든 사람들이 취했다면 당신도 그들과 마찬가지로 취해야 한다. 만약에 혼자서만 멀쩡하게 깨어있다면 다음날 사람들에게 차갑고 어려운 사람이라는 핀잔을 듣게 될 것이다. 흘러가는 대로 남의 장단을 맞추는 것도 현명하게 자신을 보호하는 방법이다. 또한 같이 이해하지 못한 척하는 것도 훌륭한 대처 방법이다. 설사 당신은 잘 알고 있는 일이라도 당신을 제외한 다수의 사람들이 이해하지 못하고 있다면 당신도 이해하지 못한 척해야 한다. 이것은 사회적동물인 인간이 자신의 삶 속에서 원만한 대인관계를 유지하기 위한 일종의 생존방식이다. 제아무리 잘난 사람도 혼자서는 살아갈 수 없다. 그러므로 다수의 사람들이 어리석고 우둔하다할지라도 조용히 따를 줄 아는 유통성이 필요하다.

혼자 취하지도 말고 혼자 깨어있지도 마라. 간혹 어떤 사람은 혼자서도 얼마든지 살 수 있다고 하는데 그것은 어디까지나 우물 안 개구리의 유치한 발상일 뿐이다.

155 착해지려고 애쓰지 마라

착해지려고 애쓰지 마라. 그것은 다른 사람에게 나쁜 마음을 먹을 기회를 주는 것이나 다름없다. 순진한 비둘기는 독사의 교활함을 알아야 한다. 착한 사람은 어리석은 짓을 쉽게 저지른다. 그래서 거짓말을 한 번도 해본 적이 없는 사람은 다른 사람의 말을 너무 쉽게 믿어버린다. 물론 경우에 따라서는 어리석은 사람과 함께 있을 때는 같이 어리석은 짓을 하는 것이 괜찮은 방법이기도 하지만, 그것은 어디까지나 모든 것을 영리하게 꿰뚫고 있다는 전제하에 그렇다.

사람들이 위험을 예견하는 방법은 보통 두 가지이다. 하나는 자기가 노력하여 얻은 대가에서 교훈을 얻는 것이고, 다른 하나는 다른 사람의 실패에서 교훈을 얻는 것이다. 당신도 현명한 대처를 위해 한 가지 방법을 선택하라.

156 자만심을 표정에 드러내지 마라

소심한 사람이 갖고 있는 자신에 대한 불만은 나약함의 표출이고, 어리석은 사람이 드러내는 지나친 자기만족은 무지함의 표출이다.

지나친 자기만족, 자만심이 느끼게 해주는 행복은 어디까지나 일장춘몽일 뿐, 이내 당신의 명성에 먹칠을 하고 만다. 그럼에도 불구하고 사람들이 자만심에서 헤어나지 못하는 이유는 자만심이 당신의 눈을 가리고, 자아도취에 빠뜨려 다른 사람의 완벽한 아름다움을 보지 못하게 하기 때문이다.

자만심에 대한 경계심을 가져라.

이러한 경계심은 일을 순조롭게 하고 설사 역경에 부딪힌다하더라도 스스로 마음을 다스려 위안을 얻게 해준다. 그렇다고 너무 소극적으로 행동해서는 안 된다.

자만심은 어리석음을 만회하고 싶은 바보가 뿌리는 독이 든 씨앗이다. 자만심을 버리되, 결코 좌절을 두려워하지 마라. 좌절에 대한 경계심이야말로 좌절을 두려워하지 않고 현명하게 극복할 수 있는 지혜를 얻게 해준다.

Ⅱ. 대인관계의 노하우

삶에서 진정으로 소중한 자산은 항상 나를 생각해주고 기꺼이 내게 도움을 줄 수 있는 사람이 곁에 있다는 것이다. 운명의 신조차도 당신이 소유하고 있는 이 소중한 자산을 질투할 것이다.

157 친구 사귀기

친구는 착하고 영리한 당신의 반쪽이다. 당신이 친구와 함께 있을 때 만족감을 느끼는 이유는 그와 너불어 당신의 가치 또한 빛을 더하기 때문이다.

친구가 당신에게 하는 말에는 거짓이 없다. 언제나 진심으로 당신을 생각하기 때문에 그의 격려는 세상 그 어떤 응원보다 값지고 커다란 힘을 준다.

그러나 실제로 자신의 반쪽이 되어주는 친구를 만나기란 여간 어려운 일이 아니다. 세상에는 이런 친구가 없는 사람도 많다.

진정한 친구를 만나고 싶다면 당신이 먼저 손을 내밀어라. 당신이 진심으로 다가가야 비로소 그 사람도 당신을 소중한 친구로 받아들일 수 있기 때문이다.

158 첫인상에 현혹되지 마라

지나치게 첫인상에 연연하여 그의 또다른 면을 간과하지 마라. 첫인상은 대부분 진실을 가리고 있기 때문에 사람의 됨됨이도 그것에 가려 진실한 모습을 알아보기 힘들다. 눈앞에 보이는 겉모양에 현혹되어 맹목적으로 모든 것을 쏟아 붓는 일은 결국 당신의 얄팍함만 겉으로 드러내는 셈이다. 어떤 사람은 술잔에 어떤 술이 담겨있는지 보다 얼마짜리이며, 어디에서 만들어진 술잔인지에만 관심을 쏟는다. 이런 경솔함은 드러나는 즉시 당신을 나쁜 사람들의 표적으로 만들어버린다. 나쁜 사람들은 당신이 화려한 겉모습에 쉽게 흔들린다는 점을 악용해서 당신을 괴롭히고 이용할 것이다.

무슨 일이든 항상 신중하게 생각한 후에 결정하고 실행해야 한다. 그리고 첫인상뿐만 아니라 두 번째, 세 번째 인상도 주의해야 한다. 어리석은 사람은 첫인상에 쉽게 흔들리고 무슨 일이든 감정적으로 처리하기를 좋아한다.

159 사람에 따라 당신의 태도를 달리하라

모든 사람을 동일하게 대할 수는 없다. 세상 사람들은 각자 다른 개성을 가지고 있기 때문에 그들을 대하는 당신의 태도 역시 달라질 수밖에 없다.

일을 할 때에도 마찬가지이다. 일의 분야, 성격, 가치에 따라 그에 적당한 조치를 취할 줄 알아야 한다. 그러면 당신의 소중한 지식과 재능을 효율적으로 사용할 수 있고, 쓸데없이 시간과 노력을 낭비하지 않아도 된다.

자신이 원하는 요소들만 필요에 따라 적절히 뽑아 쓰는 능력은 누구나 쉽게 가질 수 없는 훌륭한 기술이다. 설사 당신에게 이런 재능이 있다고 해도 절대 남들에게 뽐내지 마라. 자만심은 당신을 천박하게 만들어 사람들의 손가락질을 받게 할 뿐만 아니라 사람들에게 당신을 밟고 올라설 수 있는 기회를 제공한다.

160 대인관계에서의 변화에 민첩하게 대응하라

변화에 민첩하게 행동하고 신분에 설맞게 말하는 사람이 되어라. 예를 들어 학식이 풍부한 사람과 교류할 때는 그에 걸맞게 당신의 학식을 드러내고, 웃어른과 교류할 때는 예의를 갖추어 도리에 어긋나지 않도록 행동해야 한다.

사람은 자신과 비슷한 사람에게 더 많은 호감을 느낀다. 그러므로 대상에 따라 적절하게 자신을 부각시키면 당신이 원하는 사람과 쉽게 가까워질 수 있다.

사람을 만나기에 앞서 우선 적절한 무기를 선택하고, 구체적으로 어떻게 만남을 진행해야 할지 결정하라. 돛단배가 바람에 따라 흘러가듯 상황에 맞춰서 자연스럽게 행동해야 한다.

161 친구라는 결정적 무기

어떤 친구는 가까운 곳에 있어서 언제든지 편하게 만날 수 있지만, 어떤 친구는 먼 곳에 있어서 만나기 어렵다. 보통 사람들은 먼 곳에 있는 사람에게 편지를 쓰곤 한다. 물론 만나서 대화를 나누는 것과 마음을 담아 편지를 보내는 것 모두 각각의 장점을 가지고 있긴 하지만 거리상 멀리 있으면 가까이 있을 때보다 친구 사이가 소홀해지기 쉽다.

우정은 단순히 웃고 떠들기 위한 것이 아니라 서로의 부족함을 채워주기 위한 실용적인 매개체이자 삶의 핵심이다. 세상 사람들에게 소위 '아름답다'라고 일컬어지는 것들은 대개 '진실함', '선량함', 그리고 '한결같음' 등의 특징을 가지고 있는데, 바로 우정이 그러하다. 하지만 애석하게도 이렇게 완벽한 아름다운 친구를 만나기는 정말 어렵다. 따라서 좋은 친구를 만나는 것은 일생일대의 중요한 숙제이다.

오늘의 새로운 친구는 내일의 오랜 친구라는 말을 명심하라. 새로운 친구를 사귈 때는 당신과 오랫동안 원만한 관계를 유지할 수 있는 친구를 선택해야 한다. 그래서 사람들은 새로운 친구를 많이 사귀는 것보다 좋은 친구와 오랫동안 좋은 관계를 유지하는 것이 더더욱 중요하다고 말한다. 진정한 친구는 당신과 함께 아픔과 기쁨을 공유하고 나아가 긍정적인 방향으로 서로의 발전을 도모하는 친구이다. 우정은 기쁨을 두 배로 늘리고 아픔은 반으로 줄게 하는 신비한 힘을 가지고 있다.

진정한 우정은 악운을 막아주는 울타리이자 인간의 황량한 마음을 촉촉이 적셔주는 고마운 비이다.

162 적을 잘 이용하라

손에 함부로 칼을 쥐지 마라. 칼은 자기를 해칠 수도 있다. 그러므로 자신을 보호한다는 의미에서 경솔하게 꺼내들지 말고 칼자루에 넣어두자.

위대한 업적을 거둔 사람들에게 자기 자신, 혹은 적들과의 치열한 싸움은 반드시 거쳐야 하는 필수과정이나 다름없다. 같은 편을 위장한 간사한 아첨은 증오하는 마음의 예리한 통찰력에 꼼짝하지 못한다. 증오의 예리한 통찰력은 언제나 아첨이 감추고 있는 나쁜 의도를 발견해내기 때문이다. 그래서 영리한 사람은 증오하는 마음을 자신의 거울로 삼아 실수를 최소화하고 잘못을 올바로 고치면서 성실하게 생활하고자 한다.

적을 상대로 예리한 통찰력을 적절하게 발휘하면 오히려 자기 자신을 긍정적으로 발전하게 하는 좋은 기회를 얻을 수 있다.

163 부탁을 잘하는 법을 익혀라

자기한테는 마냥 어렵고 힘든 일이 다른 사람한테는 별거 아닐 수도 있다. 이럴 때 다른 사람에게 도움을 청해야 하는데 사람의 유형마다 접근하는 법이 다르다. 천성적으로 '안돼!'라고 말하지 못하는 사람한테는 굳이 어떤 요령을 쓰지 않고도 도움을 받을 수 있지만, 말끝마다 '안돼!'라고 말하는 사람한테는 다른 어떤 사람한테보다 효과적이고 계획적으로 당신의 요구를 말해야 한다. 이때 적당한 시기를 선택하여 말하는 것이 성공의 반을 좌우하다는 사실도 명심해야 한다. 서슴없이 '안돼!'라고 말하는 사람에게 당신의 요구사항을 말하기 가장 적당한 시기는 그가 기분 좋을 때이다. 만사가 그렇듯이 친절도 즐겁고 기분 좋을 때 더 많이, 더 과감히 베풀어지기 마련이다.

부탁하기에 앞서 소극적으로 '혹시 그에게 부탁을 했다가 거절을 당한다면 어쩌지?'라고 걱정하지 말고, 일단 부딪쳐본 후에 거절당하면 그 다음부터는 그에게 부탁하지 않으면 그만이라고 생각하면 된다. 일단 한 번 '안돼!'라는 말을 내뱉은 사람은 그 다음에도 그렇게 말할 가능성이 크다. 습관적인 거절은 하면 할수록 점점 더 뻔뻔해지고 부탁을 거절당한 사람의 좌절감 따위는 안중에도 없게 되기 때문이다. 그러므로 부탁도 상대를 가려서 해야 한다. 비열하고 파렴치하거나 은혜에 보답할 줄도 모르는 사람한테는 해도 안하느니만 못하다. 결국 당신의 출세는 좋은 사람들이 당신을 위해 얼마만큼 발 벗고 나서주느냐에 달려있다.

164 당신에 대한 뭇사람의 기대감을 오랫동안 유지시켜라

당신에 대한 뭇사람의 기대감을 오랫동안 유지시켜라. 사람들은 당신이 더 큰 성취를 이룰 수 있기를 바라는 기대감 때문에 당신에게 집중한다. 그러므로 당신의 전부를 보여주고 다른 가능성을 쉽사리 단정 짓게 하지 마라. 무슨 일을 하든지 자신의 일부를 감추고 있어야 이루고자 하는 목표를 보다 효과적으로 달성할 수 있다.

165 상상력을 밟고 서라

많은 사람들이 모인 장소에서 당신을 자주 드러내는 것은 당신의 명성에 해가 될 수 있다. 그러나 그와 반대로 드러내지 않고 신비로움을 유지하면 당신의 명성은 오히려 빛을 더하게 된다.

동물의 세계에서 숲 속의 왕 사자는 자신을 드러내지 않는 반면 보잘것 없는 쥐는 시시때때로 여기저기 돌아다니며 얼굴도장 찍기를 좋아한다. 또한 좋은 물건을 오래 쥐고 있으면 그 물건의 가치가 날로 높아져 그것에 대한 사람들의 욕구도 점차 강해진다.

사람들이 불사조를 신의 새라고 추종하는 이유도 그의 형상이 없기 때문이다. 사람이 눈으로 보는 것은 사물의 껍데기에 불과하기 때문에 그 진가를 제대로 평가할 수 없지만, 신비로움을 근거한 인간의 상상력은 시력보다 더 많은 것을 보게 해준다.

166 다른 사람이 당신에게 의지하도록 만들어라

신은 사람들이 손으로 조각하고 포장하여 만든 실제 형상이 아니라, 보이지 않는 힘에 대한 사람들의 믿음이 만든 일종의 추상적 지위이다. 지혜로운 사람은 수많은 사람들을 도와주지만 보이지는 않는 신의 존재처럼, 남에게 도움을 주는 일을 하더라도 그의 역할을 겉으로 드러내지 않는다. '희망'은 자신이 원하는 것을 마음 깊이 새겨 쉽게 잊어버리지 않지만, '감사하는 마음'은 원하는 것을 얻은 후에 쉽게 잊혀지기 마련이다. 목이 마를 때는 간절하게 우물을 찾다가도 일단 우물물을 마신 후에는 아무런 미련 없이 돌아서는 것처럼 당신은 단순한 고마움의 대상이 되기보다는, 사람들이 항상 의지하고 싶어 하는 희망의 대상이 되어야 한다. 우리가 즐겨 마시는 오렌지주스도 마찬가지이다. 주스를 만들기 위해 오렌지 즙을 짜고 나면 노랗고 먹음직스러웠던 과일은 금세 쓸모없는 음식 쓰레기로 변한다. 즉, 당신에게 의지할 가치가 없게 되면 당신을 향한 공손한 태도는 연기처럼 사라져버린다.

사람들이 의지할 만한 인재가 되도록 노력하되, 결코 그것에 만족하지 마라. 만약 당신이 이러한 경지까지 오른다면 한 나라의 군왕조차도 당신의 통제 하에 있게 될 것이다.

다음 세 가지 유의사항을 지키도록 하자.

첫째, 결코 지나쳐서는 안 된다.

둘째, 타인을 잘못된 길로 빠지게 해서는 안 된다.

셋째, 자신의 이익 때문에 다른 사람의 고통을 모른 척하면 안 된다.

167 욕망은 당신을 움직이게 한다

인간의 욕망은 자기 자신을 표현하고자 하는 강한 욕구에서 비롯된다. 예를 들어 물을 마실 때, 간신히 갈증을 해소할 수 있는 정도에 만족하는 사람은 결코 목구멍을 충분히 적셔줄 만큼의 많은 물을 얻을 수 없다. 이것은 욕망의 크기로 그 사람의 가능성을 가늠할 수 있다는 사실을 함축한다.

사람들은 가장 값진 물건을 얻을 때까지 항상 부족하고 불만족스러워한다. 그래서 두 번째로 값진 물건은 그들의 욕망을 채워줄 수 없기 때문에 진정한 가치를 제대로 인정받지 못하고 항상 무시당하기 일쑤이다. 특히 풍족하게 사는 사람은 물건의 가치를 하찮게 여기는 나쁜 습관이 있기 때문에 좋은 물건의 진위 여부를 제대로 알기 위해서는 다른 사람들보다 더욱 신중해야 한다.

하지만 '욕망'은 사람을 발전시키는 좋은 자극제이기도 하다. 너무나 간절해서 한시도 지체할 수 없는 욕망은 배불리 먹고 난 후에 느끼는 포만감보다 더 크게 작용한다. 인간의 성취감은 자기 자신의 욕망에 따라서 오래 유지되기도 하고 더 많이 높아지기도 한다는 사실을 명심하라.

168 위기를 기회로 활용하라

사람은 어느 특정한 순간에 삶의 막다른 골목에서 겪게 되는 위기 상황을 계기로 진정한 인격체로 거듭 태어난다. 예를 들어 수영을 못하는 사람이 물에 빠져 익사하려는 순간 살기 위해 발버둥치다가 본의 아니게 헤엄쳐 살아남는 것처럼, 사람은 위기의 순간에 자신의 가치를 발견하게 된다. 만약 당신에게 거듭 태어날 수 있는 기회가 단 한번도 주어지지 않는다면 당신의 잠재된 능력은 평생 깊은 곳에 묻혀 있을 수밖에 없다.

좋은 명성을 얻을 수 있는 기회는 고통이 바닥까지 치달은 상황 속에서 발견된다. 특히 능력 있는 사람일수록 위기를 극복하는 과정에서 보통 사람들보다 더 많은 것을 얻어낸다.

169 빚쟁이가 되어라

어떤 사람은 자신에게 이익이 되는 일을 마치 다른 사람을 위한 것처럼 가장한다. 그래서 사실은 자신이 상대방에게 고마워해야 하는 일인데도 오히려 상대방이 자신에게 고마움을 느끼게 한다. 게다가 이런 사람은 다른 사람에게 부탁을 하고도 상대방으로 하여금 '나도 이 사람에게 부탁이라는 걸 받는구나'라는 일종의 긍지를 느끼게 하기 때문에 많은 사람들로부터 영리하고 수완이 좋은 사람이라는 말을 듣는다. 그들은 자신에게 부족한 점을 다른 사람에게 부탁함으로써 스스로 좋은 점을 얻고, 다른 사람도 명예로움을 느끼게 한다. 그들은 다른 사람으로부터 좋은 점을 얻지만 오히려 다른 사람이 느끼기에는 자기가 도움 받는다는 기분이 들게 한다.

이런 사람들은 하는 일마다 도움을 준 사람과 받은 사람을 헷갈리게 한다. 그래서 이런 사람과 교류하는 사람은 쉽게 판단력을 잃어 일의 시시비비도 제대로 가리지 못하고 어떻게 해야 할지 몰라 갈팡질팡하기 일쑤이다. 뿐만 아니라 대체 왜 그런지도 잘 모르면서 자기는 무조건 고마워해야 한다고 생각한다. 이런 잔꾀에 밝은 사람은 다른 사람을 혼란에 빠뜨리면서 정작 자신은 저렴한 칭찬으로 좋은 물건을 얻는다. 즉, 다른 사람에게 보람과 긍지를 심어주어 스스로를 낮추도록 만든 뒤 정작 자신은 그 사람에 대한 일종의 권리를 얻는다.

원래 '받다'는 수동적인 의미이지만 총명한 사람들에게 '받다'는 능동과 수동의 요소를 모두 가지고 있다. 그들의 사람 다루는 기술은 정치인과 비교해보아도 결코 뒤지지 않는다. 그들의 상당수준의 언변에는 절묘함이 숨어 있다.

지혜로운 사람들은 그들의 교활한 꿍꿍이를 꿰뚫어보고, 도움의 주객이 전도되어 명예와 이익을 엉뚱한 사람에게 귀속되는 일을 예방한다. 그리고 정말 명예와 이익을 얻어야 하는 사람들이 순탄히 그것을 얻을 수 있도록 도와준다.

170 당신을 위한 선의를 낭비하지 마라

가장 소중한 친구의 도움은 가장 필요한 때에 받아야 한다. 별로 급하지 않거나 중요하지도 않은 일 때문에 친구의 선의를 낭비하지 않도록 하라. 이것은 정말 위험한 순간을 위해서 총알을 장전하고 마지막 한 발을 남겨두는 것과 같은 이치이다.

삶에서 진정으로 소중한 재산은 항상 당신을 생각해주고 기꺼이 당신에게 도움을 줄 마음이 있는 사람이 곁에 있다는 사실이다. 운명의 신조차도 당신이 소유하고 있는 이 소중한 우정을 질투할 것이다.

171 남의 일에 지나친 관심을 갖지 마라

남에게 너무 많은 관심을 갖다보면 자기도 모르게 그 사람의 노예가 될 수 있다. 천성적으로 운을 타고 난 사람은 남한테 이익이 되는 일을 하고도 굳이 그 대가를 바라지 않는다. 한 가지 일에 연연하여 구속받느니보다 차라리 미련 없이 포기하고 자유를 즐기는 편이 낫다고 생각하기 때문이다.

인간관계도 마찬가지이다. 한 사람에게 모든 것을 의지하는 것보다 많은 사람과 좋은 관계를 두루 맺는 것이 부담도 훨씬 적고 이로운 점도 많다. 하지만 그와 반대로 당신이 남의 도움을 받을 때에는 그가 순수한 마음을 가지고 당신을 도와주는 것이라고 생각하면 안 된다. 열에 아홉은 이미 당신을 쉽게 다루기 위한 덫을 놓았기 때문이다.

172 도움을 줄 때는 우선 안전을 고려해야 한다

위험에서 벗어나기 위해서는 도움을 요청할 사람이 필요하다. 위험한 상황에 처했을 때 당신을 도울 수 있는 사람이 하필 안 좋은 기억 때문에 서로 감정이 개운치 않은 사람뿐이라도 자존심을 버리고 적극적으로 손을 뻗어야 한다.

그러나 반대로 그 사람이 위험에 처했을 때, 당신은 무작정 뛰어들지 말고 신중해야 한다. 왜냐하면 당신이 또다시 위험에 처한다 해도 굳이 그에게 아쉬운 소리를 한 번 더해야 할 확률이 그다지 높지 않기 때문이다. 그리고 다른 사람을 도울 때에는 당신도 그들과 똑같이 위험한 상황에 들어갔다 나와야 한다는 사실을 명심해야 한다.

173 감미로운 말로 상대를 정복하라

날카로운 화살은 사람의 몸을 관통하고, 악독한 말은 사람의 마음을 꿰뚫으며, 달콤한 설탕조각은 맺혔던 울분을 수그러들게 한다.

말로써 자기편을 만들기 위해서는 고도의 기술이 필요하다. 어려움에 처했을 때는 힘을 사용하는 것만이 능사가 아니다. 몇 마디 듣기 좋은 말로도 충분히 어려움을 해결할 수 있다.

달콤한 벌꿀로 당신의 입술을 적셔라. 사람들은 모두 온순하고 달콤한 것을 좋아한다.

174 쓸데없는 농담은 농담답지 않은 말이다

현명함의 관건은 진지한 사고이다. 진지하게 생각하고 말하는 사람은 사람들의 존경을 얻을 수 있지만, 그 반대로 가볍게 농담 따위를 즐기는 사람은 존경과는 거리가 있기 마련이다.

우스갯소리는 사람들의 비웃음거리가 될 뿐, 깊은 인상을 남기기는 어렵다. 아마도 사람들의 눈에 당신은 그저 거짓말을 좋아하는 사람이라고 보일 것이다. 심지어 당신에게 자신의 진지한 속마음을 드러내거나 당신의 말을 믿으려고 하는 사람도 없을 것이다. 그리고 이런 사람들은 당신과 마주하면서 '나, 이 사람한테 속고 있는 거 아냐?'라는 경계를 잠시도 늦추지 않는다.

그렇게 우스갯소리를 너무 자주 한다면 사람들은 당신이 진실을 말할 때와 농담할 때를 구분하지 못하고 언제나 헷갈려 한다. 그러니 이런 상황에서 당신이 하는 말을 모조리 거짓말이라고 받아들이는 것은 당연하다.

쓸데없는 농담은 농담답지 않은 말이다.

우스갯소리를 정말 적절하고 재미있게 하는 사람은 유머러스함 덕분에 명성을 얻지만, 그렇지 못한 사람은 사람들의 손가락질만 받는다. 그렇기 때문에 농담을 할 때는 적절한 시기에 지나치지 않게 하고, 자제해야 할 때는 반드시 자제해야 한다.

175 당신이 원하는 것을 기억시키기보다 완전히 이해하게 하라

기억력은 이해력보다 수명이 짧기 때문에 단순히 기억시키기보다 이해하게 하는 것이 중요하다.

가끔 당신은 다른 사람의 장래를 밝혀줘야 하거나 그를 위해 계획을 세워줘야 할 때가 있을 것이다. 그러나 그런 일을 자주 하다 보면 남에게 끌려 다니기에만 바빠서 당신의 본래 임무는 쉽게 잊어버리고 만다. 그러므로 남을 도와줘야 하는 상황에서도 이해득실을 따져보아야 한다. 시기와 형세를 제대로 판단할 수 있는 예리한 분석력은 성공의 필수요건이다. 만약 당신이 이런 재능과 거리가 멀다면 성공의 기회와도 멀어질 수밖에 없다.

선견지명이 있는 사람에게 당신의 잘못을 지적해달라고 부탁하라. 앞을 내다볼 줄 모르는 사람은 자신보다 앞서 있는 사람의 충고를 들음으로써 지혜를 얻게 된다. 그와 반대 입장에서 당신이 다른 사람의 잘못을 지적해 줄 때는 조심하고 신중해야 한다. 왜냐하면 당신의 충고가 그의 모든 사고를 지배할 수 있기 때문이다.

행여, 당신의 잘못된 충고가 받아들여졌다면 재빨리 당신의 실수를 인정하라. 잘못된 충고가 받아들여졌다는 사실은 그가 당신이 말하고자 하는 의도를 잘못 이해했다는 증거이기 때문이다. 그러므로 타인의 충고를 들을 때 그 사람의 자질이 의심된다면 그의 충고를 귀담아듣지 말아야 한다. 그러나 잘못된 충고를 들었다하더라고 경솔하게 그를 비난하지 말고 대신 침묵으로 거부권을 행사하라. 침묵의 거부권은 신기한 효과를 가져 올 것이다.

만약 상대방이 '안돼'라고 대답한다면 당신은 재빨리 '그래'라는 대답을 들을 수 있도록 머리를 써야 한다.

당신이 원하는 것을 얻지 못하는 이유는 그만큼 전력을 다해서 간절하게 원하지 않았거나 당신이 무엇을 원하는지 정확히 이해시키지 못했기 때문이다.

176 사람들과 잘 지내는 법

사람들과 잘 지내는 법을 알아야 한다. 특히 지도자로서 일을 할 때는 더욱 그러하다.

지도자가 대중과 두터운 관계를 유지한다면 그는 틀림없이 대중의 열렬한 환영을 받을 것이다. 그리고 주위 사람들은 우선 그의 눈에 띄기 위해서 먼저 그에게 관심을 갖고 도움을 주려고 애쓰며 그의 모든 행동에 우호적인 반응을 보일 것이다. 즉, 선행을 베풀기 쉬운 위치는 곧 사람들의 선의를 쉽게 얻을 수 있는 유리한 위치이기도 하다.

어떤 사람은 '절대 부탁하지 않기'를 자기 인생의 굳은 신념으로 삼는다. 하지만 이러한 신념은 다른 사람의 어려움을 덜어주기 위한 배려가 아니라 자기를 곤란하고 어려운 지경에서 헤어나지 못하게 하는 고집스러운 자존심에 불과하다.

177 선물을 받을 때 공손한 예의를 지켜라

선물을 받을 때 공손한 예의를 지켜라. 그러면 사람들은 당신에게 줄 선물을 고를 때 좋은 것을 골라야겠다는 일종의 의무감을 느낄 것이다. 어떤 선물이 좋겠느냐는 질문에 이기적인 사람이 말하는 뻔뻔한 요구와 진실한 사람이 말하는 공손한 부탁은 받아들이는 입장에서 그 느낌이 완전히 다르다.

공손한 예의는 사람 사이의 교류를 더욱 원활하게 한다는 사실을 명심하라. 공손한 예의는 쌍방을 위한 가치 있는 미덕이라고 해도 과언이 아니다.

선물은 당신이 돈을 주고 새로 사는 물건보다 두 배의 가치가 있다. 첫 번째 가치는 물건 본래의 가격이고, 두 번째 가치는 마음을 전하는 선물로서의 가치이다. 그러나 불량배에게 공손한 예의는 상당히 거슬리는 잡음일 뿐이다. 왜냐하면 그들은 기본적으로 사람들 사이에 존재하는 미덕에 대한 인식이 부족하기 때문이다.

178 당신을 존경하는 그들에 대한 자세

당신을 존경하는 사람이 있다면 그 사람을 적절하게 활용하되, 그에게 존경을 강요해서는 안 된다.

상대방에게 미덕을 베푸는 일은 당신의 명성을 퍼지게 하는 효과적인 방법이므로 재덕을 겸비하도록 적극적으로 노력한다면 당신의 명성은 세상에 저절로 퍼질 것이다. 그저 성실함에만 의지하여 소극적으로 때를 기다리기만 한다면 명성은 제 발로 찾아오지 않는다.

중용(中庸)은 삶의 지표로 선택할 수 있는 최고의 도리이다. 한쪽으로 치우치지 않고 균형을 지키는 미덕이야 말로 이상향을 향한 곧고 탄탄한 길이다. 이 길 위에 서기를 원한다면 당신을 존중하는 사람들에게 진심과 겸손으로 대하라.

179 자신이 머무는 자리에서 삶의 가치를 재발견하라

사람들에게 지금 하고 있는 일을 왜 하느냐고 물어보면 대부분의 사람들은 '어쩔 수 없으니까'라고 대답을 한다. 마치 모두들 죽지 못해 사는 것처럼 그 일이 자기의 적성과 적당히 맞아서 한다고 대답하는 사람은 거의 없다.

"왜 이 일을 하십니까?"

"뭐, 먹고 살려면 별 수 있나요?"

이렇게 대부분 자신을 현실의 틀에 맞추고 살면서 그것으로 만족한다고 억지로 인정하고 있는 셈이다.

사람들은 마음에 들지도 않으면서 온갖 이유를 갖다 붙여 꽤 괜찮은 것이라고 합리화하는 신기한 능력을 가지고 있다. 그래서 그렇게 철석같이 믿을 것까지는 없는 일인데도 불구하고 의외로 아주 쉽게 믿어버리곤 한다. 대개 나쁜 꿍꿍이를 가진 사람은 말과 행동이 그럴싸해 보이지만 그것은 사람들의 눈을 속이기 위한 일종의 장치일 뿐이다. 사실, 사람들은 어이없게도 이런 허술한 장치에도 잘 속아 넘어가긴 하지만 말이다. 그러므로 누군가 당신에게 호감을 보일 때는 그 사람이 장차 당신에게 강제로 무언가를 요구할 가능성이 있는지, 또는 나쁜 꿍꿍이를 숨기고 당신을 현혹시키는 것이 아닌지 신중하게 살펴보아야 한다.

미래가 밝은 사람은 넓은 바다를 향해 끊임없이 흘러가는 산기슭의 시냇물처럼 자신이 거쳐야 하는 모든 과정을 담담하게 받아들인다. 그래서 큰 인물은 커다란 우주를 자신의 집처럼 여기고 그 집에 있는 모든 물건을 적어도 한 번씩은 활용해보려고 부지런히 움직인다.

가치 있는 물건은 값비싼 물건이 아니라 두루 쓸모 있는 물건이다. 자고로 큰 인물은 어떤 물건이든 그것에 가장 어울리는 역할을 찾아 의미 있게 활용할 줄 안다. 요컨대, 자신이 있는 자리에서도 충분히 삶의 가치를 발견할 수 있는 사람이 지혜로운 사람이다.

180 타인의 선의를 얻어라

만능 재주꾼이라도 중요한 문제에 대해서는 타인의 선의를 얻고자 한다. 자신의 성과물에 대해서 타인의 호감을 얻어야 비로소 좋은 명성을 얻을 수 있기 때문이다. 어떤 사람은 타인과의 상호 작용을 경시하며 지나치게 자기 자신의 능력만 믿는다. 그러나 지혜로운 사람은 다른 사람의 도움이 필요하다면 기꺼이 도움을 요청하여 자신의 능력을 한 단계 업그레이드시킬 줄 아는 일종의 융통성을 가지고 있다.

타인의 선의는 일을 쉽게 만들고 사소한 결점으로 인해 발생할 수 있는 실수를 상당부분 보완해준다. 결점의 보완기제는 용기, 정직, 지혜, 그리고 성실이다. 이러한 보완기제는 당신의 실수를 덮어주고 당신이 갖고 있는 정신적 기질 이외에 적극성, 믿음 그리고 재능을 더해 줄 수 있다.

타인의 선의를 얻는 것도 중요하지만 무엇보다도 그것을 온전히 유지해야 한다. 그리고 끊임없는 자기 성찰을 통한 반성과 노력을 경주해야 한다.

181 총명한 사람의 호감을 얻어라

총명한 사람이 말하는 깔끔한 한 마디 '좋습니다'는 여러 사람이 내놓은 수많은 의견을 단번에 평정한다. 그러나 많은 사람들의 칭찬은 사람을 자만에 빠뜨린다. 특히 당신보다 나을 것 없는 평범한 사람들의 칭찬에 우쭐해하거나 흔들리지 않도록 주의해야 한다.

어떤 사람은 자신의 고픈 배를 채울 수만 있다면 그 이상 바라는 것도 없고 더욱이 먹는 음식의 질에 대해서는 감히 왈가왈부하지 않는다. 칭찬을 받을 때는 이런 자세가 좋다. 그 자체만을 받아들이고 다른 요소에 대해서는 연연하지 말아야 한다.

한 나라의 국왕 곁에는 국왕의 일거수일투족을 기록하는 신하가 있는데 그는 국왕이 죽고 나면 국왕을 평가하는 글을 남긴다. 그래서 국왕은 자신의 멋진 초상화를 그려주는 화가의 붓보다 언제나 자신을 객관적으로 기술하는 충직한 신하의 붓을 더욱 두려워한다.

총명한 사람의 객관적인 평가는 날카로운 칼보다 예리하며, 그의 칭찬은 당신의 가치를 높여주는 훌륭한 촉매제이다.

182 원칙을 가진 사람의 호감을 얻어라

원칙을 가진 사람의 호감을 얻어라. 그들은 마음에 거리낌이 없어 공정한 태도로 당신을 대할 것이다. 또한 말과 행동이 항상 일치하기 때문에 모든 면에 있어서 떳떳하다. 그들은 현인군자와 함께 도의 경지를 논할지언정, 악랄한 소인배들과 모종의 관계를 맺지 않는다.

소인배가 당신을 상대하는 것은 우정이라 할 수 없다. 그들은 일에 임하는 책임감이 없기 때문에 달면 취하고 쓰면 가차 없이 뱉어버리기 일쑤다.

악랄한 소인배를 멀리하고 원칙 있는 사람과 어울려라. 악랄한 소인배는 신념이 없으므로 기본적인 도덕의식도 갖고 있지 않다.

183 은혜를 베푸는 노하우

솔직히 사람들은 자신의 힘과 시간을 희생하면서까지 다른 사람을 도와줘야 하는 일이 자주 발생하지 않았으면 좋겠다고 생각한다. 그러나 안타깝게도 현실에서 이런 일은 불시에 발생한다.

은혜를 베풀다 보면, 종종 본의 아니게 그가 당신에게 보답할 수 있는 기회를 빼앗게 되는 경우가 있다. 그러나 그것은 하나도 주지 않거나, 모조리 빼앗아버리는 것과 같기 때문에 이왕 당신이 도움을 주었고, 그가 고마움을 느낀다면 작게나마 당신에게 보답하도록 기회를 주는 편이 좋다.

입장을 바꿔서 생각해보라. 만약 당신이 도움을 받고도 그냥 넘어가려든다면 그들은 당신을 비난하면서 다시는 당신과 상종도 하지 않으려고 할 것이다. 그러므로 당신이 베푼 은혜에 대해서도 철저하게 보답을 받고, 반대로 당신이 받은 은혜에 대해서도 반드시 보답하도록 해야 한다. 아니면 차라리 당신이 베푼 은혜가 너무 커서 그들이 감히 보답할 방도를 찾지 못하게 하라. 이는 껄끄러운 계산관계를 아예 확실하게 매듭 지어버리기 때문에 꽤 괜찮은 방법이 될 수 있다. 어쨌거나 그 사람도 이미 원하는 것을 얻었으니 아쉬울 것도 없는 마당에 당신만 개의치 않는다면 문제될 것이 없다.

이처럼 은혜를 베풀고 받는 데에는 사람의 오묘한 심리가 작용한다. 사람은 아주 긴 시간동안 간절히 바라던 선물에서 진정한 기쁨을 얻는다는 사실을 명심하라.

184 도움을 받는 쪽에서 주는 쪽으로 위치를 이동하라

당신이 그동안 주로 도움을 받는 위치였다면, 이제는 도움을 주는 쪽으로 위치를 바꾸도록 하라. 물론 도움의 위치를 바꿀 때도 분명한 책략이 필요하다.

도움을 주고 은혜를 베푸는 일은 그것을 받은 데에 대한 보답보다 더욱 고귀해서 당신의 훌륭한 명성에 빛을 더해 줄 것이다. 당신이 능동적으로 다른 사람을 돕는다면 도움을 받는 사람의 마음속에는 당신에 대한 의무감이 생길 것이다. 이런 의무감은 장차 감사하는 마음으로 눈에 띄지 않는 진화를 한다.

처음에는 당신이 다른 사람에게 빚을 지다가 나중에는 그 사람이 당신에게 빚을 지게끔 만들어라. 이 방법은 의식 있고 지혜로운 사람이 사용하면 상호간에 고마운 감정을 교류하는 일이 되지만 무뢰한들이 사용하면 일종의 제약이 된다.

185 당신을 대할 때 손익을 따지는 사람을 경계하라

신중함은 속임수에 넘어가지 않기 위한 훌륭한 무기이다. 더욱이 세심하고 주도면밀한 상대를 만났다면 더욱 각별히 조심해야 한다.

교활한 사람이 당신에게 늘어놓는 칭찬의 이면에는 당신을 잘 구워삶아서 큰 건수를 올리려는 악랄한 의도가 숨어 있다. 그러므로 먼저 조심하지 않으면 이용당할 수 있다.

186 의를 지켜라

현대사회에 사는 사람은 야만적인 동물이다. 사람들이 자기 자신의 훌륭한 가치를 깨닫지 못하는 이유는 오만하기 그지없는 인간의 자만심이 인간본연의 기질을 변질시키기 때문이다. 성격이 비뚤어지고 난폭하게 행동하며 예의를 잃어가는 모습은 일종의 나쁜 습성이 몸에 배어서 나타나는 일반적인 변화이다. 그러나 이런 사람들은 그저 종이호랑이에 지나지 않다.

종이호랑이는 제 몸도 제대로 가누지 못하기 때문에 항상 긴장상태에 있다. 그래서 자신의 지위를 빼앗길까봐 언제나 불안해하고 자기보다 나은 사람들을 발견하면 갖은 아양을 떨면서 아첨하기에 바쁘다. 하지만 무늬뿐인 종이호랑이가 무서운 이유는, 이런 사람들이 일단 권력을 쥐고 나면 아무런 죄책감도 없이 다른 사람을 위험에 빠뜨리고, 자신의 치욕스러움 따위는 안중에도 없다는 사실이다.

종이호랑이의 지위가 허상이라 할지라도 누군가에게는 닮고 싶은 부러움의 대상일 것이다. 그러나 그들은 볼품없는 기질을 가지고 있기 때문에 금세 존경의 대상에서 제외되고 그나마 그를 추종하던 무리조차 떨어져나가게 할 것이다.

187 대인관계에서 자신을 유리인간으로 만들지 마라

대인관계에서 자신을 '유리인간'으로 만들지 마라. 이것은 친구와의 우정에서도 마찬가지이다. 너무 연약해서 깨지기 쉬운 유리인간은 작은 자극에도 지나치게 예민하게 반응하기 때문에 언제나 불평불만으로 가득하다. 그래서 다른 사람의 기분까지도 덩달아 언짢게 만드는 나쁜 재주를 가지고 있다.

유리인간은 가벼운 농담이든 진지한 대화이든 상관없이 언제나 민감하게 반응하기 때문에 사람들이 항상 일정한 거리를 유지하게 만든다. 뿐만 아니라 아주 사소한 일로도 큰 상처를 입기 때문에 사람들은 감히 그를 믿고 중요한 일을 맡기지 못한다.

이처럼 유리인간은 그와 교류하는 사람을 피곤하게 만든다. 나약함 때문에 항상 긴장하고 자신의 사소한 실수가 그를 분노하게 할까봐 언제나 노심초사하기 때문이다.

즉, 유리인간은 항상 사람들한테서 뚝 떨어져 있으므로 온전한 대인관계를 맺지 못한다. 그렇기 때문에 언제나 이기적으로 행동하고, 알량한 자존심을 맹목적으로 숭배하는 자기 자신의 주인이자 노예이다.

188 리더로서의 기질을 갖춰라

싸움에는 반드시 패자가 있기 마련이다. 패자가 된다는 것은 상당히 괴로운 일이기 때문에 사람들은 언제나 이겨서 상대를 밟고 일어서고 싶어한다. 하지만 실제로 자기보다 우월한 사람을 밟고 올라서는 일은 어렵고도 어리석은 짓이다.

동료들보다 한 걸음 앞서 있는 사람은 그들의 질투와 시샘을 받기 마련이다. 하지만 너무 앞만 보고 달려간 나머지 자기보다 연륜이 있고 경험이 많은 사람까지 무분별하게 추월해버리면 나름대로 자기 능력에 강한 자부심을 가지고 있는 그들에게 괴롭힘을 당해 고초를 겪게 될 것이다. 그래서 지혜로운 사람들은 자신의 장점을 드러낼 때도 아주 사소한 결점 하나를 살짝 들춰 그들을 안심시킨다.

사람들은 성격이 나쁘다는 말에는 별로 신경 쓰지 않으면서 지혜롭지 못하다는 말에는 상당히 민감하다. 지혜로움은 인격의 왕으로서 그룹의 리더가 될 때에도 가장 중요한 요소로 평가받는다.

예를 들어 한 나라의 군왕은 그의 정치적 임무를 빈틈없이 보좌할 적절한 인재를 발굴하고, 그와 함께 후세에 존경받을 수 있는 많은 업적을 쌓는다. 이것은 리더로서 대중에게 그의 지혜로움을 인정받고자 하는 의도이다.

만약 조언자로서 다른 사람에게 충고해줄 수 있는 기회가 온다면 단도직입적으로 모든 것을 말해주지 말고, 그 사람 스스로 무엇인가 찾아봐야겠다는 느낌을 갖도록 이끌어 주는 것이 좋다. 당신은 조언자로서 뒤에서 격려해주어라. 지혜로운 조언자가 곧 지혜로운 리더로 성장할 수 있다.

189 추측의 대가가 되어라

예민한 관찰력과 분명한 판단력을 사용하고자 한다면 먼저 상대방의 겉모습을 꿰뚫어라.

타인을 제대로 이해하기 위해서는 무엇보다도 분명한 판단력이 있어야 한다. 사람의 성품을 파악하기란 사물의 특성을 분석하는 것보다 훨씬 어렵다.

타인을 이해한다는 것은 매우 미묘한 일이다. 금속을 소리로 판별할 수 있듯이 사람의 품성 또한 그 사람의 말과 행동으로 판단할 수가 있다.

말은 성품이 밖으로 표현되는 수단이고, 행동은 성품을 추리하기 위한 단서이다.

타인을 추측하는 과정에서 원하는 바를 다 얻으려면 신중함과 예리한 관찰력, 그리고 현명한 판단력이 반드시 필요하다.

190 완벽한 사람과 겨루지 마라

완벽한 사람과 겨루지 마라. 이것은 불공평한 싸움이기 때문에 한 쪽은 분명 모든 것을 잃는다.

하지만 아무 것도 없는 사람을 만만하게 봐서는 안 된다. 그들은 오히려 완벽한 사람 앞에서 조금도 주눅 들지 않고 대담하게 달려든다. 가진 것이 없어서 더 이상 잃을 것도 없기 때문이다. 그래서 이를 악물고 죽을 각오로 진격한다.

이런 싸움에 끼어들어 당신의 명성을 걸고 도박하지 마라. 훌륭한 명성은 어렵게 얻어지는 것이지만 그만큼 쉽게 잃을 수도 있기 때문이다. 명성을 무너뜨리는 데는 아주 사소한 동기만 있으면 된다. 한순간의 경솔한 선택으로 인해서 당신의 모든 것을 잃을 수 있다는 사실을 꼭 명심하라.

그리고 완벽한 사람에 대한 언급도 신중히 해야 한다. 그를 비방하고 욕하는 한 마디 말을 무심코 내뱉었다가 다시 수습하기에는 그 파장이 너무 크다.

나쁜 말은 좋은 말보다 더 빠른 속도로 퍼지기 때문에 한순간에 당신의 명예가 땅 끝까지 추락할 수도 있다.

현명한 사람은 대인관계에서 발생할 수 있는 일들에 대해 매우 잘 알고 있다. 그래서 자신에게 해를 끼치고 명예를 실추시킬 수 있는 일을 요령껏 잘 피해 간다. 그리고 항상 신중하고 합리적으로 일을 진행한다. 언제든지 일단은 한발 밖으로 물러나서 형세를 파악한 후에 태도를 결정하는 방법으로 자신을 보호한다. 위험에 처했을 때 작은 실수라도 용납하지 말고 지혜롭게 대처해야 한다. 위험한 싸움의 결과는 비록 당신이 승리를 한 것처럼 보이더라도 승자치고는 얻은 것보다 잃은 것이 더 많을 수 있기 때문이다.

191 어리석은 사람과 교류하지 마라

어리석은 사람은 또다른 바보를 알아보지 못한다. 그리고 설사 알아봤다고한들 그에게서 벗어날 방법을 이리저리 고민만 할 뿐, 정작 찾지는 못한다.

어리석은 사람과 형식적인 만남만 갖는 것도 당신에게 위험한 요소를 남길 수 있으므로 그들과 마음을 터놓고 교류하는 것은 상상도 하지 말아야 한다.

물론 어리석은 사람도 교류의 초기단계에서는 기존에 들었던 충고를 염두에 두고 스스로도 각별히 조심할 것이다. 그래서 얼마동안은 자기하고 싶은 대로 멋대로 행동하지 않을 수도 있다. 하지만 얼마 지나지 않아 곧 그 실체가 드러나기 마련이다.

어리석은 사람은 언제나 불길하고 재수 없는 일을 달고 다닌다. 그래서 언제 무슨 불똥이 튈지 모르기 때문에 그 어떤 사람보다도 상대하기가 어렵다. 게다가 그들의 악운은 그들이 만나는 사람에게 즉시 전염되기 때문에 더욱 무섭다. 그렇다고 그들과의 거리를 유지하기도 만만치 않다.

지혜로운 사람은 어리석은 사람에게 얻을 것이 없기 때문에 미련도 없다. 하지만 어리석은 사람은 지혜로운 사람을 자신의 본보기로 삼고 싶어 하기 때문에 그를 항상 쫓아다닌다. 그래서 아무리 부딪히지 않으려고 해도 부딪히는 삐딱한 관계가 지속될 수밖에 없다.

192 인내심으로 참고 기다려라

똑똑한 사람의 가장 큰 결점은 인내심 부족이다. 그들이 인내심이 부족한 이유는 학식이 그들의 인내심을 약화시켰기 때문이다. 그래서 지나치게 똑똑한 사람은 자기 길밖에 몰라서 다른 사람을 배려하고 이해해주는 능력이 부족하기 때문에 사람들의 환심을 사지 못한다.

옛 그리스의 성인(聖人)은 인내하는 법을 아는 일이야말로 생활에서 가장 중요한 준칙을 아는 일이고, 그것이 곧 지혜의 참뜻이라고 사람들에게 설파했다.

타인의 결점을 알고도 그들이 결점을 극복할 때까지 참고 기다리는 일은 굉장한 인내심이 있어야 가능하다. 우리를 괴롭히는 사람은 항상 남에게 의지하는 사람이다. 그들이 혼자 설 수 있을 때까지 기다려주는 인내심을 기르기 위해서는 우리 스스로도 많은 어려움을 극복해야 하기 때문이다.

인내심이 가져다주는 평온은 이루 말할 수 없는 행복을 선사한다. 진정한 평온은 잔잔한 마음의 호수와 같다.

상대방을 이해하고 기다려주지 못하는 사람은 자신에게도 관대할 수 없다.

타인에게 관대할 필요를 느끼지 못하는 당신이라면 세상과 뚝 떨어져 혼자 사는 수밖에 다른 방법이 없다.

193 참다운 지식을 배울 수 있는 사람과 교류하라

우정은 많은 지식을 배우는 학교이고, 대화는 타인의 장점을 배우는 수단이다. 현명한 사람을 스승으로 삼아 학문의 즐거움과 대화의 기쁨을 하나로 일치시켜라.

당신보다 영리한 사람을 친구로 삼아라. 그와 함께 보고 듣는 모든 것은 당신의 견문을 넓혀주기 때문에, 그 지식을 바탕으로 다른 사람과 대화를 한다면 당신도 영리한 사람으로 평가 받을 수 있다.

사람들은 자신의 흥미에 따라 사람을 사귀고, 그들과의 꾸준한 교류를 통해 자신의 흥미를 전문적인 지식 또는 기술로 발전시킨다.

똑똑한 사람이 모두 학자 집안에서 태어나는 것은 아니다.

세상은 노력하는 사람들이 지혜를 발휘하는 무대이지 자신의 배경을 미끼로 해서 온갖 수단을 부려 명예를 추구하는 오만한 자들의 궁전이 아니다.

세상에는 깊은 학문과 곧은 인품으로서 이름을 널리 알리는 사람이 많다. 그들의 공통적인 특징은 솔선수범하여 남에게 선행을 베푼다는 사실이다. 만약에 당신이 이런 사람들과 가까이 지낸다면 당신도 그들처럼 지혜롭고 거대한 뜻을 품은 참된 인간으로 성장할 수 있다.

194 영웅을 너의 좋은 본보기로 삼아라

영웅 중에 가장 마음에 드는 한 명을 선택해서 당신의 본보기로 삼아라. 그리고 그와 경쟁하라. 단순한 모방으로는 그를 뛰어넘을 수 없기 때문이다. 사람들은 자신의 직업세계에서 가장 높은 지위에 올라있는 인물을 자신의 모델로 삼는데, 모델을 정했으면 열심히 노력해서 그를 뛰어넘으려고 해야지, 무조건 따라 해서는 안 된다.

명성을 얻어야만 세상에 우뚝 설 수 있는 자신감도 얻을 수 있다. 명성은 일단 사람들 입에 오르내리기 시작하면 순식간에 사방으로 퍼져나간다는 사실을 명심하고 영웅들을 향한 부러움을 동력으로 삼아 그들을 능가하는 업적을 쌓을 있도록 노력해야 한다.

195 지나친 친근함은 경계하라

특정한 사람과 너무 가깝게 지내거나, 누군가 지나치게 당신과 친한 척 하게 내버려두면 안 된다. 지나친 친근함은 당신의 우수함을 실추시키고 그로 인해 당신의 명성도 영향을 받을 수 있다.

하늘의 수많은 별들이 한결같이 빛나는 이유는 사람들과의 지나친 마찰이 없기 때문이다. 신성한 것은 존엄함으로써 보호받지만, 너무 친근한 것은 자칫 그것이 업신여겨지는 결과를 초래한다.

사람들도 낯선 관계에서는 자신을 잘 포장하지만, 일단 친해지고 나면 자신도 모르게 결점을 드러내게 된다. 만약 감추고 싶었던 결점이 드러날 것 같은 위기의 상황이라면 입을 다물고 말하지 않는 편이 가장 안전하다.

어떤 사람과도 너무 가깝게 지내지 마라. 만약에 직장에서 상사를 가까이하면 위험률이 높아지고, 아랫사람과 가까이하면 당신의 존엄성을 잃기 쉽다.

196 먼저 나서서 설명하지 마라

굳이 당신에게 설명을 바라지 않는 사람에게 나서서 이야기해주지 마라. 설사 누군가가 당신에게 설명을 바란다 해도 바보처럼 모든 것을 말해줄 필요는 없다. 그렇게 일일이 설명을 하고 돌아다니면 결국 당신만 피곤해진다는 사실을 명심하라.

타인을 이해시키기 위해서 지나치게 노력을 기울이게 되면 당신의 건강을 해치고 결과적으로 그로 인해 병을 얻을 수도 있다. 게다가 질문을 받기도 전에 미리 변명이나 핑계를 댄다면 오히려 사람들의 의심을 자극한다.

현명한 사람은 타인의 의심스러운 눈초리에도 꼼짝하지 않는다. 그것에 휘말리면 고달파진다는 사실을 알고 있기 때문이다. 대인관계에서는 한결같이 당당한 자세를 유지해야 한다.

197 소문의 씨앗을 뿌리지 마라

관중은 악의가 가득한 눈과 가벼운 혀를 가지고 있는 머리 많은 괴물이다. 나쁜 소문은 훌륭한 명성을 단숨에 죽이는 강한 독극물이다. 나쁜 소문이 마치 오랫동안 따라다니는 별명처럼 당신에게 딱 붙어 떨어지지 않는다면 당신의 명성은 더 이상 존재할 명분을 잃게 된다.

나쁜 소문이 생겨나게 되는 이유는 당신에게 악의를 가진 그 누군가가 작정을 하고 당신의 천성적인 결점을 찾아, 그것을 물고 늘어지기 때문이다. 좋은 일은 대문 밖을 나가지 않고, 나쁜 일은 천리 밖까지 퍼진다고 했다. 특히 비열하고 치욕스러운 입소문은 매우 빠르게 퍼져나가기 때문에 당신의 경쟁자는 승리를 위해서라면 소문을 만들어내는 수고쯤이야 기꺼이 감내하고 그것을 퍼뜨리기 위해 주위 사람들을 십분 이용하려 들 것이다.

지혜롭고 신중한 사람은 헛소문 때문에 받는 공격을 현명하게 막아내고 자신의 말과 행동을 각별히 조심한다. 병을 한 번 예방하는 것이 백 번 치료하는 것보다 낫기 때문이다.

198 관계를 매듭지을 때는 반드시 신중해야 한다

위선적인 사람은 당신에게 상처를 받더라도 분노를 드러내지 않고 당신에게 복수할 기회만 기다리고 있다.

사람들이 당신의 영원한 적이 될지언정 영원한 스승, 친구가 되리라는 기대는 버려라.

가장 무서운 적은 당신을 떠나간 친구이다. 그들은 자신의 실수에 대해서는 관대하지만 다른 사람의 실수는 절대 용납하지 않는다. 누군가가 당신이 친구와 절교하는 모습을 보면, 그들은 자신의 주관에 따라 짐작하고 판단할 것이다. 그들은 우정을 그렇게 쉽게 끊을 수 있느냐고 비난하겠지만, 결국에는 그들도 똑같은 상황에 처할 수 있다.

절교해야겠다고 결심을 하더라도 그 사람과의 관계를 갑자기 매듭짓지 말고, 시간을 두고 차근차근히 감정을 정리해야 한다.

제3장

늙은 여우가
'번뜩이는 지혜'를 말하다

Ⅰ. 생활의 지혜

"지기지피(知己知彼)면 백전불태(百戰不殆)" 자신을 잘 알고 상대를 제대로 이해해야 이길 수 있다. 그렇다면 당신은 '상대'라는 것이 과연 몇 가지 종류인지 생각해보았는가?

199 손빈이 만두를 먹다

귀곡자(鬼谷子)가 제자인 손빈(孫臏)과 방연(龐涓)에게 먹을 것을 내어주며 말했다.

"오늘은 누가 만두를 많이 먹는지 한번 시합해 보아라."

시합의 규칙은 간단했다. 만두를 한번에 두 개까지만 먹을 수 있고 먼저 먹은 것을 다 삼켜야 또 먹을 수 있다는 것이었다. 방연은 사부가 찜통 뚜껑을 열기를 기다렸다가 재빨리 먼저 만두 두 개를 집어먹었다. 찜통 안에 만두가 세 개만 남자 손빈은 그 중에서 한 개만 집어 먹었다. 그러자 방연이 피식 웃으며 말했다.

"후훗! 손형, 내가 이겼군."

그러나 막상 시합의 결과는 손빈의 승리였다.

사실 방연이 웃느라 만두 반쪽을 먹을 동안 손빈은 집었던 만두 한

개를 먼저 다 먹어치웠던 것이다.

"사형, 내가 이겼네!"

손빈이 마지막 남은 만두 두 개를 집으면서 방연에게 말했다. 손빈은 이렇게 사부의 규칙에 따라서 시합에서 이기게 되었다.

여우의 지혜 빠른 두뇌회전이 날렵한 손놀림보다 낫다.

200 서문장이 국수를 나르다

서문장(徐文長)은 어렸을 때부터 착하고 영리하다고 소문이 자자했다. 하지만 간혹 어떤 사람들은 그가 과연 난처한 상황과 맞닥뜨렸을 때도 잘 해결할 수 있을지 의심했다.

어느 날 서문장이 국수를 먹으러 작은 식당에 갔다.

마침 직원이 손님들에게 차례차례 국수를 날라주고 있었는데 서문장의 차례가 되었는데도 직원은 젓가락 두 짝만 던져주고 갈 뿐 국수는 갖다 주지 않았다. 기분이 상한 서문장이 국수를 갖다달라고 했지만 직원은 직접 가져다 먹으라는 말만 되풀이할 뿐이었다.

서문장은 할 수 없이 직접 주방으로 들어갔다. 주방 탁자 위에는 국물까지 찰랑찰랑 가득 담겨있는 따끈따끈한 국수 한 그릇이 놓여있었다.

"이봐, 서문장! 내 친히 자네에게는 특별한 재료를 추가해 주었네! 자, 그릇에 가득 담았으니 자리로 가져가서 먹게나! 자네 같은 천재가 초라하게 주방에서 음식을 먹는다는 건 말이 안 되지. 자, 어서 들고 나가게,

어서!"

　서문장은 어이가 없었다. 직원이 서문장에게 직접 음식을 갖다 먹으라기에 주방에 들어갔더니 이번엔 주방장이 뜨거운 국물이 가득 담겨있는 그릇을 들고 나가라고 하다니…… 서문장은 그제야 식당 사람들이 일부러 자기를 골탕 먹이고 있다는 사실을 알아차렸다. 하지만 배가 고팠던 서문장은 당황하고 기분도 나빴지만 그런 내색을 보이지 않은 채 의연하게 국수를 날랐다. 사람들이 그의 행동을 주시하는 가운데 그는 뜨거운 탕을 주방에서 가져오면서도 뜨거운 그릇에 손을 데이거나 국물 한 방울 흘리지 않고 온전히 탁자에 앉아 국수를 먹었다.

여우의 지혜 냉철한 이성(理性)도 미각의 유혹을 저버리지 못한다. 단, 유혹에 넘어가는 순간에도 의연한 태도를 잃지 마라.

201 이상한 코 담배통

　옛날 북경(北京) 종문문(宗文門) 밖에 있는 큰 찻집에는 매일 아침 골동품상들이 모여 함께 차를 마시면서 서로 물건을 흥정했다.
　그 중에 '독수리 눈'이라고 불리는 상인이 있었는데 그는 한 달 내내 매일같이 이곳에 와서 차를 마셨다. 그리고 '독수리 눈' 정면에 앉아있는 뚱보도 하루도 빠짐없이 이곳에 왔다. 그런데 '독수리 눈'의 시력은 과연 독수리처럼 예리했다. 그는 뚱보가 쥐고 있는 코 담배통을 주의 깊게 보았다. 보아하니 뚱보가 들고 있는 코 담배통은 흔하지 않은 것이었다. 코 담배통에 작은 달이 새겨 있었는데 꼭 살아있는 것같이 매일 모양이 변하는 것처럼 보였다. 처음에는 날이 갈수록 달이 조금씩 커지더니 보름이 되었을 때는 둥글게 변했고 보름이 넘어가니 다시 서서히 작아졌다.

'독수리 눈'은 속으로 생각했다.

'이건 분명히 보통 물건이 아니야. 일단 사두었다가 다시 팔면 큰돈을 챙길 수 있겠어.'

'독수리 눈'은 뚱보를 찾아가서 금을 줄 테니 코 담배통을 자기에게 팔라고 했다. 그와 같이 갔던 사람들은 의아해하면서 '독수리 눈'을 이해하지 못했다.

"이봐, 뭐 하러 이따위 장난감에 많은 돈을 쓰는 게야?"

'독수리 눈'이 알 수 없는 웃음을 지으며 대답했다.

"후훗, 자네들은 뚱보하고 그렇게 오랫동안 차를 마셨으면서도 이것 하나 눈치 채지 못했나? 이 코 담배통은 말이지, 아주 귀중한 보물이라네. 여기에 있는 작은 달이 날짜에 따라서 커졌다 작아졌다 한다네. 이런 진귀한 물건이 아니면 내가 그런 큰돈을 써가면서까지 사려고 했겠나?"

사람들은 그제야 고개를 끄덕였다. 그런데 코 담배통이 '독수리 눈' 손에 들어온 후에는 이상하게도 뚱보가 가지고 있을 때랑 달리 보름이 지나도록 달 모양이 변하지 않았다. '독수리 눈'은 서둘러 뚱보에게 이유를 물었다. 그리고 그 이유를 듣자 '독수리 눈'은 어이가 없었다.

'독수리 눈'이 물었다.

"이봐, 뚱보 코 담배통에 새겨 있는 달이 자네 손에 있을 때는 커졌다 작아졌다 하더니 왜 내 손에 들어와서는 조금도 변하지 않는 거요?"

그러자 뚱보가 웃으며 대답했다.

"하하하! 자네는 달 모양이 날짜에 따라서 변한다고 생각했구려! 그런데 이를 어쩌나? 자네가 사간 코 담배통은 원래부터 그렇게 변하는 게 아니었어. 우리 집에 있는 코 담배통에는 전부 다른 달 모양이 새겨져 있거든! 그런데 그게 전부 서른 개라네! 하하하!"

여우의 지혜 예리한 사람도 종종 단순한 잔꾀에 넘어간다. 긴장을 늦추지 말고 상대의 저의를 파악해라.

202 총명한 어린 여자아이

어느 깊은 밤 복면을 쓴 강도들이 부유한 가정집에 들어가 주인부부를 침대에서 끌어냈다. 부부는 놀라서 온 몸을 부들부들 떨었고 강도들은 날카로운 칼을 주인의 목에 들이대며 이렇게 말했다.

"빨리! 금고열쇠를 내놔!"

칼날은 번쩍번쩍 싸늘한 죽음의 빛을 내고 있었다. 주인부부는 아무런 반항도 못하고 벌벌 떨며 화장대에 있는 열쇠꾸러미를 꺼내주었다. 강도들은 재빨리 침실과 거실, 그리고 서재 등 각 방에 흩어져서 샅샅이 뒤지기 시작했다. 순식간에 모든 것이 엉망진창이 되었다.

이 광경을 지켜 본 여자아이는 순간적으로 무언가를 생각해내더니 두려움에 가득 찬 눈빛으로 보초를 서고 있는 강도에게 엉엉 울면서 말했다.

"아저씨, 추워 죽겠어요. 주방에 가서 따뜻하게 불 좀 쬐면 안돼요?"

강도가 여자아이를 쳐다보았다. 보아하니 소녀는 열 살도 채 안 돼 보였다.

'뭐, 문 밖으로 나가겠다는 것도 아닌데……'

강도는 이렇게 생각하고는 성가셔하며 말했다.

"그래, 얼른 갔다 와!"

그리고 잠시 후, 강도들이 잡혔다.

실상은 이랬다. 주방으로 간 소녀는 문을 닫고 등불을 켠 다음, 난로 안에 볏짚을 밀어 넣고 불을 피웠다. 그리고는 창문을 열고 뛰어넘어서 뒤뜰로 뛰어갔다. 물론 창문은 다시 닫아두고 말이다.

한편 보초를 서고 있던 강도는 주방 앞으로 와서 문틈으로 여자아이가 무엇을 하고 있는지 엿보았다. 주방 안에는 등불이 켜 있고, 난로에서는 붉은 빛이 나오고 있었다.

'음, 불을 쬐고 있는 게 확실하군.'

강도는 다시 거실로 와서 보초를 섰다. 그 사이 여자아이는 뒤뜰로 나와서 근처에 있는 볏짚을 모조리 쌓아놓고 불을 지폈다. 그러자 불씨는 활활 타올랐고 마침 불어오는 바람을 타고 점점 세게 번졌다. 그러자 뒤뜰의 하늘은 금세 빨갛게 물들어 갔다. 불이 점점 세게 달아오르자 마을 사람들이 하나 둘씩 잠에서 깨어났다. 그리고 물통을 하나씩 손에 들고 순식간에 그 집 앞에 모였다.

물건을 훔치던 강도들은 집 밖에서 나는 시끌시끌한 소리를 듣고 잔뜩 겁을 먹었다. 도망가고 싶었지만 이미 밖에는 사람들이 우글대고 있었다. 모든 것은 끝이 났다. 그렇게 강도들은 마을 사람들에게 잡히고 말았던 것이다.

여우의 지혜 힘이 약한 사람은 다른 사람의 힘을 빌리거나, 더 나은 힘을 만들어 내는 데에 능숙하다.

203 유태인 소년의 거래

교회학교 저학년 반에서 수녀 선생님이 한손에 번쩍번쩍 빛나는 은화를 쥐고 아이들에게 말했다.

"세상에서 가장 위대한 사람이 누굴까요? 제일 먼저 말하는 사람에게 이 은화를 주겠어요."

"미켈란젤로예요?"

이탈리아 남자아이가 물었다.

"아니에요. 미켈란젤로는 훌륭한 예술가이지만, 제일 위대한 사람은 아니에요."

수녀가 대답했다.

"아리스토텔레스?"

그리스 여자아이가 말했다.

"아니에요, 아리스토텔레스는 위대한 사상가이자 논리학의 아버지이지만, 제일 위대한 사람은 아니에요."

또 몇 명의 아이들이 대답했지만 모두 틀렸다. 마침내 유태인 남자아이가 손을 들더니 말했다.

"난 누군지 알아요. 예수그리스도예요."

"맞았어요!"

수녀가 기뻐하며 은화를 주었다. 그런데 수녀는 이 유태인 소년의 대답이 조금 의아했다. 그래서 쉬는 시간에 소년을 불러 물었다.

"란센, 너는 정말 예수그리스도가 제일 위대한 사람이라고 믿니?"

"당연히 아니죠. 모세가 가장 위대한 사람이라는 건 유태인 모두가 알고 있어요. 하지만 수녀님 마음속에 가장 위대한 사람은 예수그리스도죠. 난 그걸 알았거든요. 그래서 수녀님과 거래를 한 거예요."

유태인 소년은 신앙과 거래가 완전히 다른 개념이라는 사실을 알고 있었다. 그리고 거래를 위해서는 일시적으로 무언가를 포기해야 한다는 사실도 알았던 것이다. 그 덕에 소년은 은화도 얻고, 마음속의 신앙도 지켜낼 수 있었다.

여우의 지혜 언어는 귀를 통하지만 그 원칙은 마음에 있다. 이따금 마음과 다르게 말하는 것은 일종의 임기응변적인 책략이다.

204 손빈, 제왕을 좌지우지하다

손빈이 위(魏)나라에서 제(齊)나라로 왔다. 제위왕(齊威王)은 일찍이 전기 장군으로부터 손빈이 병법에 능하다는 사실을 전해들은 터라 그를 더욱 환영했다.

손빈은 지혜롭고 재치 만점의 인재라고 평판이 나 있었다. 이에 생전 자신보다 나은 누군가에게 가르침이라는 것을 받아 본 적이 없던 제위왕은 기회가 있으면 꼭 손빈을 시험해보고 싶었다.

어느 날 제위왕은 전기(田記)장군과 기타 다른 신하들의 호위를 받으며 손빈과 함께 산기슭으로 갔다.

제위왕이 주위 사람들에게 말했다.

"자네들 중 누가 짐을 이 산꼭대기까지 직접 걸어 올라가게 할 수 있는가?"

제위왕이 갑자기 뜬금없는 문제를 내자 잠시 후 전기가 말했다.

"지금 온 산은 단풍이 들었기 때문에 몹시 건조합니다. 주변에 큰불을 내면 폐하께서는 산 위로 올라가실 겁니다."

"불을 이용하는 방법이로군. 그것도 한 방법이 될 수 있으나 참으로 어리석은 짓이구려."

"그럼 물을 써보는 겁니다."

다른 신하가 말하자 제위왕은 고개를 저으며 아무 말도 하지 않았다.

'참나, 외적들이 쳐들어온다고 해도 주위에 산이 이렇게 둘러싸여 있어서 걱정할 게 없는데 뭘 또 산에 올라가고 말고 한담?'

한 신하는 감히 입 밖으로 꺼내지 못하고 마음속으로만 이렇게 구시렁거렸다. 모두들 온갖 방법을 골똘히 생각해보았지만 아무도 왕을 산꼭대기로 걸어 올라가게 할 뾰족한 수를 찾지 못했다. 이때 제위왕이 줄곧 잠자코 있던 손빈에게 물었다.

"무슨 방법이 없겠느냐?"

지혜로운 손빈은 잠시 침묵하더니 상당히 멋쩍어하며 말했다.

"폐하, 저는 폐하를 산기슭에서 저 꼭대기까지 걸어 올라가시게 할 방법이 없습니다. 하지만, 지금은 일단 산 위로 올라가셔야 합니다."

"무슨 일인가?"

"올라가보시면 압니다."

그러자 제위왕은 전기 장군과 신하들에게 빼곡히 둘러싸여 산꼭대기로 올라갔다. 제위왕이 걸으면서 중얼거렸다.

"손빈은 무슨 방법을 쓰려는 거지?"

그리고 다른 사람들도 모두 궁금했다.

'손빈이 정말 무슨 묘책이라도 부리려나?'

산꼭대기에 이르자 손빈이 예의를 갖춰 제위왕에게 말했다.

"폐하, 소인의 무례함을 용서해 주십시오. 이미 폐하께서 산꼭대기에 올라오셨습니다."

그제야 사람들은 손빈의 묘책을 알아차렸다.

여우의 지혜 생각을 바꾸면 길이 열린다.

205 정위가 신하에게 놀림 당하다

북송(北宋)의 진종(眞宗) 때에 있었던 일이다. 항상 제멋대로 날뛰고 독단적으로 행동하는 정위(丁謂)라는 인물이 있었다. 그는 언제나 권력을 악용해서 기만적인 수법으로 사람들을 속였고, 하물며 같은 관청에서 일하는 동료까지 이간질하여 관직에서 물러나도록 왕에게 수없이 상소문을 올렸다.

당연히 조종의 관리들은 정위에게 불만을 가지고 있었다. 그러나 오로지 왕증(王曾)만은 그를 고분고분히 대해줬고 정위도 이런 왕증에게는 별로 나쁜 감정이 없었다. 왜냐하면 왕증은 여태껏 정위의 의견에 토를 달거나 불편한 심기를 드러낸 적이 없기 때문이다.

어느 날 왕증이 정위를 찾아가 진지하게 말했다.

"나는 아들이 없어서 늙고 나니 참으로 외롭구나. 조카를 양자로 삼아서 대를 잇게 하고 싶네만 양자를 들이는 일은 왕의 허락을 받아야 하지 않나. 왕께서 입양을 금지하고 계시니 쉽지 않은 일이야. 그렇다고 왕위에서 물러나실 때까지 무작정 기다릴 수도 없고……. 그래서 말인데 자네가 나를 좀 도와줄 수 없겠나?"

정위는 왕증의 이야기를 듣고 나서 '정말 간단한 문제인데'라고 생각했다.

"참으로 별일도 아닌 일 가지고 너무 신경 쓰는군요. 그냥 왕한테 한 판 붙자고 하시죠."

정위는 그저 아무 생각 없이 입에서 나오는 대로 말하고 돌아 나오는데 문득 후회가 됐다. 그러나 때는 이미 늦어버렸다. 왕증은 이미 왕을 만나러 갔고 그의 손에는 수많은 동료들의 서명이 있는 문서가 들려 있었다. 그리고 왕증은 정위의 일거수일투족이 적혀 있는 문서를 왕에게 제출하였다.

여우의 지혜 총명한 위장은 승리의 진귀한 도구이다.

206 술에 취한 왕희지

중국 동진(東晉)시기에 왕희지(王羲之)라는 유명한 서예가가 있었다. 그는 일곱 살 때부터 글쓰기를 연마했고 사람들에게 '신동'이라 불렸다.

조정의 실세인 왕돈(王敦)이라는 장군은 자주 왕희지를 군장으로 불러 글 쓰는 모습을 보여 달라고 했다. 이따금 늦은 날에는 자기 처소에서 자고 가라고도 했다.

그러던 어느 날, 왕돈의 처소에서 잠을 자고 있던 왕희지는 사람들의 대화소리에 잠을 깼다. 무슨 말을 하는지 자세히 들어보니 왕대와 그의 무사, 전봉(錢鳳)이 역모를 하고 있었다. 그들은 정신없이 대화를 나누느라 처소에서 자고 있는 왕희지를 미처 생각하지 못한 것이다.

이야기의 내용을 듣고 왕희지는 크게 놀라며 스스로 진정하려고 애썼다.

'만약에 내가 여기에서 자고 있다는 걸 생각해낸다면 분명 날 죽이려 들 테지? 이 난관을 어떻게 빠져나가야 하나?'

마침내 왕희지는 좋은 방법이 떠올랐다. 마침 술을 마시고 잠을 잔 것이었기 때문에 아예 술에 취해 완전히 뻗어버린 척하면서 침대 위에 토를 했다. 그리고 얼굴에 토를 묻히고 가볍게 코를 골았다. 마치 잠에 푹 빠진 사람처럼 말이다.

왕대와 전봉은 밀담을 나눈 지 꽤 시간이 지났을 때에야 문득 왕희지가 떠올랐다. 가슴이 철렁 내려앉고 얼굴은 시퍼렇게 질렸다.

흉악한 전봉이 모질게 말했다.

"이 놈을 없애지 않으면 우리는 둘 다 죽음을 면치 못할 겁니다."

두 사람은 날카로운 칼을 손에 쥐고 침대의 커튼을 쳤다. 그리고 칼로 내리치려고 하는데 왕희지가 잠꼬대를 하며 뒤척이자 잠시 멈칫했다. 그리고 보니 침대 위에는 토가 흥건했고 곧바로 지독하고 역겨운 냄새가 온 방에 퍼졌다. 그 냄새가 너무 지독해 왕대와 전봉의 정신이 몽롱해져서 잠시 정신을 놓을 정도였다. 왕대와 전봉은 그제야 왕희지가 완전히 술에 취해 깊은 잠에 빠져있다는 것을 확인하고 그를 해치지 않았다.

다행히도 왕희지는 적절한 속임수를 쓴 덕에 뜻밖의 무시무시한 상황을 피할 수 있었다.

갑작스레 놀란 상황에서는 침착한 사람만이 전화위복의 묘책을 찾을 수 있다.

여우의 지혜 하나, 다른 사람의 비밀을 알면 그 사람의 끔찍한 원수가 될 수 있다. 둘, 다른 사람의 은밀하고 사적인 정보를 알았다고 해도 아무렇지 않은 듯 태연해야 한다. 괜히 경솔하게 행동했다가는 상대방의 경계 대상이 될 수 있기 때문이다.

207 무측천이 죽었다 살아난 지혜

중국 역사상 유일한 여황제인 무측천(武則天)은 원래 당태종(唐太宗)이 관리하던 궁중의 관비였는데 태종의 총애를 한 몸에 받았다.

어느 날, 당태종은 불노장생을 위하여 약을 지어먹었는데 그만 금석

단약(金石丹藥)을 잘못 먹어 병이 나고 말았다. 병상에서도 제대로 힘을 가누지 못하게 된 태종은 그가 살 수 있는 날이 얼마 남지 않았다는 사실을 알았다.

태종은 미모와 재능을 겸비한 무미랑(武媚娘, 무측천의 애칭-역주)을 두고 떠나야 한다는 사실이 못내 안타까워서 무미랑과 같이 묻히고 싶다는 생각을 했다.

그러던 어느 날, 무미랑과 태종의 큰아들, 이치(李治)가 태종을 보살피며 약을 먹이고 있을 때였다. 태종은 갑자기 울면서 무미랑에게 이렇게 말했다.

"사랑하는 미랑아, 너는 짐이 왜 우는지 아느냐? 미랑이 네가 짐을 이토록 지극히 보살펴주니 갑자기 고대 황제의 장례법…… 콜록콜록!"

태종은 말을 시작할 때부터 마칠 때까지 연거푸 기침을 해댔다. 그러자 총명한 무미랑은 재빨리 태종의 말을 끊었다.

"폐하, 안심하고 마음을 편히 가지세요! 소녀, 폐하의 뜻을 알겠습니다. 저는 단지 왕께서 심려하시는 부분이 많아서 걱정입니다. 정말 폐하의 어진 인덕은 태양이 비추는 대지의 크기와 다를 바 없습니다. 옛말에 '큰 덕을 지닌 사람은 반드시 장수한다'는 말이 있습니다. 폐하의 옥체는 지금 대수롭지 않은 병에 약해지신 것이니 곧 회복하실 수 있을 겁니다. 소녀는 평생 폐하께서 소녀를 내치지 않으실 거라고 믿습니다. 그러나 소녀는 이미 비구니가 되기로 결심했사옵니다. 한평생 불경을 읽으면서 폐하의 불노장생을 빌겠습니다."

곁에 있던 이치도 말했다.

"소자 아바마마께 아뢰오니, 무미랑의 뜻을 헤아려 비구니가 되도록 허락해주십시오."

만약 무미랑의 간청을 허락한다면 태종은 평생 그녀를 보지 못하기 때문에 비구니가 돼라말라는 말은커녕 '같이 묻어 달라'는 말도 꺼낼 수 없었다. 무미랑은 제때 결단을 내리고 뛰어난 말솜씨로 교묘하게 상황을 바꿔 자신의 목숨을 구했다.

여우의 지혜 명석한 무측천은 배가 물에 흘러가는 듯이 자연스러운 기회를 틈타 달콤한 말솜씨로 당태종의 입을 막아버렸다. 머리를 깎고 비구니가 되어 세상을 멀리하겠다는 말은 당태종의 "같이 묻어 달라"는 요구를 꺾었다. 위험과 재난이 닥치지 않았을 때, 음모를 꾸미는 단계에서부터 위험의 싹을 잘라버려야 한다.

208 재상이 은혜를 베풀다

명(明)나라 재상 엄눌(嚴訥)은 학문이 뛰어나고 지혜로우며 백성의 고통까지 세세하게 돌보는 훌륭한 인물이었다.

어느 해엔가 엄눌은 자신의 고향에 넓은 새 학당을 지어야겠다고 결심했다. 이 소식을 전해들은 고향사람들은 떨 듯이 기뻐하며 서로서로 소식을 전했다. 그러나 학당을 지을 땅에 낡고 망가진 민가 한 채가 제때 이사를 가지 않아 공사를 방해하고 있었다.

그 집에는 직접 만든 두부, 그리고 담배와 술을 파는 장사꾼부부가 살고 있었는데 건물을 짓는 관리자가 찾아가 높은 가격을 쳐줄 테니 땅을 팔라고 했지만 번번이 거절당했다.

"이 집은 조상 대대로 물려 내려오는 내 유일한 재산이라오. 그러니 절대 우리 손으로 팔아버릴 수 없소. 물론 사람들이야 비웃고 손가락질을 하겠지요. 하지만 아무리 높은 가격을 쳐준다고 해도 팔지 않을 것이니 그리 아시오!"

그 뒤로도 또 많은 사람들이 번갈아가며 이 장사꾼을 설득했지만, 그 어떠한 말도 이 고집스러운 사람의 귀에는 먹혀들지가 않았다.

관리인이 상황을 엄눌에게 보고하자 그가 이렇게 말했다.

"그렇게 조급해할 것 없네. 우선 그 땅을 피해 건물을 짓도록 하게."

일단 공사를 시작하자 엄눌이 관리인을 은밀히 불러서 특별지시를 내렸다.

"절대 그 장사꾼부부를 귀찮게 하지 말게. 그리고 공사할 때는 인부들에게 두부와 술을 사서 먹이도록 하게. 인부들의 음식은 다른 데서 사지 말고 항상 그 장사꾼에게서 사야 해. 그가 얼마를 요구하든 달라는 대로 주고 절대로 깍지 말게나. 아, 그리고 무조건 선불로 계산하게."

사람들은 재상이 도대체 무슨 의도로 그런 지시를 하는지에 대해 의견이 분분했다.

"엄눌도 별 수 없나봐. 달리 어떻게 해야 할지 모르니까 두부나 팔아주면서 달래려는 거 아닐까?"

관리인은 엄눌이 말한 대로 먹고 마실 때 쓰는 그릇도 전부 그 장사꾼부부에게서 샀다. 장사꾼부부는 갑자기 매상이 올라가자 기분이 좋았지만 겉으로는 내색하지 않고 열심히 일만 하는 척했다.

사실 장사 일이 너무 바빠서 얼른 도와줄 사람을 하나 구해야 했는데 건물을 짓는 인부들이 하나 둘 와서는 그들을 도와주었다. 그러자 장사는 더욱 잘됐고 두부와 술을 팔아 버는 돈도 점점 많아졌다. 살림이 넉넉해진 장사꾼부부는 집안에 새 가구를 들여놓았다. 물론 살림살이도 전보다 훨씬 많아졌다. 덕분에 안 그래도 알뜰한 장사꾼은 창고에 쌀과 콩을 가득 저장해둘 수 있었다.

그러던 어느 날, 장사꾼부부는 방이 좁고 후졌다고 불평을 하기 시작했다.

"다행히 이사하지 않은 덕에 돈을 많이 벌었어."

남편이 운을 떼자 아내가 이렇게 제안했다.

"여보, 재상에게 우리 집을 기부하겠다는 계약서를 써줍시다. 그럼 또 알아요? 우리한테 또 뭔가 좋은 제안을 할지……"

그들은 관리인에게 집을 기부하겠다는 뜻을 알렸다. 관리인도 즉시 엄눌에게 보고했고 엄눌은 이렇게 지시했다.

"절대 공짜로 그의 집을 얻어내서는 안 되네. 근처에 좋은 집을 한 채 구해서 그들의 집과 바꿔주게. 그리고 새로운 집은 반드시 그들의 원래 집보다 훨씬 좋아야 하네."

즉시 관리인은 장사꾼부부에게 적당한 집을 찾아주었고 그들은 굉장히 기뻐하며 얼른 새집으로 이사했다.

여우의 지혜 '일보 후퇴 이보 전진'--사람에게 은혜를 베풀면 자신에게도 분명히 이익이 돌아온다.

209 기묘한 성장약

예전에 어느 국왕이 딸을 얻자 금이야 옥이야 하며 딸을 굉장히 아끼고 예뻐했다.

그런데 국왕은 딸이 다른 또래들보다 성장이 느린 것을 알고 사람을 보내 이 방면에 유능한 의사를 찾아오라고 지시했다.

"우리 공주에게 키가 금방 크는 약을 지어주게. 효과만 있다면 내 섭섭하지 않게 보상할 것이나 아무 효능이 없을 시에는 그 죄 값을 단단히 치를 것이니 각오하라."

국왕의 말을 들은 의사는 신중하게 생각하더니 이렇게 말했다.

"그런 약이 있긴 있었는데 지금은 다 써버리고 없습니다. 폐하께서 꼭 필요하시다면 속히 구하러 가겠습니다. 하지만 이 약을 사용할 때 꼭 지켜야 할 조건이 있습니다. 제가 약을 찾으러 가는 동안 폐하께서는 공주와 떨어져 계셔야 합니다. 오랜 시간 못 보셔도 괜찮겠습니까? 그렇지 않으면 공주는 약을 먹고도 효과를 보지 못할 것입니다."

국왕은 딸과 떨어지기 싫었지만 공주의 빠른 성장을 위해서 마지못해 응했다.

의사는 먼 곳으로 약을 찾으러 갔고 그 후로 꽤 오랜 시간이 지났다. 의사가 돌아와 공주에게 약 한 재를 지어주었고 공주가 약을 다 먹자 그녀를 데리고 국왕을 만나러 갔다.

국왕은 공주를 보자마자 앞으로 달려가 공주의 손을 잡고 머리끝부터 발끝까지 훑어보고 좋아서 입을 다물지 못했다.

국왕은 의사를 제대로 칭찬할 겨를도 없이 그에게 많은 금은보화를 하사했다.

사실 세상 어디에도 먹자마자 키가 크는 약 따위는 존재하지 않는다. 그런데 이상하게도 의사는 공주에게 약을 먹였고 공주는 키가 컸다. 어떻게 이런 일이 발생할 수 있었을까?

그것은 의사가 약을 구해오는 데 꼬박 12년이 걸렸기 때문이다. 국왕은 12년 동안 공주를 만나지 못했고 그렇게 오랜 시간이 흐르는 동안 공주는 성장하지 않으려고 해도 성장할 수밖에 없었던 것이다.

여우의 지혜 시간은 어려움을 해결해 준다. 어떻게 해야 할지 막막할 때는 그저 시간에 맡겨두고 기다리는 것도 좋은 방법이다.

210 라퐁텐의 책략

프랑스 고전주의 시인인 라퐁텐(Henri-Marie Lafontaine)은 소문난 미식가였는데, 특히 감자를 무척이나 좋아했다.

어느 날, 그의 하인이 그에게 방금 솥에서 꺼내온 감자를 가져왔다. 라퐁텐은 감자가 너무 뜨거워서 어떻게 먹을까 궁리하다가 식을 때까지 식당의 벽난로 위에 놓고 잠시 기다렸다. 그런데 잠깐 할 일이 생각나 방에 들어갔다가 다시 거실로 돌아와 보니 벽난로 위의 감자가 감쪽같이 사라졌다. 마침 라퐁텐은 하인이 식당 안으로 들어가는 것을 보고 분명 그가 감자를 먹었을 것이라고 추측했다.

그래서 그는 소리치며 이렇게 말했다.

"오! 세상에!! 누가 벽난로 위에 있던 감자를 먹어치웠지?"

"전 아닙니다."

그 하인이 대답했다.

"그래, 자네가 먹었을 리 없어."

라퐁텐이 긴 한숨을 내쉬었다.

"왜 그렇게 말씀하시죠?"

하인이 어이없다는 듯이 물었다.

"왜냐하면 내가 감자에 비상(砒霜)을 뿌려놨거든. 자네가 정말 그 감자를 먹었다면 이렇게 멀쩡할 수 없단 말이지."

"어머, 어머나! 아이고, 하느님! 비상이라니!"

하인은 라퐁텐의 말을 듣자마자 안색이 변했다.

"안심해, 자네는 죽지 않아. 이건 그저 감자도둑을 잡아내기 위한 내 작전이었어."

라퐁텐이 차갑게 말했다.

감자 하나를 잃어버렸다고 해서 많은 사람을 불러 도둑을 찾아내게 하는 일은 우스운 짓이다. 그러나 허락 없이 다른 사람의 음식을 훔쳐 먹은 사람이 죄 값을 치러야 하는 것은 당연한 일이다. 그래서 라퐁텐은 작은 계획을 생각해내어 몰래 훔쳐 먹은 범인도 잡아내고 그에게 교훈도 주었다.

여우의 지혜 큰 것을 잡기 위해 작은 것을 일부러 놓아주고, 더 많은 이득을 얻기 위해 사소한 것을 양보하는 것은 귀중한 생활의 지혜이다.

211 인도 하인의 보복

고대 인도의 포리타마라는 도시에 난티로라고 불리는 부유한 상인이 있었다. 그는 자주 국왕을 위해 일을 해줬기 때문에 매우 높은 위엄과 명성을 가졌고 그 덕에 자유롭게 왕궁을 드나들 수 있었다.

난티로는 딸이 시집을 가게 되는 날, 국왕을 비롯해 수많은 시민을 초대했다. 그리고 국왕의 방을 전문적으로 청소하는 시종, 쥐로포도 이 날 함께 초대를 받았다. 그러나 그는 자기 분수도 모르고 그의 신분과 맞지 않는 자리에 앉으려고 했다. 그러자 난티로의 하급상인들은 그의 목덜미를 잡고는 그를 내쫓았다. 쥐로포는 많은 사람들 앞에서 심한 모욕을 느끼자 속이 부글부글 끓었다. 그래서 그는 밤새 한숨도 자지 않고 어떻게 복수할지 생각했다. 하지만 그는 겨우 청소부였을 뿐이고 난티로는 권력을 가진 유명한 상인이다.

'이걸 어떻게 복수해야 하지?'

어느 정도 시간이 지나고 그는 마침내 한 가지 계획을 생각해냈다.

다음 날 이른 새벽, 쥐로포는 자고 있는 국왕의 침대 앞을 청소하면서 혼잣말처럼 중얼거렸다.

"아이고, 난티로는 참 간도 크지. 어떻게 황후를 안을 수 있담?"

이 말을 듣고 국왕은 벌떡 자리에서 일어나 다급하게 물었다.

"이봐, 네가 방금 한 말이 사실이냐?"

쥐로포가 어쩔 줄 모르는 척하며 말했다.

"네? 제가 방금 무슨 말을 했지요? 어제 밤에 한숨도 못자서 헛소리를 했나 봅니다. 아이고! 지금도 머리가 깨질 것같이 아프네요."

쥐로포는 당황하는 기색을 흘리며 재빨리 방을 나왔다. 그러나 쥐로포의 말을 들은 국왕은 생각할수록 의심을 떨칠 수 없었다. 그는 마음속으로 난티로나 쥐로포 모두 자유자재로 왕궁을 드나들기 때문에 난티로가 황후를 만날 가능성도 있고, 쥐로포가 이 모습을 목격할 가능성도 있다고 생각했다. 쥐로포가 아무렴, 없는 말을 지어서 하겠느냐는 생각도 들었다.

질투심 많은 국왕은 이때부터 난티로의 자유로운 왕궁 출입을 금지시키고 그에게 냉담하게 대했다.

여우의 지혜 별 볼일 없는 인물이라도 경솔하게 대하지 마라. 사람들은 모두다 자존심을 가지고 있다. 만약 경솔하게 상대의 자존심을 상하게 한다면 당신은 엄중한 대가를 치러야 할 것이다.

212 입센의 폐휴지

노르웨이 극작가인 입센(Henrik Ibsen)은 젊었을 때 노동운동에 몸담은 적이 있었다.

입센이 노동운동을 할 당시, 하루는 경찰이 갑자기 그의 아파트를 포위했다. 입센은 이때 책상 앞에 앉아 글을 쓰고 있었는데 도망가는 것도, 비밀문서를 태우는 것도 이미 늦은 후였다.

'이를 어쩌지?'

그는 다급하게 서랍에서 비밀문서를 꺼내어 여기저기에 마구 어질러 놓았다. 바닥 위, 탁자 아래, 종이더미에 마구 던져버렸다. 그리고 비밀문서와는 아무 상관없는 다른 문서를 차곡차곡 정리해서 서랍과 책장에 넣어두었다. 뒤이어 경찰이 방안에 들이닥쳤다. 입센은 일부러 무섭고 불안에 떠는 척했다. 그리고 서랍 쪽으로 눈길을 힐끔거렸다. 경찰은 입센의 불안한 행동을 보고 서랍 쪽으로 걸어오더니 그 안에 있던 자료를 모두 꺼냈다. 그러나 다행히 바닥과 탁자에 널브러져 있는 종이더미들에게는 그 누구도 신경을 쓰지 않았다.

그들은 바닥에 마구 버려져있는 것은 분명 흔해빠진 폐휴지일 것이라고 생각하고 그냥 넘어갔지만 사실 이것은 사람들의 일반적인 상식을 뒤엎는 입센의 교묘한 책략이었다.

이렇게 입센은 사람들의 심리를 이용해서 비밀문서를 지키는 데 성공했다.

여우의 지혜 일반적인 상식으로 사람들의 빈틈을 찌르는 일이 쉽고도 유용하다.

213 상금과 벌금

미국 뉴욕시티에는 유명한 식물원이 있었는데 하루에도 수만 명의 여행객이 이곳을 찾았다. 사람들은 차례차례 식물원 안을 둘러보면서 아름답고 화려한 꽃과 생김새가 신기한 화분을 둘러보았다.

그런데 이 식물원에는 다른 식물원과 달리 문 위에 이런 경고문이 붙어있다.

'식물을 훔쳐가는 사람을 잡으면 상금 200달러를 드립니다.'

어느 호기심 많은 여행객이 이 문구를 보고 궁금하다는 듯이 관리인에게 물었다.

"보통은 '식물을 훔쳐가는 사람에게 벌금 200달러'라고 쓰는데 여기는 왜 이렇게 그 반대로 써놨지요?"

관리인은 의미심장한 웃음을 지으며 이렇게 대답했다.

"그런 문구를 쓰면 저만 바빠요. 모든 것을 제 두 눈에 의지할 수밖에 없지요. 그런데 저 문구는 수많은 사람들이 관리인이나 마찬가지예요. 그래서 지금은 저 말고도 수백 명의 사람들이 매일 도둑을 감시하고 있지요."

식물원은 도난을 방지하기 위해서 독특한 방법을 쓴 것이었다.

여우의 지혜 남의 도움을 받지 않고 혼자 억척스레 일에 몰두하기보다 여러 사람들과 함께 고민하며 나누는 것이 훨씬 낫다.

214 마크 트웨인의 은밀한 대화

많은 사람들이 도기 부인의 파티에 참석하여 즐거운 시간을 보내고 있는 중이었다.

그런데 파티에 참석한 사람들이 서로 자기 이야기를 하느라 혈안이 되는 바람에 어느 순간 파티는 아수라장이 되었다. 그러자 파티에 참석했던 마크 트웨인(Mark Twain)은 사람들을 진정시켜야겠다는 생각이 들었다. 하지만 이미 펄펄 끓는 물을 식히기란 쉽지 않았다.

'그런데 이 소란을 어떻게 막지? 큰소리를 지르면 사람들이 금세 조용해지겠지만 너무 교양 없는 방법이고, 그렇다고 조용하게 말하자니 이건 좀 우아하긴 한데 소용없을 것 같아. 어떻게 한담? 아, 그래! 다른 사람들이 주목하게 만드는 게 우선이겠다. 그래, 이 방법을 써봐야지. 분명히 효과가 있을 거야.'

그래서 마크는 은밀하게 옆자리의 부인에게 그의 생각을 말했다.

두 사람은 소곤소곤 말하기 시작했고, 흥이 난다는 듯 손발을 써가면서 서로의 대화에 집중했다. 두 사람의 목소리는 아주 작았지만 신기하게도 사람들은 이들의 은밀한 대화에 관심을 보이기 시작했다. 사람들은 그들이 분명 아주 흥미로운 화제 거리에 대해 이야기하고 있을 것이라고 생각하는 듯했다. 점차 주위가 조용해지는가 싶더니, 마침내 쩌렁쩌렁 울리던 사람들의 말소리는 작아졌고, 그들은 호기심 가득한 표정으로 마크와 부인의 이야기에 귀를 기울였다. 그러나 마크는 개의치 않고 그 부인과 계속 속닥거리며 이야기했다. 결국 거실 안은 마크의 낮은 목소리만 들리게 되었다.

그제야 사람들은 마크가 대수롭지 않은 이야기를 하고 있다는 사실을 알 수 있었다.

여우의 지혜 사람은 알 수 없는 은밀한 행동을 궁금해 한다. 이것을 이용하라.

215 피카소, 그림을 팔다

피카소(Picasso)는 모든 사람이 다 아는 최고의 화가이다. 그러나 그는 입체파화가였기 때문에 그가 그린 그림들은 한결같이 대중들이 이해하기에 너무 어려웠다. 이런 이유로 해서 피카소는 젊었을 때만 해도 별로 알려지지가 않았다.

어느 날, 피카소는 그림을 팔기 위해 잔꾀를 생각해냈고 화구상에게 도움을 요청했다. 그리고 이튿날부터 그 화구상은 파리의 각 화랑을 돌아다니면서 이렇게 묻고 다녔다.

"여기에 피카소 그림 있어요? 저한테 몇 작품 대여해주실 수 있나요? 손님들이 모두 기다리고 있거든요. 왜 이렇게 피카소 그림은 구하기가 힘든 거죠?"

그러자 사람들은 점차 피카소라는 화가가 있다는 것을 알게 되었고 조금 후에는 너나 할 것 없이 피카소의 그림을 사려고 난리였다. 그리고 사람들은 피카소의 그림을 이해하고 그의 가치를 높이 샀다. 드디어 이 위대한 화가를 알아보게 된 것이었다.

물론 피카소의 방법은 일종의 사기행위였다. 원래는 판매가 부진한 물건을 고의로 품절되게 만든 다음, 공급이 부족하게 하여 그림의 가치를 높였기 때문이다.

여우의 지혜 투자는 성공의 첩경이다. 명성을 얻기 위해서는 그만큼의 투자가 반드시 필요한 법이다. 당신의 투자는 곧 당신의 운명을 바꾸어 줄 것이다.

216 모차르트, 이상한 곡을 치다

모차르트는 하이든의 제자였는데, 한번은 모차르트가 내기를 걸었다.

"스승님, 제가 쓴 곡을 피아노로 쳐보세요. 스승님이 그 곡을 치시면 이기는 거예요."

하이든은 모차르트가 제시한 내기에 응하기는 했지만 모차르트가 단 5분 만에 악보를 다 쓰는 것을 보고는 자기 눈을 믿을 수 없었다.

"이게 뭐니?"

하이든이 모차르트의 곡을 연주하다 멈칫했다.

"모차르트, 사람이 피아노를 칠 수 있는 손은 두 개뿐이야. 그런데 어떻게 양손으로 치는 음표 말고도 또다른 음표를 더 칠 수 있지? 이런 곡은 아무도 칠 수 없단다. 왜냐하면 사람은 손이 세 개가 아니거든."

하지만 모차르트는 재미있는 표정으로 피아노 앞에 앉아 악보를 쳐내려가다가 그 음표를 쳐야할 때가 되자 몸을 굽히고 코로 건반을 눌렀다.

여우의 지혜 세상에 '절대 못하는 일'이란 없다. 단지 그 방법을 미처 생각해내지 못할 뿐이다.

217 유명 배우의 임기응변술

프랑스의 유명한 배우 필립이 셰익스피어의 연극 <오셀로>에 출연했다. 그가 극중에 맡은 오셀로라는 인물은 무어인으로 흑인이었다.

하루는 필립이 다른 파티에 참석하는 바람에 공연에 늦었다. 그런데 필립은 황급하게 분장하느라 깜빡하고 그만 한 손에 검은 분을 칠하지 못했다. 그가 무대에 오르자 관객들이 수군거렸다. 필립은 관객들이 수군거리는 이유를 금세 알아챘지만 당황하지 않고 태연하게 연기를 한 뒤 퇴장했다. 그러나 퇴장한 필립은 다음 등장 때까지 이 문제를 해결해야 했다.

필립은 즉시 손에 검은색 분을 바른 뒤 하얀 장갑을 끼고 다시 무대에 등장했다. 필립이 무대에 나오자 관중들은 또다시 수군거렸고 심지어 어떤 사람은 웃음까지 터뜨렸다.

이때 필립이 대사를 하면서 자연스럽게 장갑을 벗자 흰 장갑 안에서 검은 손이 나왔다. 그것을 본 관중들은 '흰 장갑을 흰 손으로 잘못 본 거구나'라고 생각했다.

여우의 지혜 위기를 두려워하지 마라. 상황에 따라 불리함을 유리함으로 바꾸는 방법도 긴요한 처세술이다.

218 석유대왕의 사진

미국 금융센터 월스트리트에 한 실습생이 있었는데, 그는 대단한 수완을 발휘해서 단기간 내에 큰 이윤을 창출해냈다.

그는 사무실 벽 가운데에 미국 석유대왕 록펠러(Rockefeller)의 사진을 걸어두었는데 사실 그는 지금까지 그 석유대왕을 만나 본 적도 없었다. 그러나 그의 사무실에 걸린 사진을 보는 사람들은 대부분 그가 석유대왕과 무슨 친밀한 관계일 것이라고 추측했다. 하물며 어떤 사람은 그가 경제시장의 유용한 비밀정보를 엄청나게 알고 있는 정보통일 것이라고 생각했다.

이 젊은이는 사람들의 섣부른 추측을 잘 이용해서 많은 부자들과 교류했고 그들의 도움으로 사업은 날로 번창했다.

[여우의 지혜] 큰 인물과 관계를 맺는 일은 자신의 지위를 높이는 좋은 방법이다.

219 금 토끼를 찾아라

영국의 작가 베아트릭스 포터(Beatrix Potter)는 <피터래빗 이야기>라는 어린이도서를 발간했다. 포터는 책 속에 수수께끼를 만들어서 어린이독자들이 책 속의 내용과 그림을 보고 '보물'이 숨겨져 있는 장소를 알아맞히게 했다.

이 '보물'은 아름답고 값어치가 큰 금 토끼였는데 만약에 누군가 진짜 금 토끼가 숨겨진 곳을 알아낸다면 그 사람에게 그것을 주겠다고 했다.

책은 발간되자마자 순식간에 팔려 나갔다. 포터의 책은 청소년들의 큰 관심을 얻었고, 뿐만 아니라 각계각층의 성인들까지도 아이들과 마찬가지로 책 속의 단서로 토끼 찾기에 혈안이 되었다. 그야말로 온 영국은 진귀한 토끼를 찾는 데 푹 빠지고 만 것이다. 책이 발간된 지 2년이 지나자 영국에는 사람들이 토끼를 찾으려고 파놓은 구멍들이 수두룩했다.

그러던 어느 날, 나이 48세의 건축기사가 마침내 런던의 북서부 작은 마을에서 금 토끼를 발견함으로서 2년 동안 모든 영국인을 푹 빠지게 했던 보물찾기는 대단원의 막을 내렸다. 그리고 이 기간동안 <피터래빗 이야기>는 무려 200만 권이 넘게 팔렸다.

포터는 사람들이 쉽게 생각하지 못한 방법으로 자신의 책을 홍보했고, 이 광고 방식은 포터가 처음 시도했으나 기존의 어느 방식보다도 효과가 컸다.

여우의 지혜 사람들의 탐욕스러운 욕망을 이용하라. 사람들의 마음속에 욕망이 존재하는 한 상업적 기적은 언제든지 일어날 수 있다.

220 임금을 인상시키는 방법

이탈리아의 어느 신발공장 사원들이 임금을 올려달라고 요구했다. 그러나 사장은 사원들의 요청을 거부했고 만일의 사태를 대비하기 위해 긴장을 늦추지 않았다.

그런데 사장의 예상과는 달리 근로자들은 파업하지 않고 지금까지 그래왔던 것처럼 열심히 일했다.

사장은 사원들의 변함없는 모습에 안심했다. 그런데 얼마 지나지 않아서 이번에는 사장이 자진해서 그들의 임금을 올려주었다.

도대체 어떻게 된 일일까? 사실, 사장이 사원들의 요구를 거부한 뒤 그들이 열심히 만든 신발은 모두 왼발 한 짝뿐이었다. 그리고 사장은 물품검사를 하다가 이 사실을 발견하고는 어쩔 수 없이 사원들의 임금을 올려준 것이다.

여우의 지혜 반드시 강경하게 대응하는 것만이 능사가 아니다. 부드러움이 단단함을 이긴다.

221 재치 있는 안내방송

인도 여자들은 모자를 쓰고 영화를 보러 가는 사람이 많았기 때문에 뒤에 앉은 관중들은 시야가 가려 영화 관람을 방해받기가 일쑤였다. 그래서 사람들은 극장 관리자에게 영화관 내에서는 모자를 못 쓰게 해달라고 요구했다. 그렇지만 관리자는 고개를 저으며 이렇게 말했다.

"그건 안 됩니다. 저희가 여성분들께 모자를 쓰지 말라고 할 수는 없어요."

모두들 관리자의 말을 듣고 실망이 컸다. 그리고 왜 안 된다는 것인지 이해할 수 없었다. 그런데 다음날 영화가 방영되기 전, 관리자는 이런 방송을 내보냈다.

"저희 극장은 노약자와 병이 있는 여성분들을 보호하는 차원에서 모자를 쓰고 영화를 보시는 것을 허가하고 있습니다. 해당 손님들께서는 영화가 시작하더라도 모자를 벗지 마시고 편안하게 영화를 관람하시기 바랍니다."

그런데 신기하게도 방송이 끝나자마자 모든 여자 관객들은 모자를 벗었다.

이 관리자는 여자들이 다른 사람들한테 늙었다는 말이나 병이 있다는 말을 들을까봐 두려워 한다는 사실을 이용했다. 젊은 여자들은 다른 사람한테 늙었다는 말을 듣기 싫어하고, 나이 든 여자들은 스스로 병이 있는 것처럼 보이는 것을 싫어하기 때문이다.

여우의 지혜 약한 사람을 상대할 때는 그 사람을 무안하게 하는 방법을 쓰면 효과가 좋다.

222 대통령, 감히 욕을 하다

오찬을 즐기는 가운데 어떤 여자가 대통령이 신임하는 어느 대사와 말싸움을 하기 시작했다. 이 여자는 고의적으로 그를 무시하면서 천하고 몰상식하다고 다그쳤다.

그때 크고 검은 고양이 한 마리가 슬그머니 식탁 근처로 기어와서 탁자다리에 기대서 몸을 긁었다. 대통령은 몸을 돌려 오른쪽에 있는 사람에게 말했다.

"이 고양이가 벌써 세 번째 소란을 피우는군."

대통령의 말이 크게 울려 퍼지자 시끄럽게 떠들던'흉악한' 여자는 곧 입을 다물고 식사시간 내내 다시는 입도 뻥긋 하지 않았다.

이렇게 대통령은 공식석상의 분위기를 해치지 않고 은근히 여자의 무례함에 반감을 드러냈다.

사람들은 점잖고 예의 바른 대통령이 품위 있는 사교 장소에서 갑자기 큰소리로 고양이를 탓한 일은 분명 그가 전하고 싶은 다른 메시지가 있다는 사실을 알아차렸다.

여우의 지혜 부드러운 칼을 이용한 경고가 총을 사용하는 것보다 낫다.

223 대통령의 기발한 처세술

매코믹 부인은 시카고에 사는 폴란드인을 동원해서 대통령을 방문하기로 했다. 그 방문단의 목적은 연방정부가 어느 폴란드계 시카고인에 대한 판결을 공정하게 하도록 건의하는 일이었다.

방문단은 비서의 안내를 받으며 대통령집무실에 들어가 한쪽에 조용히 앉아 있었다. 어두운 얼굴을 하고 의자에 기대앉아서 바닥의 카펫만 쳐다보고 있던 대통령이 한참 지난 후 입을 열었다.

"카펫이 정말 죽이는군!"

대통령의 뜬금없는 말에 방문단은 키득거렸다. 그리고 희망적인 표정으로 대통령의 말에 고개를 끄덕이며 장단을 맞추었다. 그러자 대통령이 또다시 입을 열었다.

"이 새 카펫을 사느라 집 한 채를 말아먹었어요!"

그러자 방문단은 자지러지듯 웃었다. 바로 그 순간 대통령은 갑자기 진지한 표정을 지으면서 마지막 말을 던지고 집무실을 나갔다.

"피고인에게 새 변호사를 소개시켜주겠습니다. 앞으로의 재판에 대해서는 그와 상의하십시오."

이렇게 면담은 순식간에 끝났다.

대통령이 국가나 민족간의 이해관계를 가지고 있는 방문단을 접견하는 일은 굉장히 까다로운 정치활동이다. 왜냐하면 자칫하면 심각한 감정 대립에 부딪힐 수도 있기 때문이다. 하지만 대통령은 사람들의 예상과 달리 즐거운 표정으로 농담까지 하면서 방문단의 정신적 무장을 와해시켰다. 그리고 모든 사람들이 큰소리로 웃는 도중에 방문단의 방문 목적을 정확하게 찌르면서 자신의 뜻을 명확하게 밝혔다.

여우의 지혜 진지한 일에는 진지하지 않은 방법을 사용해 보라.

224 가치 없는 영수증

러시아의 유명한 작가 키릴로프(Ivan Andreyevich Krylov)는 비록 작품 활동은 왕성하게 했지만 생활은 매우 빈곤했다. 사는 곳도 안정적이지 못하고 언제나 방값을 내지 못해 쫓겨나는 신세를 면치 못했다.

그러던 어느 날, 키릴로프가 집주인과 임대계약서에 사인을 할 때였다. 키릴로프가 집을 훼손시킬까봐 걱정한 집주인은 계약서에 특이한 조항을 추가했다.

'만약 세입자의 부주의로 불이 나서 방을 태울 경우 15,000루블을 배상해야 한다.'

키릴로프는 이렇게 지나친 조항을 보고도 흥분하지 않고 오히려 펜으로 15,000루블 뒤에 0을 하나 더 붙였다.

"아니, 150,000루블?"

주인은 눈이 휘둥그레졌다. 그러자 키릴로프가 태연하게 대답했다.

"그래요. 얼마든지 상관없어요. 어차피 보상할 수 없기는 마찬가지거든요."

주인은 아연실색하여 아무 말도 하지 못했다.

여우의 지혜 무리한 요구를 받았을 때 단숨에 거절하고 질책하는 행동은 감정을 격화시키고 일을 더 어렵게 만든다.

225 영리한 사형수

고대 그리스의 어느 국왕이 자신의 현명한 인품을 백성들에게 보여주기 위해 새로운 처형방법을 내놓았다. 그것은 사형대에 오른 사형수에게 마지막 하고 싶은 말을 하게 한 뒤 그 말의 진위 여부에 따라 진짜면 목을 매고 가짜면 목을 베는 처형 방법이었다. 그리고 이 모든 과정은 국왕이 직접 주관하기로 했다. 사형이 집행되자 진짜를 말한 사형수들은 차례차례 목에 끈을 매었고, 거짓말을 말한 사형수들은 목이 떨어져 나갔다.

하루는 국왕의 근위병이 폴이라는 사형수를 사형집행 장소에 끌고 왔다. 그리고 국왕은 그에게도 다른 사형수와 마찬가지로 마지막으로 하고 싶은 말을 하라고 지시했다.

폴이 말했다.

"제 목을 베어주세요!"

국왕은 폴의 말을 듣고 한참을 고민했다. 규정에 따라 사형수의 말이 진짜면 목을 매야 하는데 그렇게 하면 사형수의 말은 다시 거짓이 되기 때문이었다. 반대로 이 말이 거짓이면 목을 베야 하는데, 또 그렇게 하면 이 말은 진짜가 되어버린다.

국왕은 몹시 난처해하면서 결정을 내리지 못하다 결국 사형에서 방면시켜 주었다. 영리한 폴은 지혜롭게 논리상의 모순을 이용해서 사형을 면했다.

여우의 지혜 빈틈으로 비집고 들어가면 아무도 생각하지 못한 의외의 해결책이 보인다. 빈틈을 찾는 요령을 배워라.

226 총명한 의사

돈을 목숨처럼 여기는 상인이 있었다. 이 상인은 무슨 일을 하든지 항상 돈을 쓰지 않으려고 온갖 애를 썼다. 하루는 그가 병에 걸려 진찰을 받기로 결정하고는 친구에게 좋은 의사를 소개시켜달라고 했다.

"스미스라는 의사가 있는데, 굉장히 유명해."

"그럼 병원비는 비싼가?"

상인은 친구의 소개에 대뜸 이렇게 물었다.

"비싸지도 않고 싸지도 않아. 초진은 500달러이고 그 다음부터는 매번 25달러만 내면 된다네."

"그 가격이면 꽤 괜찮군."

상인은 스미스 의사를 찾아갔다. 그리고 진찰실에 들어가서 25달러를 책상 위에 내밀며 뻔뻔하게 말했다.

"아이고, 저 또 왔습니다, 의사선생님."

의사는 한참 후 미소를 지으면서 상인의 돈을 책상서랍에 넣었다.

"아, 예. 고맙습니다. 오늘은 어떠십니까?"

"아니 그걸 제가 어떻게 압니까? 선생님께서 먼저 검사를 해주셔야 알지요."

그러자 의사가 말했다.

"또 무슨 검사가 필요하나요? 먼저 번에 오셨을 때 다했는데요. 약도 처방해드렸잖아요."

결국 상인은 돈 25달러만 날렸다.

여우의 지혜 눈에는 눈, 이에는 이! 상대방이 쓰는 수법대로 똑같이 대응하라.

227 기자의 자극법

미국의 어느 기자가 후버(Herbert Hoover)의 정치적 견해를 취재하려고 갖은 애를 써봤지만 이 차기 미국 대통령후보는 시종일관 아무 말도 하지 않았다.

정치부 전문기자는 정계의 소식을 여론에 알리는 일이 그의 임무였지만 후버가 아무 말도 하지 않는 바람에 쓸 기사가 없었다. 그래서 후버와 같은 기차 칸에 타고 있으면서도 취재는커녕 가만히 앉아 창 밖만 쳐다보고 있었다.

이때 창문 밖에 새로 개간하는 토지가 나타났다. 기자는 고의적으로 혼자 중얼거렸다.

"정말 호미로 이 넓은 땅을 개간할 줄은 꿈에도 몰랐네!"

"무슨 소리!"

계속 침묵을 지키고 앉아있던 후버가 갑자기 입을 열었다.

"여기는 일찍이 현대화된 방법으로 개간했습니다! 호미 따위는 쓰지 않았어요!"

그는 이어서 새로운 개간사업에 대해 목소리를 높여 이야기했고 기자는 그 덕에 충분한 기사거리를 가지고 돌아갈 수 있었다. 그리고 얼마 지나지 않아 '후버가 말한 미국 농업개간사업의 문제점'이라는 기사가 나왔다.

후버는 차기 미국대통령후보였기 때문에 불필요한 시기에 자신의 정치적 견해를 경솔하게 드러내지 않으려고 했다. 하지만 기자의 말 한마디에 끝내 인내하지를 못하고 자신의 견해를 감정적으로 드러내버리고 말았다.

여우의 지혜 인생의 고수는 절대로 쉽게 화를 내지 않는다. 잘난 체하는 사람은 언쟁을 좋아하고, 지나치게 영리한 사람은 잠시도 입을 다물지 못한다.

228 에디슨의 손재주

에디슨(Thomas Edison)은 실험실에서 수많은 발명품을 만들어 세계에 위대한 공헌을 했을 뿐만 아니라 집에 있을 때도 자신의 능력을 유감없이 발휘했다.

어느 날, 에디슨은 피서차 별장에 갔는데, 그는 손수 별장 설비를 고치고 많은 가사를 했다.

하루는 그를 만나기 위해 멀리서 친구가 찾아왔는데 에디슨은 아무 생각 없이 문을 밀고 들어오라고 소리를 질렀다.

그 친구는 젖 먹던 힘까지 다해서 힘들게 문을 밀고 들어왔다. 그리고 소파에 털썩 주저앉아 이마에 흥건한 땀을 닦으면서 에디슨에게 화를 냈다.

"아니, 무슨 별장 문이 그리 빡빡한가? 나 참, 젖 먹던 힘까지 다해야 문을 열 수 있다니……. 자네 저것부터 어떻게 해보지 그래?"

에디슨은 그런 친구를 보더니 황당해 하면서 웃음을 참지 못했다. 그가 배꼽까지 잡으며 깔깔대고 웃으니 친구는 원망스러운 눈빛으로 계속 투덜거렸다.

"이보게, 그렇게 화내지 말게나. 사실 자네 힘이라면 그렇게 힘쓰지 않고도 들어올 수 있었어. 어쨌든 내가 미리 알았더라면 자네가 문을 열 때 좀 도와주는 건데……. 크크큭! 자네 정문이 아닌 언덕으로 통하는 뒷문으로 들어왔지? 사실 그 문은 우리 집 물탱크와 연결되어 있어서 보통 문하고는 다르다네. 물탱크의 수압에 영향 받지 않기 위해 특수한 처리를 좀 했지. 뭐, 결과적으로 자네는 물탱크의 30리터의 수압을 혼자 밀고 들어온 거나 마찬가지라네."

여우의 지혜 공자 가라사대, "정신노동을 하는 자는 남을 다스리고, 육체노동을 하는 자는 남에게 다스림을 받는다." 이 이야기는 공자의 격언을 다시 한번 증명해주었다.

229 고의적으로 죄를 짓고 감옥에 들어가다

1987년 11월이었다. 프랑스 낭시의 어느 슈퍼마켓에 갑자기 어떤 남자가 나타나 사람들 앞에서 바지를 벗고 춤을 추다가 경찰에게 잡혀 4개월의 구금을 선고받았다.

사실 이 남자는 불과 얼마 전에도 감옥에 있었는데 하필 겨울에 출소하는 바람에 일자리도 구하기 힘들고 맘 편히 묵을만한 곳도 마땅치 않아 다시 범죄를 저지르고 만 것이다. 남자는 경찰에 잡히자 오히려 안도의 한숨을 내쉬었다. 왜냐하면 그가 원하던 대로 다시 감옥에 들어가면 먹고 자는 걱정 없이 추운 겨울을 보낼 수 있기 때문이다.

이와 같은 또 다른 이야기가 있다.

미국 인디아나주의 한 은행에 갑자기 복면을 쓴 남자가 들이닥쳤다. 그는 손에 칼을 들고 한 여직원을 위협하여 가방에 돈을 넣게 했다. 그런데 도둑은 가방에 돈을 다 챙겼는데도 가방을 들고 현장을 뜨지 않았다. 오히려 복면을 벗더니 직원한테 어서 경찰에 신고하라고 했다. 그리고 경찰이 올 때까지 담배 한 개비를 꺼내 물고 여유롭게 소파에 앉아서 기다렸다.

이 사람은 홀이라는 부랑자였다. 겨울이 다가오고 기온이 급격하게 내려가자 거리에서 얼어 죽지 않으려고 일부러 감옥에서 지내기 위해 '은행털이 연극'을 했던 것이다.

여우의 지혜 염라대왕 궁전에 들어가고 싶다면 귀신을 가지고 수작을 부려야 한다. 어떤 길 위에서 길을 잃었다면 반드시 그 길 위에서 다시 다른 길을 찾아야 한다.

230 가짜 연극이 만들어낸 진짜 강도사건

어떤 남자가 브라질의 어느 작은 도시에 있는 은행 지점장을 찾아갔다. 그는 자신을 영화감독이라고 소개하고는 그가 현재 <도둑과 경찰>이라는 영화를 찍는데 이 은행에서 강도를 당하는 장면을 찍고 싶다고 했다. 점장은 이 남자의 제의에 흔쾌히 응했다. 이에 영화감독은 온갖 조명과 촬영 장비들을 설치하더니 영화를 찍기 시작했다.

감독의 큐 사인이 들어가자 복면을 쓴 강도가 갑자기 위협하며 은행에 들어왔고, 직원들은 미리 연습했던 대로 소리를 치면서 두 손을 머리에 올리고 한쪽 벽에 바짝 섰다. 그러자 강도 역의 '배우'는 금고를 깨끗이 턴 후 은행 밖에 세워둔 자동차를 타고 날개달린 듯 재빨리 사라져 버렸다.

눈치 없는 은행 점장은 이 모든 과정을 직접 지켜보고 있었지만 배우들한테서 이상한 낌새를 전혀 느끼지 못하고 있다가 배우가 사라진 뒤 영화를 찍던 사람들이 모든 기자재를 버리고 없어진 사실을 발견하고 그제야 진짜 강도를 당했다는 사실을 깨달았다.

은행 지점장은 재빨리 경찰에 신고했지만 대체 어디로 가서 그 강도를 잡아야 할지 난감하기는 경찰들도 마찬가지였다.

일반적으로 사람들은 강도라면 우락부락하고 난폭한 이미지를 떠올린다. 그렇기 때문에 강도가 전혀 다른 이미지로 위장을 하고 범행수법도 바꾸면 아무도 의심하지 못하는 것이다.

여우의 지혜 허구의 연극이라도 진짜로 실행하면 사람을 다치게 하는 힘을 가질 수 있다.

231 19세기 초특급 사기극

바룸(P.T.Barnum)은 어마어마한 가치가 있는 자신의 섬을 담보로 미국 박물관을 샀다. 그는 박물관을 경영하면 꽤 괜찮은 수입이 된다는 사실을 알고 있었기 때문에 과감한 투자를 했다. 바룸은 사업이라는 것은 소극적일지라도 너무 조급해하지 말아야 하고, 그렇다고 너무 만만하게 생각해서도 안 된다는 사실을 잘 알고 있었다. 그래서 먼저 관람객의 흥미를 돋우고 관람객의 주의를 끌기 위해 한편의 사기극을 꾸몄다. 1835년의 일이었다.

바룸은 길거리에서 죽은 조이스 허시라는 늙은 흑인의 시체를 박물관에 데리고 왔다. 그리고 그녀를 조지 워싱턴의 옛 보모이고 벌써 161세라고 소개했다. 바룸이 설치한 특수 장비 덕에 허시는 진짜 사람처럼 사람들에게 조지 워싱턴의 어린시절 이야기를 들려주었고 일요일에는 반주에 맞춰 찬송가를 불러 목사들조차도 죽음을 초월한 그녀의 신앙심을 칭찬하게 만들었다. 사람들은 미국인이 존경해 마지않는 조지 워싱턴의 161세의 보모가 살아있다는 소문을 듣고 개미떼처럼 박물관에 모여들었다.

그러나 사람들의 관심은 그리 오래 유지되지 않았다. 얼마 지나지 않아 허시를 보기 위해 박물관을 찾는 관람객의 수가 점차 줄어들었던 것이다. 하지만 바룸은 고집스럽게 앙코르 전시회를 개최하면서 유명한 신문에 허시는 인간이 아니라 훌륭한 '기계'라는 고백담을 실었다.

감정에 호소하는 바룸의 전략은 다시 한번 세상 사람들의 주목을 끌었다. 그리고 관람객 중에는 그 신기한 여인이 어떻게 만들어진 기계인지 연구하는 모임까지 생겼다. 그러나 연극의 진상은 얼마 후 자연스럽게 세상에 알려졌다. 과연 살아있는 161세의 인간이 있을 수 있을까를 의심한 경찰이 허시의 시체를 해부한 결과 그녀가 161살이나 먹은 사람도, 잘 만들어진 기계도 아닌 그저 평범한 보통 나이에 죽은 여자일 뿐이라는 사실을 밝혀냈기 때문이다. 하지만 사기극의 진상이 밝혀진 때는 바룸이 이미 큰 이익을 챙긴 후였다.

여우의 지혜 허무맹랑한 거짓이라도 사람들의 호기심을 자극하면 진실로 위장할 수 있다.

232 당대 갑부의 작은 속임수

당대(唐代)에 두(竇)씨 성을 가진 사람이 있었는데 그는 사업에 수완이 있어 훗날 큰 부자가 되었지만 사업 초기에는 결코 넉넉하지 못했다.

그는 경성에 땅을 가지고 있었는데 그 땅은 어느 지위 높은 정부관리의 땅과 이웃하고 있었다. 이 관리는 두씨의 땅을 찍어두고 꼭 갖고 싶어 했다. 사실 두씨의 땅은 5,600냥 정도의 가치가 있었지만 두씨는 땅값에 대해서 아무 말도 안하고 자신의 땅을 공짜로 관리에게 넘겨주었다. 관리는 이런 두씨의 호의에 매우 고마워했다.

얼마 지나지 않아 두씨가 강소성 일대에 가야 하는 일이 생겼다. 그래서 두씨는 관리에게 자기를 대신해서 호위병 담당자에게 몇 소대의 호위병을 지원해달라는 편지를 써달라고 했다. 그러자 관리는 두말 않고 두씨에게 편지를 써주었다. 두씨는 이런 식으로 관리가 대신 써주는 편지로 고위관리들에게 많은 청탁을 했다. 이렇게 권세에 빌붙어 싸게 사서 비싸게 팔아먹는 방법으로 두씨는 많은 이익을 챙겼고, 그때부터 그의 사업은 번창하기 시작했다.

한번은 동시(東市)에 빈 땅이 있었는데 지대가 낮아 항상 물이 찼다. 두씨는 이 땅을 헐값에 샀지만 낮은 지대 때문에 도저히 집을 지을 방도가 없었다. 그래서 그는 지대를 평평하게 메우기 위해 약간의 돈을 들여 인부를 샀다.

사실 이 인부는 두씨의 하녀가 데리고 온 아이들이었다. 두씨는 하녀를 시켜 공터 위로 돌을 잘 던지는 아이들에게 떡을 주라고 했다. 아이들은 친구들에게 뒤질세라 열심히 던졌고 낮았던 지대는 어느새 평평하게 메워졌다. 그러자 두씨는 좋은 흙을 가져와 뿌리고 그 위에 상인들이 지나가다 묵을 수 있는 여관을 지었다. 이 여관은 날로 번창하여 두씨에게 많은 돈을 벌게 해주었다.

여우의 지혜 큰 인물은 작은 도움을 바탕으로 더 큰 일을 이뤄낸다.

233 지혜로서 어려운 문제를 해결하다

송(宋)나라 진종(眞宗) 때의 일이다. 어느 왕족 가문의 두 형제가 부모로부터 물려받은 재산분할 문제로 소송을 걸었다. 형은 동생이 물려받은 재산이 더 많다고 하고 동생은 형이 더 많다고 주장했다. 그들은 황제의 친척이었기 때문에 지방의 관리들은 물론이거니와 심지어 어사내까지도 행여나 자신들에게 화가 미칠까 감히 그들의 소송을 맡으려고 하지 않았다. 그래서 이 소송은 결국 황제에게까지 미뤄졌다.

그래서 진종 황제는 이 형제를 재상부 장제현(張齊賢)에게 보냈다. 장제현은 먼저 두 사람에게 물었다.

"나중에 후회하지 않을 자신이 있으면 제 판결에 서명을 하십시오."

그러자 두 형제가 말했다.

"서명이야 어렵지 않습니다."

그러자 장제현이 엄숙하게 판결을 진행했다.

"두 형제는 서로 재산이 불공평하게 나누어졌다고 주장했습니다. 쌍방 모두에게 공평하도록 다음과 같이 판결합니다. 두 형제는 재산을 서로 교환하라!"

두 사람은 간단하고 명료한 판결에 그 어떠한 이의도 제기할 수가 없었다. 판결이 끝난 후 진종이 장제현의 판결이 공평했는지를 물었고 두 사람 모두 그러했다고 대답했다.

쌍방 모두 상대방의 재산이 많다고 생각했기 때문에 서로의 재산을 바꾸는 것이 가장 좋은 방법이었던 것이다.

여우의 지혜 뒤집어 생각하면 간단한 해결책이 보인다.

234 글 모르는 장군의 묘책

중화민국 초기에 용감하고 지혜로운 장군이 있었는데, 이 장군은 집이 너무 가난했기 때문에 어릴 때 글을 배우지 못해서 자기 이름도 쓸 줄 몰랐다. 그래서 군부의 특성상 문서를 자주 다뤄야 하는 그는 그때마다 비서에게 문서의 내용을 읽어달라고 했다. 그리고 문서상에 그의 서명이 필요하면 그는 붓으로 큰 점하나를 '턱!' 하고 찍었다.

시간이 지나자 비서는 장군이 글을 모른다는 사실을 이용한다면 뒷주머니를 두둑이 채울 수 있을 것이라고 생각했다.

'흥! 검은 점 하나 찍는 걸 누가 못해?'

그래서 비서는 영수증을 위조하고 그 위에 붓으로 검은 점을 찍었다. 그렇게 수많은 급료와 지급품을 빼냈다.

"지급품이 필요하다고 장군께서 직접 서명하셨습니다."

비서가 너무 자주 지급품을 요청하자 사람들은 진짜 장군이 시킨 일인지 의심하기 시작했다. 그래서 그들은 진위를 확인하기 위해 장군을 찾아갔다.

"내가 서명한 영수증을 가지고 오게!"

사람들이 영수증을 장군에게 보여주자 장군은 눈살을 찌푸리며 단호하게 말했다.

"이건 내 서명이 아니네!"

그러자 비서가 이렇게 항변했다.

"장군님! 이 영수증 위에 검은 점을 장군님께서 찍지 않으셨다는 말씀이십니까?"

그러자 장군이 냉담하게 웃으며 말했다.

"내 붓을 가져오너라!"

장군을 붓을 들어 종이 위에 점을 찍고 이렇게 말했다.

"너희가 비교해 보거라."

그러자 비서는 장군의 점을 확인하고 크게 놀라며 철퍼덕 장군의 앞에 엎드려 울부짖었다. 사람들은 잘못을 비는 비서를 보면서 장군이 글을 모른다고 그를 만만하게 봐서는 안 되겠다고 생각했다. 장군은 비록 글을 몰랐지만 섬세하고 치밀한 사람이었다. 다소 모자란 사람은 보통 사람으로서는 감히 상상하지 못하는 기교를 숨기고 있다.

여우의 지혜 일을 할 때는 상대방이 예상하지 못하는 자신만의 히든카드를 숨겨두어라. 그래야 불리한 상황을 지혜롭게 탈출할 수 있다.

Ⅱ. 훌륭한 언변과 민첩한 행동

자기보다 더 실력 있는 경쟁자를 만나게 되더라도 당신은 사자처럼 행동해야 한다. 사자의 카리스마와 힘, 그리고 민첩한 대처능력을 배워라.

235 반고, 지혜로서 강도를 잡다

어느 날 한무제(漢武帝)의 말을 길들이는 관리인과 반고(班固)가 각자 임금의 명을 받아 뽑힌 말을 타고 빠르게 여기저기를 누비고 다녔다. 그들이 마을에서 삼십 리 떨어진 살구나무숲에 이르자 둘 다 땀에 흠뻑 젖어 숨을 헐떡였다. 관리인과 반고는 말에서 내려 풀밭에 누워서 쉬었고 말들도 여유롭게 풀을 뜯어먹었다.

그런데 갑자기 숲 속에서 긴 창과 날카로운 칼을 든 강도들이 나타났다. 그 중 두 명은 긴 창으로 반고와 관리인을 위협했고, 나머지 두 명은 말고삐를 잡았다.

"살고 싶으면 말을 넘겨라!"

강도가 칼을 들이대며 말했다.

"가져가시오."

반고는 침착하게 대답했고, 관리인은 일어나서 강도들에게 대들려고 했다. 그러자 반고는 슬쩍 관리인의 옷을 끌어당겼다. 강도들은 그들이 꼼짝 못하는 모습을 비웃으면서 말을 데리고 숲 밖으로 걸어갔다. 이때 관리인이 말의 걸음을 멈추게 하는 휘파람을 불었다. 그러자 말들은 그 즉시 제자리에 섰고 강도가 아무리 끌어당겨도 꿈쩍도 하지 않았다.

관리인은 이제 뺏긴 말을 어떻게 되찾을까 걱정하며 안절부절 못했다. 그러자 반고가 침착하게 말했다.

"너무 걱정하지 말게. 지금 아무리 화낸다고 해도 소용없어. 일단 가세! 숲에서 나간 후에 다시 이야기하자고!"

그들이 막 숲을 벗어났을 때 저쪽에서 술항아리를 옮기는 사람들이 떼로 오고 있는 모습이 보였다. 그들을 보고 반고는 도적떼한테서 말을 되찾을 수 있는 좋은 방법을 생각해냈다.

갑자기 그는 터벅터벅 걸어가서 사람들이 열심히 옮기고 있는 술항아리를 발로 찼다. 그러자 술항아리는 큰소리를 내며 땅에 떨어져 깨졌고, 그 때문에 항아리 안에 있던 술도 땅바닥으로 줄줄 흘렀다. 반고는 사람들이 어떻게 된 영문인지 생각하는 틈을 타 관리인의 손을 잡고 뛰기 시작했다. 그렇게 그들이 떠난 후에야 그가 일부러 술항아리를 깨뜨렸다는 사실을 알아차린 사람들은 소리를 지르며 그 뒤를 쫓아갔다.

한편, 그때 반고와 관리의 말을 빼앗았던 도적떼는 여전히 같은 자리에서 꿈쩍도 안 하는 말들과 실랑이를 하고 있었다. 그때 갑자기 사람들의 함성소리가 들렸다. 고개를 돌려보니 수십 명의 사람들이 무리지어 달려오는 것이 아닌가. 게다가 그 무리의 맨 앞에서 달려오는 사람은 다름 아닌 말의 주인들이었다. 도적떼는 그들이 도움을 요청해 사람들을 몰고 오는 것이라고 여기고 잽싸게 말고삐를 놓고 줄행랑을 쳤다.

반면에 반고와 관리를 뒤따라오던 사람들은 앞에 긴 창을 든 도적떼가 있는 것을 보고 놀랐으나 그들에게서 자초지종을 듣고 화가 누그러졌다. 그리고 반고의 명석함을 칭찬했다. 반고와 관리인은 품에서 은 두 냥을 꺼내 술항아리 값의 두 배를 보상했고 그들에게서 다른 술항아리도 샀다.

여우의 지혜 힘이 없다면 힘을 빌려라.

236 몰래 암호를 남기다

남송(南宋) 고종(高宗) 20년, 경동(京東)에 왕지군(王知軍)이라고 불리는 사람은 재물이 많기로 유명했다. 그날은 왕지군부부가 손님을 모시고 술을 마시는 바람에 밤늦게 잠이 들었다. 밤이 깊어지자 왕지군의 집에 강도가 들었고 그들은 왕지군의 아이들과 하녀들을 줄로 묶었다.

그러자 하인 한 명이 소리를 질렀다.

"집안에 있는 재물을 관리하는 사람은 남씨 부인 한 명뿐이에요! 어째서 우리까지 묶는 거예요?"

그의 말대로 남씨 부인은 왕지군의 총애를 받는 하인으로, 왕지군의 재물을 모두 관리하고 있었다. 그녀가 하인들 무리에서 나와 강도에게 말했다.

"주인집에 있는 모든 재물은 제 손으로 관리합니다. 만약에 원하신다면 아낌없이 내놓겠습니다. 그러니 곤히 주무시고 계시는 주인님과 사모님을 놀라게 하지 말아주셨으면 합니다."

말을 마친 남씨 부인은 큰 촛불을 들고 강도들을 서쪽 방으로 데리고 갔다. 그리고 방안에 있는 상자를 가리키며 말했다.

"모두 저 안에 있으니 마음대로 가져가십시오."

남씨 부인은 이렇게 말하더니 강도에게 열쇠를 건네주었다. 강도들은 이불을 뜯어서 큰 보자기를 만들고 값비싼 물건들을 그 안에 마구 담았다. 마침 들고 있던 촛불이 다 타고 없어지자 남씨 부인은 그들에게 촛불 하나를 다시 켜주었다. 강도들은 기분 좋게 재물을 실컷 쓸어 담은 후 그곳을 떠났다.

강도들이 떠난 후에야 남씨 부인은 왕지군을 깨웠다. 왕지군은 남씨 부인이 강도에게 집안에 있는 재물을 모조리 내어줬다는 얘기를 듣고 성장히 분노하였다. 하지만 남씨 부인은 왕지군에게 침착하게 말했다.

"걱정 마십시오. 제게 생각이 있어서 그렇게 했습니다. 강도들 모두 하얀색 옷을 입고 있었습니다. 제가 그들에게 촛불을 건네주면서 일부러 촛농을 그들의 등에 떨어뜨렸지요. 주인님께서 사람을 풀어 촛농의 흔적을 찾아보신다면 쉽게 도둑을 잡을 수 있을 겁니다."

과연 남씨 부인의 말대로 도둑들은 이틀도 되지 않아 모조리 잡혔다. <ins>여우의 지혜</ins> 보이는 곳에서 날아오는 창을 피하기는 쉽지만 뜻하지 않은 화살은 막아내기 어렵다. 겉과 다른 꿍꿍이를 가진 적과 싸우는 날은 정말 재수 없는 날이다.

237 신의 종

송(宋)왕조의 진상(陳襄)이 지방의 지사를 맡고 있을 때 일이다. 어느 행인이 도둑을 맞아 이를 관가에 신고했다. 이 일을 맡은 관사는 몇 명의 혐의자를 가려냈지만 그들 모두 자신의 혐의를 완강히 부인했다. 게다가 서로 미리 연락을 취하고 입을 맞춘 터라 사건은 더욱 미궁에 빠졌다. 그러자 진상은 묘책을 강구하고 다시 혐의자들을 불러 이렇게 말했다.

"어떤 사원에 '신의 종'이라는 것이 있는데, 그건 도둑을 판별할 수 있는 신기한 능력이 있다. 죄를 진 사람이 그 종을 만지면 종이 곧 울린다지. 물론 나쁜 짓을 하지 않은 사람이 만졌을 때는 절대 울리지 않지. 그 종을 이용하면 너희들이 인정하지 않더라도 우리는 진짜 범인을 알아낼 수 있어. 그때 제대로 응징할 테니 각오하도록 하라."

곧이어 진상은 관리를 시켜 혐의자들을 모조리 사원으로 데려가도록 했다. 그리고 사원으로 가기 전에 사람을 시켜 미리 종에 먹을 칠한 뒤 큰 천으로 종을 가리라고 지시해두었다.

혐의자들이 종 앞에 도착한 후 진상은 그들에게 돌아가면서 종을 만지라고 했다. 한 사람씩 돌아가며 종을 만졌지만 종소리는 나지 않았다. 잠시 후 재상은 혐의자들에게 손을 뻗으라고 했고 진상은 혐의자들의 손을 검사했다. 그러던 중 유일하게 한 사람의 손에만 먹이 묻어있지 않은 것을 발견했다. 마침내 진상은 그를 단독으로 심문한 끝에 오랜 시간 관리들을 골치 아프게 했던 사건을 종결지었다.

과연 왜 범인의 손에만 먹이 묻지 않았을까? 그것은 진짜 도둑은 종을 만질 때 정말 종소리가 날까봐 손을 대는 척만 하고 사실은 손을 대지 않았기 때문이다.

여우의 지혜 측면에서 공격하는 법을 배워라. 정면으로 부딪쳐도 통하지 않는 일은 방향을 바꿔서 제3의 방법을 쓰는 편이 좋다.

238 탁자 아래에 눈과 귀를 설치하다

명(明)나라 때 어느 도적떼의 우두머리가 붙잡혀 재판을 받았다. 그는 같은 패거리인 다응향(多應亨)과 다방재(多邦宰)가 공범임을 털어놓았는데 평소 겁이 없고 극악무도했던 이 두 사람은 검거된 후 순순히 죄를 인정했다. 그런데 어느 날 갑자기 잡혀온 다(多)씨 형제의 모친이 관가에 와서 아들의 죄를 면제해달라고 요청하는 진정서를 제출했다. 그리고 그 진정서에는 그들의 우두머리가 증인이라고 쓰여 있었다.

처음 잡혔을 때는 분명히 다응향과 다방재가 자기의 공범이라고 자백했으면서 이제 와서는 그들의 결백을 증언하겠다니, 판관들은 사건의 진위가 도대체 무엇인지 매우 혼란스러웠다. 그러나 판관 왕양명(王陽明)은 우두머리가 다씨 가문에게서 대가성 재물을 받고 말을 바꿔 그의 죄명을 벗겨주려는 것뿐이라고 판단했다. 그리하여 왕양명은 사건의 진상을 밝혀내기 위해 재심을 하기로 결정했다.

그는 관가 뒤에 좁고 긴 탁자를 설치하고 세 명의 혐의자들을 그곳으로 불렀다. 그런데 재심을 시작한 지 얼마 되지도 않았을 때 왕양명은 갑자기 관가에 영빈관의 귀빈 가마가 들어온다는 보고를 받고 다급하게 자리를 떠났다. 얼마 후 왕양명이 다시 관가 뒤로 돌아오자 난데없이 탁자 아래에서 사람이 튀어나왔다. 그는 왕양명에게 이렇게 말했다.

"방금 판사님께서 안 계시는 동안 우두머리가 저 두 죄인에게 '조금만 더 참아라. 때가 되면 내가 너희를 꼭 풀어주겠다'라고 말했습니다."

알고 보니 그 사람은 바로 왕양명의 명령을 받고 탁자 밑에 숨어있던 신하였다. 왕양명은 신하를 숨기고 자신이 없는 동안 혐의자들이 주고받는 말을 몰래 듣도록 지시했던 것이었다. 도둑들은 자기들이 왕양명의 속임수에 넘어갔다는 사실을 알고 크게 놀랐다. 그러고는 땅바닥에 엎드려 머리를 조아리며 용서를 빌었다.

여우의 지혜 '선의의 속임수'는 일종의 암묵적 교역이다.

239 스스로를 지키는 방법

서양의 대표적인 추리소설 작가인 아가사 크리스티(Agatha Christie)는 어느 날 친구의 생일파티에 참석했다가 새벽 2시가 되어서야 혼자 집에 돌아오게 되었다. 깜깜한 길을 걷고 있을 무렵, 갑자기 건물 뒤쪽에서 키 큰 남자가 나타났다. 그는 손에 날카로운 칼을 쥐고 아가사를 위협했다.

"누구세요?"

아가사가 무서움에 떨며 물었다.

"귀걸이 내놔!"

아가사는 코트의 옷깃으로 자신의 목걸이는 살짝 가리면서 귀걸이를 뺐다. 그리고 귀걸이를 땅바닥에 떨어뜨리면서 말했다.

"자, 가져가세요! 그럼 전 이제 가도 되죠?"

강도는 그녀가 귀걸이에 전혀 연연하지 않는 모습을 보고 목걸이를 감추려고 애쓰고 있다는 사실을 알아차렸다.

"아냐, 목걸이나 내놔!"

"안돼요. 이 목걸이는 완전히 싸구려예요. 가져가도 소용없다구요."

"거짓말하지 마! 어서 내놔!"

아가사는 손을 부들부들 떨면서 내키지 않는 척 자신의 목걸이를 빼주었다. 강도가 아가사의 목걸이를 가지고 사라진 뒤 아가사는 땅바닥에 떨어져 있는 귀걸이를 주웠다. 사실은 강도가 가져간 아가사의 목걸이는 겨우 6파운드짜리 가짜였고 아가사가 땅바닥에 던져버린 귀걸이는 약 480파운드짜리 진짜였다. 상식적으로 사람들은 가장 가치 있는 물건을 뺏기지 않으려고 한다. 아가사는 순간적으로 이런 상식을 이용해서 위급한 상황에서 오히려 강도를 속이는 재기를 발휘했다.

여우의 지혜 어떤 상황에서는 상식을 뒤집는 방법이 더욱 안전하다.

240 탐정과 여자사기꾼

빠르게 질주하는 열차 안에서 탐정 존스가 조용히 소설책을 읽고 있었다. 그런데 갑자기 어떤 여자가 그 곁을 지나가다 그와 부딪치는 바람에 존스는 고개를 들고 그녀를 쳐다보았다. 눈부신 금발과 아름다운 푸른 눈을 가진 여자였다.

'이 여자 왜 이렇게 낯익지? 꼭 어디서 본 것 같은데…… 어? 혹시 그 여자?'

존스는 슬그머니 자리에서 일어나 그 여자를 따라 걸어갔다. 그는 앞으로 다섯 칸을 더 가봤지만 그림자도 발견하지 못했다. 이내 포기하고 돌아온 존스는 화장실로 들어갔다. 그런데 존스가 문을 열고 화장실로 들어가자 신기하게도 화장실 문이 저절로 닫히는 것이 아닌가. 존스는 화장실 문에 아까 그 금발의 여자가 서있는 모습을 보고 깜짝 놀랐다.

"나한테 관심 있어요?"

금발의 여자가 야릇한 미소를 지으며 말했다. 존스는 어깨만 으쓱거릴 뿐 아무 말도 하지 않았다.

"난 당신이 어떻든 상관없어요. 돈이나 좀 내봐요. 안 그러면 나가서 '이 남자가 나를 강간했어요!'라고 소리 지르겠어요."

금발의 여자는 문고리를 잡은 채 존스를 표정 없이 노려보았다. 그 순간 존스는 재빨리 머리를 굴렸다.

'어떻게 해야 이 여자가 사기꾼이라는 걸 사람들한테 밝힐 수 있을까? 이미 내 금시계를 보고 나를 유인한 것 같으니 돈이 없다고 잡아떼도 소용없을 것 같고……그렇다고 저 여자를 확 붙잡으면 되레 사람들한테 변태라는 오해나 받을 텐데……. 아, 어쩌지? 정말 증거가 될 만한 게 없을까?'

그런데 문득 존스는 좋은 생각이 떠올랐다.

존스는 귀가 안 들리는 척을 하며 그녀에게 무슨 말인지 종이에 써달라고 했다. 그러자 여자는 그다지 머리가 좋지 않은지 정말 존스가 귀머거리라고 믿고 그가 원하는 대로 글로 써주었다. 그러자 존스는 총을 꺼내며 말했다.

"알았네, 돈은 경찰서에 가서 주면 되겠군."

존스는 이렇게 증거가 없어 불리한 상황에서 침착하고 현명한 방법으로 결정적 증거를 만들어냈다.

여우의 지혜 독사를 잡으려면 뱀이 스스로 기어 나오는 구멍을 먼저 공략하라.

241 미인의 긴급신고

미스 워커는 자기의 저택 안에서 한가롭게 텔레비전을 보고 있었다. 그런데 갑자기 테라스 문이 열리더니 누군가 집안으로 쳐들어와 그녀를 위협했다. 그 순간 미스 워커는 비명을 지르며 바닥에 엎드렸다.

"조용히 해! 다시 한번 소리 지르면 죽여 버리겠어!"

침입자는 테라스 문을 닫고 워커 곁에 앉았다. 그녀는 용기 내어 살짝 고개를 들고 침입자의 얼굴을 쳐다보았다. 그 사람은 방금 전에 텔레비전에서 보았던 수배자였다. 놀란 워커는 두 손으로 눈을 가리고 벌벌 떨었다.

"이봐, 아가씨, 현금 좀 내놔 봐. 많으면 많을수록 좋아."

침입자의 말에 그녀는 고개를 가로저었다.

"뭐? 현금이 없다구? 그럼 돈이 될 만한 액세서리 정도는 있겠지?"

침입자는 미스 워커가 손에 끼고 있던 보석반지를 빼내면서 이제는 음란하게 치근덕거리기 시작했다.

"오늘밤엔 이 집에 머물러야겠군. 눈앞에 아름다운 미인을 두고 어떻게 그냥 갈 수 있겠어?"

그런데 그 순간 갑자기 문 밖에서 사이렌소리가 들리더니 곧이어 누군가 대문을 두들겼다. 침입자는 흠칫 놀라며 날카로운 칼을 더욱 꽉 쥐었다. 문 두들기는 소리가 점점 커지자 침입자가 미스 워커에게 이렇게 말했다.

"빨리 나가서 자고 있었다고 말해. 용건이 있으면 내일 오라고 말이야."

침입자는 날카로운 칼을 미스 워커의 등에 겨누고 그녀를 문 쪽으로 떠밀었다. 그녀는 문 쪽으로 걸어가면서 열심히 해결방법을 생각했다. 그리고 문 앞에 도착한 뒤 떨리는 목소리로 말했다.

"누구세요?"

그러자 밖에 있는 사람이 대답했다.

"저는 스컬 형사입니다. 미스 워커, 혹시 이 근처에서 수상한 사람을 보지 못했습니까?"

"아뇨, 아무도 못 봤는데요. 그리고 우리 남편은 방금 워싱턴에서 제가 부탁한 물건을 사온 터라 피곤해서 벌써 잠들었구요. 죄송하지만 깨울 수가 없네요. 내일 다시 와보시겠어요?"

"아, 네. 협조해주셔서 대단히 감사합니다. 내일 다시 오겠습니다. 안녕히 주무십시오."

형사는 말을 마치고 사라졌다.

"정말 배우라고 해도 믿겠군!"

침입자는 즐거워하며 술을 벌컥벌컥 들이마셨다. 바로 이때 테라스 문이 열리고 스컬 형사가 침입자에게 총을 겨누고 거실로 들어왔다.

"움직이지 마! 손들어!"

스컬 형사의 지시에 침입자는 꼼짝도 못하고 두 손을 들었다.

사실 스컬 형사는 미스 워커가 미혼이라는 사실을 미리 알고 있었다. 그래서 집안에 남편이 있다는 말에 의심을 가졌던 것이다. 게다가 스컬 형사는 그녀가 다른 사람한테 자기 물건을 부탁하지 않는 성격이라는 것도 잘 알고 있었다.

미혼인 여성에게 있을 수 없는 남편이, 게다가 그녀가 부탁한 물건을 사왔다는 말을 듣고 스컬 형사는 재빨리 그녀가 난처한 상황에 처했다는 사실을 눈치 챘다. 그리고 미스 워커 집안에 낯선 남자가, 그것도 수배자가 있다는 사실을 추리해낸 것이다.

이렇게 미스 워커는 지혜롭게 행동하여 위험한 상황을 극복했다. 물론 형사 스컬도 명확하게 판단하고 민첩하게 행동했기 때문에 수배자를 잡는 데 성공했다.

여우의 지혜 고의로 드러나는 거짓말을 해서 상대방의 의심을 유도하거나 자신의 의견을 지혜롭고 확실하게 전달하는 것은 그 사람의 주의를 끌기 위한 유용한 방법이다.

242 여자 분장사가 탈옥수에게 분장을 해주다

어느 날 일본의 유명한 여자 분장사의 집에 갑자기 불청객이 들이닥쳤다. 웬 남자가 손에 칼을 들고 분장사를 위협한 것이다.

"어서 빨리 분장해줘! 난 반 년 동안이나 감옥에서 썩다가 오늘에서야 도망쳤단 말이야. 완벽한 분장을 해준다면 해치지 않겠어. 하지만 조금이라도 허술했다가는 오늘이 당신 제삿날이 될 줄 알아!"

분장사는 탈주범의 요구를 듣고 순순히 응했다.

"어떻게 해드릴까요? 어떤 스타일이든 말만 하세요. 아, 그래요. 여자로 변장하면 어떨까요?"

"싫어! 여자로 변장하면 행동하기 불편하단 말이야. 그냥 내 얼굴이 드러나지만 않게 하면 돼."

"알았어요. 그럼 못생긴 중년의 남자로 만들어 줄게요."

분장사는 신속하게 탈주범에게 분장을 해주기 시작했고, 잠시 후 탈주범은 못생긴 중년의 남자로 다시 태어났다. 탈주범은 자신의 모습을 거울에 비춰보면서 마음속으로 굉장히 만족했다.

'지금부터 마음 졸이면서 여기저기 도망 다닐 필요가 없겠군.'

그는 분장사의 집을 떠날 때 그녀가 신고하지 못하도록 몸을 묶고 수건으로 입을 막았다. 그러나 탈주범은 큰길에 들어서자마자 즉시 경찰에게 잡히고 말았다.

왜 분장사는 그 남자를 하필 못생긴 중년의 남자로 분장시켰을까? 그녀는 어떻게 하면 탈주범이 체포되게 할 수 있을까 궁리하다가 며칠 전

길거리에서 본 지명수배자 전단을 떠올렸고, 그 모습처럼 분장을 시켰다. 그렇기 때문에 탈주범이 공공장소에 들어서자마자 경찰들의 주목을 받게 된 것은 당연한 일이다.

여우의 지혜 자신의 의도를 드러내지 말고 은밀하게 행동하라.

243 어느 국왕의 범인 잡는 기술

옛날 옛날에 국왕의 목걸이가 궁 안에서 도둑을 맞았다. 국왕은 궁 안에 있는 모든 사람을 한 명씩 불러 캐물어 보았지만 아무도 자기가 그랬다고 실토하지 않았다. 그러나 국왕은 섣불리 화내지 않고 범인을 밝혀낼 수 있는 좋은 방법을 생각해 보았다. 그는 우선 궁 안에 사는 사람들을 소집해서 그들에게 길이가 같은 나무막대를 하나씩 나누어 주었다. 그리고 이렇게 말했다.

"목걸이를 훔친 자의 나무막대는 하룻밤 사이에 2센티미터 길어질 것이다."

목걸이를 훔친 범인은 국왕의 말을 듣고 굉장히 불안했다. 그는 어떤 방법을 써야 국왕의 추궁을 피할 수 있을지 요리조리 궁리하다 칼을 꺼내서 나무막대를 2센티미터 잘랐다.

다음 날, 국왕은 궁 안의 사람들을 불러 나눠줬던 나무막대를 내라고 지시했다. 그리고 그는 짧아진 나무막대 하나를 발견하고 그 즉시 하인을 시켜 범인을 잡아냈다. 그를 제외한 모든 사람의 나무막대는 길이가 변함없이 같았다.

지혜로운 국왕은 도둑이 어리석은 짓을 하여 자기 스스로 범인임을 드러내도록 만들었다.

여우의 지혜 죄를 지은 사람은 작은 충격에도 지나치게 반응한다.

244 단서를 남겨 흔적을 찾아가다

일본 동경의 전철 종착역에 열차가 도착하자, 프랑스 기자 안나가 열차에서 제일 먼저 뛰어나오며 경찰에게 소리쳤다.

"지갑이 없어졌어요. 도와주세요."

경찰은 유감스러웠지만 어쩔 도리가 없었다.

"미안해요. 그렇다고 모든 승객의 몸을 수색할 순 없습니다."

그러자 안나가 말했다.

"몸을 수색할 필요도 없어요. 남자들한테 신발을 벗으라고 해서 발등만 살펴보면 돼요. 제가 아까 소매치기 발을 밟았거든요. 그러니까 분명히 발등에 내 신발 자국이 남아있을 거예요."

사실 안나는 전철 안에서 등 뒤에 있던 어떤 남자가 한 손을 자신의 가슴 쪽으로 뻗으면서 다른 한 손으로 자신의 지갑을 꺼내가는 것을 눈치 챘다. 그녀도 진작 동경 전철에 소매치기가 많다는 이야기를 들어서 알고 있던 터라 신중하게 대처했다. 그래서 소매치기가 현장에 있을 때 소리를 지르면 칼에 찔릴 수도 있기 때문에, 소리 지르는 대신에 앞사람한테 밀리는 척하면서 발을 뒤로 내딛었던 것이다.

경찰은 재빨리 출동해서 발등에 뻘건 흔적이 있는 남자를 찾아냈고 그의 몸을 수색하여 안나의 지갑을 발견했다.

훗날 누군가가 호기심을 가지고 안나에게 물었다.

"그때 네가 발을 밟은 남자가 소매치기가 아니라 정말 그냥 여행객이었으면 어쩔 뻔했니?"

그러자 안나가 대답했다.

"만약에 그가 단순한 여행객이었다면 내가 발을 밟았을 때 분명히 나한테 뭐라고 했을 거야. 그런데 그 놈은 아무 소리도 내지 않았어. 찔리는 게 있으니까 그랬던 거지. 난 이 점을 이용해서 그 놈한테 도장을 찍어뒀던 거야."

여우의 지혜 교묘하게 흔적을 남겨 그 단서를 근거로 범인을 찾는 것은 훌륭한 지혜이다.

245 강도를 속이다

명나라 장공(張公)이 어느 현(縣, 중국의 지방행정 단위-역주)을 관리하고 있을 때의 일이다. 어느 날 두 명의 대도, 임경(任敬)과 고장(高章)이 그의 마을에 와서 조정의 금의위 사절이라고 사칭하며 장공에게 인사를 올렸다. 임경은 장공의 오른손을 잡았고 고장은 장공을 안았다. 이어 임경이 웃으면서 말했다.

"장공! 제가 어찌 여기까지 왔는지 모르시겠습니까? 저는 장공에게 금고에 있는 금을 빌리러 왔습니다."

임경이 말을 마치기가 무섭게 고장이 비수를 꺼내어 장공의 목에 갖다대며 말했다.

"만약에 순순히 우리에게 협조한다면 너의 목숨만은 살려줄 것이다. 허나 그렇지 않으면 넌 끝장인 줄 알아!"

그러자 장공이 침착하게 말했다.

"다행히 너희가 원하는 건 내 목숨이 아니구나. 내 아무리 어리석어도 그깟 재물 때문에 목숨을 버릴 순 없지! 그나저나 너희들도 금의위 사절이라고 속였으면 됐지, 뭐하러 굳이 진짜 신분을 드러냈느냐? 다른 사람이 너희의 진상을 알면 피차 곤란할 텐데 말이다."

두 강도는 장공의 말이 꽤 일리 있다고 생각했다. 장공이 또 말했다.

"국가금고에 있는 금을 가져갔다가 다른 관리들에게 쉽게 발각되느니 차라리 현 안에 있는 부자에게 돈을 빌리는 편이 낫겠다. 이렇게 하면 너희도 위험하지도 않고 나도 훗날에 죄를 물어 관직을 내놓을 필요도 없으니 일거양득 아니겠느냐?"

두 강도는 장공의 의견에 찬성했다. 장공은 영리한 부하 유상(劉相)을 불러 이렇게 지시했다.

"나를 잡아가려고 조정에서 오신 분들이다. 만약 이대로 끌려간다면 난 죽음을 면치 못할 게야. 하지만 다행스럽게도 내게 기회를 주시겠다고 하니 이 분들께 금 오천 돈으로 고마움을 대신하고 싶구나."

유상이 장공의 말을 듣자마자 놀라며 말했다.

"장공, 어디 가서 그렇게 많은 금을 가져오라는 말씀이십니까?"

장공이 말했다.

"나는 우리 현에 잘 산다는 사람들을 잘 알고 있지. 게다가 그들은 남 도와주기를 좋아하니 별 문제 없을 거네. 나 대신에 자네가 좀 다녀오게나."

장공은 붓을 들어 마을에서 재산이 많은 사람이 누구이고 또 그에게 얼마나 빌릴 수 있는지 모두 9명의 이름을 썼다. 그런데 사실 그 9명은 재산이 많은 부자가 아니라 힘이 센 장사들이었다. 유상은 9명의 명단을 보고 즉시 무언가를 깨달은 눈빛을 장공에게 보낸 뒤 물러갔다.

얼마 후 유상이 장공이 추천한 9명의 부자들을 데리고 왔다. 하지만 그들이 손에 들고 온 것은 돈다발이 아니라 종이에 둘둘 말아 숨긴 무기였다. 9명의 장사들은 강도들 앞에서 종이에 싼 것이 금인 양 행동했다. 임경과 고장은 금이 도착했다는 보고를 듣고 벌 듯이 기뻐했다. 비로 그 때 장공은 강도들이 금을 집으려는 순간을 틈타 몸을 돌려서 황급히 도망쳤다. 임경은 도망가는 장공을 잡으려고 했지만 실패하자 스스로 자살했고 고장은 임경을 따라 자살을 시도하려다 9명의 부자들에게 저지당해서 심한 고문을 당한 후에 사형선고를 받고 사지가 찢기는 죽음을 맞이했다. 장공은 마침내 지혜와 용기로 흉악한 적들을 물리쳤다. 이것은 어리석은 두 강도는 결코 예상하지 못한 결과였다.

<u>여우의 지혜</u> 계획을 가진 사람만이 더 넓은 세계로 나갈 수 있는 출구를 가지고 있다. 힘들고 어려운 일이 닥치더라도 마음을 다스려 계획대로 실천하면 결국 어려움에서 벗어날 기회를 얻는다.

246 스스로 악의를 노출시키다

스페인의 거부인 네카의 다섯 살짜리 딸 멜로디가 등굣길에 3명의 악당들에게 유괴 당했다. 몇 시간 후 네카는 악당들로부터 전화를 받았는데 그들은 천만 달러를 요구하며 협박을 했다. 네카가 말했다.

"지금 당장 마련할 수 있는 돈은 고작 삼백만 달러뿐이오. 시간을 좀 더 주시오. 하지만 딸아이가 봉변이라도 당하지 않을까 걱정이군요."

그 순간 지혜로운 네카는 가수인 아내의 새 음반이 떠올랐다. 그녀의 음반에 있는 사진을 보면 그녀의 눈동자에 사진사의 형상이 비친 것을 알 수 있었다. 네카는 다시 악당들의 전화를 받았을 때, 딸아이가 살아있는 증거로 아이의 사진을 찍어서 보내달라고 했다.

네카는 딸아이의 사진을 받고 즉시 경찰에게 건네주었다. 사진을 받은 경찰 측의 촬영전문가는 정밀한 기계를 이용하여 멜로디의 눈동자를 크게 확대했다. 그랬더니 과연 네카의 예상대로 아이의 눈동자 안에 악당들의 형상이 보이는 것이 아닌가! 경찰은 납치범 중에 한 명이 상습범임을 밝혀내고 그가 평소에 자주 출몰하는 곳에 경찰을 배치했다.

그래서 사건 수사는 발생 12일 만에 급속도로 진전되었고 경찰은 이 단서를 근거로 결국 멜로디를 구출하는 데 성공했다. 악당들은 검거당하는 순간에도 그들이 잡힌 이유가 여자아이의 예쁜 눈동자 때문이라는 사실을 알지 못했다.

<u>여우의 지혜</u> 심도 있는 사고력과 재빠른 연상 작용은 마치 큰 물고기를 낚는 그물과 같다. 넓게 사고하면 문제해결의 열쇠를 쥘 수 있다.

247 슬그머니 살인범의 발을 묶다

실습경관 토시는 구두닦이로 변장하고 길거리에서 행인들을 관찰하고 있었다. 왜냐하면 어느 극악무도한 살인범이 이 도시로 활동무대를 넓힐 것이라는 정보를 입수했기 때문이었다.

토시는 행인들을 관찰하느라 경계를 늦추지 않고 있는데 갑자기 검은 점퍼를 입은 건장한 남자가 그의 앞에 걸터앉더니 양쪽 구두를 내밀었다.

"이봐, 깨끗하게 닦아봐. 바쁘니까 빨리해!"

토시는 손님이 오자 바삐 움직였던 시선을 멈추고 고개를 들었다. 그런데 이런 우연이 있을 수가! 구두를 닦으러 온 손님은 바로 토시가 잡으려는 그 살인범이었다.

깜짝 놀란 토시가 멍하게 바라보고 있자 건장한 남자가 다시 독촉하며 말했다.

"이봐, 뭘 그렇게 꾸물거리는 거야! 내가 당신 가슴이라도 후려갈길까봐 그래? 빨리 하라고!"

건장한 남자는 토시를 노려보았다. 키가 크고 건장한 몸집 때문에 의자가 삐거덕거렸다. 토시는 얼른 구두를 닦으면서 생각했다.

'어떻게 하지? 내가 총을 꺼내면 분명 저 놈이 먼저 눈치를 채게 될 거야. 그렇다고 손에 들고 있는 구둣솔로 때려잡을 수도 없고…… 아, 이건 너무 우습군…… 저 큰 몸집을 보아하니 아무래도 힘으로는 안 될 것 같아. 힘들이지 않고 저 놈을 잡을 수 있는 방법이…… 자, 진정하고 생

각해보자……'

토시는 구두를 닦다가 신속하게 건장한 남자의 양발을 꽁꽁 묶었다. 그리고 큰소리치며 지원을 요청했다.

"경장님! 범인이 여기 있어요!"

건장한 남자는 토시의 행동을 보고 깜짝 놀라 도망가려고 의자에서 벌떡 일어났지만 곧바로 '꽈당!' 하는 소리와 함께 그대로 고꾸라졌다. 바로 이때 토시가 총을 꺼내 범인의 머리를 겨눔으로써 확실하게 그를 제압했다.

이렇게 재치를 발휘한 실습경관 토시는 극악무도한 살인범을 잡는 데 성공하였다.

여우의 지혜 상대방의 손과 발을 꼼짝 못하게 하는 방법은 그의 전부를 제압하는 방법이다.

248 강도의 총알을 없애다

어느 늦은 밤, 채플린은 많은 돈을 가지고 시골 별장으로 향하는 차에 몸을 실었다. 그런데 재수 없게도 도중에 총을 든 강도를 만나는 바람에 강제로 돈을 빼앗길 위기에 처했다. 채플린은 돈을 내주면서 강도에게 이렇게 말했다.

"이봐, 나를 좀 도와줄 수 없겠나? 자네 총으로 내 모자에 구멍을 좀 내주게. 그래야 주인에게 왜 돈을 못 가져왔는지 변명이라도 할 수 있지 않겠나?"

강도는 채플린의 말을 듣고 그럴 듯하다 싶어 그의 모자에 총구멍을 몇 개 내주었다.

"이왕 하는 김에 내 겉옷에도 좀 쏴주게."

이번에도 강도는 채플린이 바라는 대로 해주었다.

"바지에도 좀 쏴주면 더 좋을 것 같군."

강도는 계속되는 요구에 참지 못하고 채플린에게 욕을 해댔지만 그래도 그의 요구대로 바지에 총을 쏴주었다. 그런데 바지에 몇 발 쏘지도 않았는데 더 이상 총소리가 나지 않았다.

채플린은 비로소 강도의 총에 총알이 없음을 눈치 채고 돈주머니를 챙겨 잽싸게 달아났다. 강도는 그제야 자기가 채플린에게 속았다는 사실을 알았다.

채플린은 강도의 목적은 돈을 훔치는 것이기 때문에 괜히 안주고 버티다가는 강도가 쏜 총에 맞을지도 모른다고 생각했다. 그래서 우선 순순히 돈을 주고 강도를 유인해 총알을 다 써버리도록 한 다음 총알이 없는 것을 확인하고 마음 편히 도망쳤던 것이다.

총명한 채플린은 이렇게 지혜로운 방법으로 위기에서 벗어날 수 있었다.

여우의 지혜 당신을 위협할 수 있는 모든 것들을 소모할 수 있도록 만들어라.

III. 뛰어난 재능과 원대한 작전

경쟁자는 마치 등불처럼 길 위에서 당신을 밝혀주기도 하고, 가끔은 발걸음을 멈추고 자신을 돌아보게 해주며, 코앞에 닥친 위험도 지혜롭게 대처하여 벗어날 수 있도록 도와준다.

249 케사르가 왕이라고 불리지 않은 이유

케사르는 고대 로마의 유명한 정치가이자 군사전문가였다. 그는 일생동안 수많은 전쟁에 참여했고 훌륭한 공로를 세워 그 명성이 자자했다. 그래서 후세에 그는 '왕'이라 불릴 수 있을 만큼 존경받았지만 사실은 진짜 왕도 아니었고 스스로도 그렇게 불리기를 거절했다.

기원전 44년 2월 15일, '풍년을 비는 의식'에서 집권관 안토니오가 갑자기 자신이 준비한 월계수왕관을 케사르에게 씌웠다. 안토니오는 케사르가 왕의 의복을 입으면 수많은 백성들이 이구동성으로 '만세'를 외치며 환호할 것이라고 생각했다. 솔직히 말하면 사실 케사르도 왕 노릇쯤이야 못 할 것 없다고 생각했다. 하지만 정작 백성들은 그렇지 않았다. 케사르가 왕이 되기를 바라는 사람은 오직 안토니오 한 사람뿐이었던 것이다. 그 순간 케사르도 백성들의 냉담한 반응을 눈치 챘다. 그리고 즉시 생각을 바꾸고 왕관을 벗어던지며 그 자리에서 안토니오를 파면했다. 그러자 갑자기 백성들 사이에서 폭발적인 환호성이 터져 나왔다.

그리고 또 한번은 케사르가 전쟁을 마치고 로마로 돌아왔을 때 환영하는 군중 사이에서 또 어떤 사람이 '케사르 대왕 만세!'라고 큰소리로 외쳤다. 이에 케사르는 전처럼 의기양양해하지 않고 오히려 큰소리로 그를 나무랐다.

"나는 대왕이 아니라 케사르이다!"

이때부터 다시는 그를 케사르 대왕이라고 경솔하게 부르는 사람이 없었다.

물론 케사르도 왕이라고 불려지고 싶은 마음이 없었던 것은 아니다. 하지만 그를 왕이라고 부르는 사람이 매우 드물다는 사실을 알고는 과감하게 왕관을 벗어 던졌다. 그리고 단호하게 왕을 하지 않겠다고 다짐하고 나니 백성들의 마음을 불쾌하게 만드는 실수를 피할 수 있었다. 더욱이 누군가의 질투대상에서 제외되었고 백성들의 인심을 얻는 데에도 큰 성공을 거두었다.

역시 케사르는 뛰어난 재능과 원대한 계략을 지닌 훌륭한 정치가임에 손색이 없었다.

여우의 지혜 시대의 요구에 즉각 대응할 줄 아는 사람을 '영웅'이라고 한다. 그러므로 사람을 대할 때는 상대방의 말과 안색을 살펴보고 그의 의중을 헤아릴 줄 알아야 한다. 성공하지 못하는 대부분의 사람들은 외부 세계에 대한 반응에 더디고 시대의 흐름을 거스르며 남의 의견을 무시하고 독단적으로 행동한다.

250 강자와 맞담배피기

사람들이 비스마르크(Otto von Bismarck)를 '무역 수상'이라고 부르는 이유는 그가 근대외교사에서 중요한 정치가 역할을 했기 때문이다.

36세에 비스마르크는 브루스라는 사람을 프랑크푸르트 연방의회에 대사로 파견했다. 그때 프랑크푸르트 연방의회는 각 나라 권력가들의 조직이었는데, 연방국 지도권을 쟁취하기 위해서 각 나라 권력가들 사이의 언쟁이 매우 격렬하게 이루어지는 정치적 모임이기도 했다.

당시 오스트리아는 연방국 중 가장 큰 권력과 우세한 위치를 차지하고 있었기 때문에 오스트리아 대표 역시 의회에서 항상 많은 특권을 누리고 있었다.

평소 브루스는 프랑크푸르트 의회의 불평등과 오만한 오스트리아 주석에게 불만이 많았다. 오스트리아 대표에 비하면 보잘 것 없는 권력을 가진 브루스였지만 적당한 기회만 온다면 오스트리아 대표에게 한번 도전을 해봐야겠다고 생각했다.

특히 이 의회에는 문서화되지 않은 특이한 관례가 있었는데 그것은 회의를 시작할 때 오로지 주석의 임무를 맡고 있는 오스트리아 대표만이 담배를 필 수 있는 특권을 가진다는 것이었다.

브루스는 여기에서 돌파구를 찾아 우선 이 불평등한 관례부터 변화시켜야겠다고 결심했다. 브루스는 당돌하게 주석이 시가를 꺼내 물 때 그도 담배 한 대를 꺼내면서 주석에게 불을 빌려달라고 말을 건넸고, 결국 주석과 맞담배를 피우는 결과를 연출해내고 말았다. 다른 사람들 눈에는 이 사소한 평등만으로도 마치 브루스와 오스트리아 대표의 지위와 권력이 동등한 것처럼 보였다.

여우의 지혜 사람들은 높은 곳을 향해 올라가고자 한다. 당신이 어떠한 위치에 있다는 사실은, 곧 더 높은 위치에 오를 수 있음을 의미한다.

251 침묵의 대통령

쿨리지(Calvin Coolidge)는 제 29대 대통령 하딩(Warren Harding)이 재임할 당시 부통령에 재직했던 인물이다. 1923년 8월 2일, 그는 아버지 농장에서 휴가를 보내던 중 갑자기 하딩 대통령이 서거했다는 전보를 받고 그 이튿날 바로 대통령으로 취임했다.

쿨리지는 청렴결백한 정치철학을 신봉하기 때문에 '참견하시 않는 정부가 가장 좋은 정부'라고 여겼다. 그래서 쿨리지의 별명은 '침묵의 캐빈'이었다. 쿨리지는 마음만 먹으면 몇날 며칠 한 자리에 앉아 담배만 피우고 아무 말도 하지 않을 정도였다.

1924년 대선 때의 에피소드이다. 어느 열성적인 기자가 쿨리지에게 바짝 다가가 물었다.

"이번 대선을 어떻게 예상하십니까?"

"노코멘트입니다."

그러자 다른 기자가 물었다.

"최근 세계정세에 대해 말해주십시오!"

"노코멘트입니다."

여전히 쿨리지는 묵묵부답이었다.

"금주령에 대해서 어떻게 생각하십니까?"

"드릴 말씀이 없습니다."

기자들이 흥이 깨져서 자리를 뜨려고 하자 쿨리지가 엄숙하게 한 마디 했다.

"기자 여러분, 함부로 제 말을 인용하지 마십시오."

어느 날은 쿨리지가 캘리포니아로 여행을 갔다가 다시 워싱턴으로 돌아올 때 현지 방송국과 인터뷰를 했다. 기자는 그에게 캘리포니아에 사는 사람들에게 몇 마디 해줄 것을 부탁하자 쿨리지는 이번에도 딱 한 마디만 했다.

"안녕히 계십시오!"

쿨리지는 자신이 말을 아끼는 것에 대해서 이렇게 해명했다.

"침묵을 지키면 아무나 함부로 치근덕대지 않습니다."

여우의 지혜 말은 기술이고 침묵은 기술을 능가하는 하나의 예술이다.

252 이간질의 승리

1943년, 독일의 파쇼는 지중해 작전계획을 성공시키기 위해서 동맹국인 이탈리아 해군의 지지를 요청했다.

그러나 이탈리아 해군은 전쟁 초기에는 끊임없이 패배하는 바람에 병사들의 사기가 땅에 떨어지고 전쟁에 대한 투지도 사라진 지 오래였다. 그래서 독일군과 연합하는 것도 쉽사리 결정내리지 못했다. 단 그들과 연합하여 작전에 성공하면 기가 꺾여 있는 군사들에게 많은 힘이 될 것이기 때문에 독일군의 제의에 심사숙고하고 있었다. 하지만 영국과 미국의 입장에서 이탈리아군이 독일군과 연합한다면 큰 위협이 될 것이 분명했다.

한편, 영국 해군 군장 캐니는 당시의 이탈리아의 모순적인 심리를 잘 알고 있었기 때문에 이를 이용해서 독일과 이탈리아의 연합을 저지해야겠다고 판단했다. 그래서 영미 동맹군은 치밀한 심리전에 대해 계획을 세우고 대외광고를 통해서 이탈리아에게 장장 1년 5개월에 이르는 선전을 해댔다.

선전의 주요내용은 이랬다.

"독일인이 이탈리아인을 총알받이로 쓰려고 한다. 이탈리이 상선은 앞으로 독일 부대에 의해 전복될 것이다. 그리고 난 뒤 독일 부대는 이탈리아 군인들을 버리고 모든 지원을 중단할 것이다……"

이탈리아 해군은 영미 동맹군의 고도의 정치적 선전에 질질 끌려 다니기만 하다가 결국 독일군과도 연합하지 않고, 영국 해군의 그 어떤 군사행동에도 간섭하지 않았다.

그리하여 이탈리아 군대는 훗날 영미 동맹군의 작전에 의해 완전히 투항했다.

<u>여우의 지혜</u> 이간질은 때때로 자신을 보호하는 능동적인 방법이 되기도 한다.

253 귀머거리, 벙어리인 척하다

2차 세계대전 중에 어느 베테랑 미국 방송기자가 정보를 하나 얻어냈다.

"미군 측의 베일에 싸인 어느 여인이 미드웨이 섬 진격에 관한 일본군의 계획 암호를 해독하는 데 성공했으며, 일본군의 해상작전에 관한 정확한 정보를 입수했다고 한다. 그뿐만 아니라 미군은 이것에 근거하여 전략준비를 실시하고 있다."

시카고신문사는 기자가 제공한 정보를 즉시 독점기사로 내보냈다.

이 때문에 일본인들은 경계심을 갖게 되었고 재빨리 암호를 바꾸고 작전을 조정해야할 지경에 놓였다. 그리고 미군의 입장에서는 어렵게 입수한 정보가 누설되는 바람에 계획했던 지중해전이 완전히 수포로 돌아가기 일보직전에 놓였다.

전시 중에 자국이 입수한 정보가 누설되는 심각한 일이 발생한 가운데 사람들은 루스벨트 대통령(Franklin Delano Roosevelt)이 책임자를 엄중히 처벌할 것을 요구했다. 그러나 루tm벨트는 사람들이 기대하는 것처럼 책임자를 끌어내서 조사를 받게 하거나 사람들을 동원하여 기사에 대한 해명도 하지 않았다. 더욱이 이 일 때문에 군사체제를 조정하기는커녕 그저 아무 일도 발생하지 않은 듯이 태연함을 유지했다.

하지만 그 결과, 일은 매우 빠르게 수습되었다. 일본 측은 예상외로 조용한 미국의 모습에 오히려 정보누출이 사실인지를 의심했고 결국 허위정보라고 판단했다. 이렇게 사건은 일본정보기관의 주의를 끌지 않은 채 조용히 마무리되었다.

미군이 미드웨이 섬을 포기해야 하는 최악의 상황이 발생할지도 모르는 상황에서 루스벨트 대통령은 탁월한 처리수단으로 패배를 만회할 수 있었다.

<u>여우의 지혜</u> 침착함은 사태를 수습하는 좋은 방법이다.

254 지혜로서 한복거를 체포하다

중일전쟁 시기에 산동성 지도자인 한복거(韓復渠)가 암암리에 일본군과 결탁하여 산서(山西), 산동(山東) 등 유명한 지역을 연달아 함락시켰다. 국민당(國民黨) 정부는 중앙정부의 지휘에 아랑곳하지 않고 방자하게 행동하는 한복거를 제거하기로 결정하고 항일에 대한 의지를 불태웠다. 그것은 바로 작은 것을 희생함으로써 더 큰 것을 얻자는 뜻이었다.

하지만 한복거 역시 치밀하고 용의주도한 군벌이었기 때문에 국민당이 마음먹은 만큼 그를 쉽게 제거하기란 말처럼 쉬운 일이 아니었다. 이에 국민당은 치밀한 계획을 통해서 먼저 최고사령부가 하남(河南)에서 고급군사회의를 개최하도록 조정했다. 고급군사회의는 모든 방면의 군사 관계자들이 전부 참석해야 하는 중요한 회의였기 때문에 한복거는 어쩔 수 없이 소집에 응했다.

하지만 교활한 한복거는 권총을 잘 다루는 정예부대를 거느리고 전용기차에 몸을 실었다. 그의 정예부대는 항상 그의 곁에서 만일의 사태에 대비했다.

281

한복거가 탄 기차가 정주(鄭州)에 잠시 정차했을 때 갑자기 경보음이 울리고 하늘에 군비행기가 나타났다. 그 역에 정차했던 모든 기차들은 황급히 역을 벗어나갔다. 이에 한복거의 기차도 다급하게 출발하려고 했으나 그곳에 먼저 배치된 특공대원들이 한복거의 정예부대를 신속하게 해치운 덕에 한복거는 그 자리에서 체포되었다.

한복거의 기차가 정차했을 당시 울렸던 경보음과 군비행기는 모두 국민당의 계획에 의한 것이었다.

그 목적은 한복거를 그의 부대와 떨어뜨려놓음으로써 그를 잡을 때 발생할 수 있는 불필요한 잡음을 사전에 제거하고자 했던 것이었는데 다행히 계획했던 대로 딱 들어맞았다.

그 후 한복거는 무한(武漢)에 수감되었고 국민당 군사위원회 군법심판을 통해 사형을 당했다.

여우의 지혜 혼란을 만들어야 혼란 중에 승리를 거둘 수 있다.

255 고의적으로 집에서 온 편지를 보게 하다

송나라 인종(仁宗) 때 최초의 재상, 정위(丁謂)가 좌천되어 애주(崖州)에 보내졌다. 그는 마음속으로 상당히 못마땅했지만 겉으로는 순순히 받아들이는 척했다.

어느 날 정위는 낙양(落陽)에 두고 온 가족들에게 편지 한 통을 썼다. 그리고 사람을 보내 낙양의 군수 유엽(劉燁)에게 건네주며 그 편지를 자신의 가족에게 전해달라고 부탁하도록 했다. 그리고 반드시 유엽이 다른 신하들과 같이 있을 때 편지를 전하라고 신신당부했다.

정위의 편지를 받아든 심부름꾼은 정위의 말대로 유엽이 공공장소에 있을 때 정위의 편지를 전해주었다. 유엽은 많은 사람들 앞에서 좌천당한 정위의 편지를 받자 훗날 무슨 봉변이나 당하지 않을까 두려워 곧바로 그 편지를 왕에게 보냈다.

정위의 편지를 받은 왕은 내용을 훑어보았다. 편지에는 온통 자신의 잘못을 반성하고 있다는 내용이 쓰여 있었다. 게다가 잘못을 뉘우치는 말들은 하나같이 사람의 마음을 흔드는 날카롭고 예리하면서도 감동적인 어투였다. 또한 정위는 편지에서 가족들에게 이렇게 말했다.

"조정이 우리들에게 베푼 은혜가 많으니 우리 가문은 목숨을 바쳐 왕의 은혜에 보답해야 한다. 그러니 내가 그 어떤 화를 당한다한들 결코 노여워하거나 한을 품어서는 안 된다."

정위의 편지를 읽은 왕은 마음이 움직여 얼마 지나지 않아 정위를 애주보다 생활이 여유로운 외주(雷州)로 발령했다.

이것은 영리한 정위의 계략 덕분이었다. 정위가 예상한 대로 그의 편지는 왕의 손에 도착했을 뿐만 아니라 왕의 마음을 풀어주는 데 성공했기 때문이다.

정위는 가족에게 보내는 편지를 교묘히 이용해서 왕에게 충심을 표명했고, 이 독창적인 방법으로 결국 원하는 바를 달성했다.

여우의 지혜 비유적인 표현이 직접적인 표현보다 오히려 강한 힘을 가지고 있다.

256 좀도둑에게 국가를 안정시키는 큰 임무를 맡기다

이것은 어느 좀도둑이 혼란한 국가를 안정시킨 큰 업적을 남긴 특이한 이야기이다.

전국시대에 제(齊)나라는 자주 군사를 동원하여 초(楚)나라를 공격했다. 초나라의 원수 자발(子發)은 병력을 거느리고 최선을 다해 방어했지만 세 번 싸우면 세 번 모두 대패했고, 그때마다 백기가 올라가는 모습을 두 눈으로 지켜봐야 했다. 이에 초나라는 아주 많은 계략을 사용해보았지만 제나라는 꿈쩍도 하지 않고 오히려 날이 갈수록 기세만 더욱 등등해졌다.

그러던 어느 날 좀도둑이 자발을 찾아왔다.

"저는 보잘 것 없는 좀도둑입니다. 하지만 남의 것을 몰래 훔치는 능력만큼은 자신 있습니다. 한 번만 제게 이 일을 맡겨주십시오. 어쩌면 대세를 전환시킬 수 있는 기회가 될지도 모릅니다."

자발은 이미 쓸만한 계획도, 해볼만한 대책도 바닥난 터라 도둑이 실패한들 밑져야 본전이라는 생각이 들었다.

"그래, 그럼 어디 한번 해 보거라."

왕의 허락이 떨어지자 좀도둑은 제나라 진영에 숨어들어가서 제나라 장군의 모기장을 훔쳐와 자발에게 건넸다. 그리고 사람을 시켜서 훔쳐온 모기장을 공개적으로 제나라 장군에게 돌려주게 했다. 도둑은 그뿐만 아니라 둘째 날 밤에는 제나라 장군의 베개를, 셋째 날 밤에는 제나라 장군이 머리에 꽂는 핀을 훔쳐왔다. 그리고 그때마다 사람을 시켜서 훔쳐온 물건을 돌려주게 했다.

'아니, 이럴 수가? 이러다가 나도 모르게 내 머리통까지 훔쳐가는 것은 아닐까?'

제나라 장군은 쥐도 새도 모르게 사라진 물건들을 다름 아닌 적으로부터 돌려받게 되자 내심 큰 위기감을 느꼈다. 결국 제나라 장군은 다급하게 군대를 철수시켜 제나라로 돌아갔고, 초나라는 다시 평화를 되찾을 수 있었다.

여우의 지혜 작더라도 지혜로운 방법은 큰 결실을 맺을 수 있다.

257 관중이 노루를 사다

제나라의 환공(桓公)은 유능한 관중(管仲)에게 의지하여 수많은 제후국을 정복하고 큰 영토를 다스렸다.

그런데 유독 초나라만은 손에 넣지 못하고 애먹고 있었다. 초나라만 정복하면 중원(中原)을 완벽히 평정할 수 있기 때문에 결코 환공은 초나라를 포기할 수 없었다.

몇몇의 장군이 환공에게 강력한 군대를 이끌고 초나라를 공격, 처부수자고 건의했으나 환공은 고개를 저으며 장군들에게 이렇게 말했다.

"제나라와 초나라는 세력이 막상막하이기 때문에 싸우려면 큰 희생을 각오해야 할 것이다. 게다가 전쟁은 분명 우리 백성들이 힘들게 축적한 양식과 군수품을 다 써버리게 할 텐데 어찌 백성들에게 죽음까지도 각오하라고 할 수 있겠느냐?"

환공의 말에 말문이 막힌 장군들은 일제히 관중을 쳐다보았다. 관중이 골똘히 생각하더니 다른 장군들과 달리 특이한 의견을 내놓았는데, 그것은 바로 많은 상인을 초나라로 보내 노루를 사오게 하자는 의견이었다. 제나라에서 노루는 드문 동물이었지만 초나라에서는 흔한 동물이었다. 그래서 초나라 사람들은 노루를 그저 흔한 동물로만 여겼으므로 노루를 아주 헐값에 제나라 상인들에게 팔았다.

그리고 초나라에 간 상인들은 관중의 지시대로 여기저기에 이런 소문을 퍼뜨렸다.

"환공이 노루를 너무 좋아해서 노루만 얻을 수 있다면 큰돈도 아끼지 않는대."

소문이 퍼지자 초나라 상인들은 너나 할 것 없이 노루 값을 올렸다. 초기에는 한 마리에 세 묶음이나 되는 동전을 요구하더니 열흘 후에는 다섯 묶음의 동전을 요구했다.

초나라 성왕(成王)과 신하들은 이 소문을 듣고 기뻐했다. 왜냐하면 9년 전에 위(衛)나라의 군왕이 비둘기를 너무 좋아해서 비둘기 얻기에 혈안이 되었다가 나라를 말아먹은 적이 있었기 때문이다. 초나라 조정은 그동안 번창하던 제나라도 위나라의 전철을 밟아 그와 똑같이 망할 것이라고 예상했다. 그렇게 제나라가 힘을 잃으면 그때 손쉽게 정권을 뺏어야겠다고 생각했다.

결국 관중은 상인들의 입소문만으로 노루의 가격을 무려 동전 40묶음까지 높였다.

노루 가격이 기하급수적으로 오르자 초나라 사람들은 노루잡기에 혈안이 되었다. 다들 사냥도구를 만들어 산 속에 들어가 노루를 잡으려고 했다. 농부들은 이미 밭일을 내팽개치고 관병들조차도 몰래 무기를 팔아 사냥도구를 샀다. 그렇게 시간이 흐르자 일년도 되지 않아 초나라에는 화폐만 가득 쌓이고 각종 물량과 식량은 부족한 사태에 이르고 말았다. 급기야 백성들은 기아에 허덕였다.

초나라 사람들은 화폐를 이용해서 식량을 사려고 했지만 근본적으로 농부들이 수확한 곡물이 없기 때문에 아무 것도 얻을 수가 없었다. 게다가 관중이 이미 다른 제후들에게 초나라와 식량거래를 하지 말라고 호령했기 때문에 다른 나라에서도 얻을 수 없었다.

이렇게 되어 초나라는 사람이며 말이며 모두가 굶게 되었고, 군대는 전투에 나갈 힘을 거의 상실했다.

그제야 관중은 때가 왔다고 판단하고 대군을 이끌고 조나라 국경으로 향했다. 초나라는 안팎으로 곤경에 처하자 어쩔 수 없이 급히 신하를 보내 항복했다.

기세등등했던 초나라는 비굴하게 자신들을 낮춰가며 제나라의 호령에 복종할 것을 맹세할 수밖에 없었다.

여우의 지혜 전쟁을 이기는 것만이 승리가 아니다. 눈에 띄지 않게 상대를 와해시키는 것이 진짜 기술이다.

Ⅳ. 승리를 위한 계략

손자가 말하기를 "싸우지 않고 이기는 것이 최상의 전법이다"라고 했다. 그러나 낡은 기술만을 고수하는 사람은 언제나 실패자일 수밖에 없다.

258 위급한 상황에서 상대를 속이는 계책 ; 공성계

상대방을 속이는 전술이 중국에서 가장 먼저 쓰인 것은 기원전 666년이다. 당시 초(楚)나라의 최고사령관 자원(子元)은 600대의 전차를 이끌고 정(鄭)나라를 쳐들어갔다. 이들 군대가 정나라 외곽에 있는 큰문 밖까지 이르자 정나라는 두려움에 떨었다.

정문공(鄭文公)은 대신들을 소집해서 대책을 강구했다. 어떤 이는 화해를 청할 것을 주장하였고, 어떤 이는 성을 두고 도망갈 것을 주장했으며, 또 어떤 이는 성문을 굳게 걸어 잠그고 다른 나라의 지원을 기다리자고 주장했다. 모두들 이렇게 소극적인 방도를 내놓았지만 그 중에는 죽을 때 죽더라도 꼭 전쟁터에서 죽어야 한다고 목소리를 높이는 사람도 있었다. 모든 신하들이 의견을 말하느라 혈안이 되어 있을 때 문득 대신(大臣) 숙첨(叔詹)이 기발한 전술을 제시했다. 바로 공성계(空城計)였다.

"병력을 숨기고 성문을 열어놓는 방법을 써보았으면 합니다. 성문을 활짝 열어놓으면 의외의 상황에 초나라 군대는 놀라 도망갈 것입니다. 물론 정나라 대군과 싸우면 저희가 이길 수도 있겠지만 그들도 실력이 만만치 않기 때문에 반드시 신중을 기해서 결정해야 합니다. 만약 우리 성문이 활짝 열려있으면 분명히 초나라는 우리가 무슨 꿍꿍이를 숨겨놓았을 거라고 의심할 것입니다. 그렇기 때문에 쉽게 공격할 수 없을 뿐만 아니라 어쩌면 그대로 철수할 수도 있습니다. 그렇게 된다면 우리는 굳이 피 흘리며 싸울 필요가 없습니다."

문공은 숙참의 말이 일리가 있고 지금까지 이야기했던 다른 의견들보다 훌륭하다고 판단했다. 그래서 그의 말대로 따랐고 그밖에 구체적인 사항에 대해서도 숙참의 조언을 들었다.

여우의 지혜 지혜로운 사람은 상대방의 겉모습뿐만 아니라 속마음도 읽는다. 그러므로 만약 당신이 꾸밈없는 모습을 하고 있다면 당신은 분명 어떤 꿍꿍이를 가지고 있다고 의심받을 것이다. 진정으로 지혜로운 사람은 대담하고도 세심한 고도의 연기로 상대방을 혼란스럽게 만든다.

259 부뚜막을 늘려 적을 혼란스럽게 하라

서기 115년, 섬서(陝西)성에 사는 서강족(西羌族)은 반란을 일으켜 한(漢)나라의 군대를 보계(寶鷄)의 대산관(大散關)에서 완전히 포위했다. 그 당시 한나라 병사는 3천 명이 되지 않았기 때문에 한나라군의 통솔자인 우후(虞詡)는 서강족과 직접 싸우지 않고 그들을 철수시킬 방법을 곰곰이 생각했다. 결국 그는 서강족의 사기를 흐트러뜨리고 병력을 분산시킬 수 있는 전술을 사용하기로 결정하고, 고의적으로 '한나라가 원나라에 원조를 요청하고 지원군을 기다리고 있다'는 소문을 냈다. 이에 서강족은 한나라군의 전투태세가 갖추어지지 않았기 때문에 지원을 받기 전까지는 시간적 여유가 있다고 판단하고 한나라 주위에 배치했던 병력을 축소시켰다. 그러자 우후는 서강족이 줄어든 틈을 타 한나라 부대를 관문 밖으로 내보냈다. 그리고 그들에게 하룻밤에 1킬로미터를 행군하여 매일 한 지역에 들러 집집마다 부뚜막을 하나씩 더 놓으라고 명령했다. 이렇게 며칠이 지나고 예전보다 많은 부뚜막에서 연기가 오르자 서강족은 한나라 군대가 원군의 지원을 받아 병력이 점점 늘어나고 있다고 생각했다.

하루는 우후가 부대를 이끌고 적정(赤亭)쪽으로 나갔다 돌아왔지만, 성을 포위하고 있던 서강족은 그보다 많은 병력을 가지고 있었음에도 불구하고 감히 성 안으로 진격하지 못했다. 이때 우후는 부대원들을 불러 서강족에게 작은 화살을 쏘라고 명령했다. 비록 이 작은 화살은 적의 진영까지 이르지 못하고 땅에 떨어졌지만 서강족은 성 안에 수많은 부대가 있기 때문에 뒤쪽에서 쏜 화살이 자기네 진영까지 미치지 못하는 것이라고 생각했다. 곧이어 우후는 크고 강한 화살 스무 발을 서강족의 병사 한 명에게 집중해서 쏘라고 명령했다. 화살은 병사를 백발백중으로 맞혔고 이것을 본 서강족은 크게 놀라며 후퇴했다.

우후는 다음날부터 군사들에게 동문으로 나갔다가 북문으로 들어오라는 특이한 명령을 했다. 그리고 한번 다녀온 후에는 옷을 갈아입고 한

번 더 그렇게 하라고 했다. 다른 옷을 입은 병사들이 쉴 새 없이 돌아다니는 모습을 본 서강족은 성 안에는 상상도 못할 정도로 많은 군사가 있다고 믿게 되었다.

그리하여 결국 서강족은 후퇴를 결정했다. 바로 그때 우후는 비밀스레 500여명의 군사를 파견하여 적들이 철수하는 길에 매복시켰다. 그리고 서강족이 그 길을 지나갈 때 동시에 일어나 그들을 해치웠다.

여우의 지혜 많은 노력을 들이지 않고도 전투에서 승리할 수 있다. 그리고 지혜를 발휘하면 어려운 상대도 쉽게 쓰러뜨릴 수 있다.

260 장순이 허수아비 전술로 승리하다

제갈량(諸葛亮)이 볏짚으로 만든 배로 화살을 막아낸 이야기도 유명하지만, 당(唐)나라의 장순(張巡)이 허수아비로 화살을 막아낸 이야기 역시 유명하다.

당나라 현종 때, 안녹산(安祿山)이 반란이 일으켰는데 하남(河南) 용구(雍丘)의 현관 령고조(令孤潮)가 그에 동조했다. 전쟁에서 크게 이긴 오랑캐들은 당나라의 사병들을 잡아가두고 또다른 지역으로 가서 끊임없이 전쟁을 일으켰다. 그러던 어느 날, 그들은 당나라의 충신(忠臣) 장순의 부대 근처에 병력을 배치해 점령에 나서기로 했다. 현명한 장순은 적이 강하고 자신이 약할 때는 머리를 써야지 무리하게 대들어서는 안 된다는 사실을 잘 알고 있었다.

291

일단 장순은 현관 령고조가 식량을 운반해올 때 성의 수비가 가장 허술하다는 정보를 입수하고 깊은 밤에 부대를 파견해서 식량을 한 무더기 훔쳐오게 하고 나머지는 다 불태워버렸다.

그리고 이번에는 자신의 부대가 령고조의 부대보다 화살이 부족한 문제를 어떻게 해결해야 할지 고민했다. 당나라 부대는 화살을 만들 재료도 없었고 기술도 부족했다. 그래서 장순은 사병들더러 각종 볏짚을 모아서 1000개가 넘는 허수아비를 만들게 했다. 그리고 깊은 밤에 허수아비들을 성 밖에 세우고 난 후에 징을 울렸다. 이 징소리를 들은 령고조 측은 성 안에 있던 병사들이 밖으로 나오는 신호라고 생각하고 맹공격을 퍼부었다. 그들은 성 밖에 보이는 빽빽한 검은 그림자를 향해 수많은 활을 쏘아댔다. 령고조 부대의 화살이 허수아비 몸에 가득 박혔고, 장순은 공짜로 많은 화살을 얻을 수 있었다. 그리고 날이 밝은 후 령고조는 허수아비들을 보고 자신이 속았다는 사실에 원통해 했다.

바람이 세차게 불던 어느 날 밤, 장순은 오백 명의 건장한 장사들의 허리를 끈으로 엮어 묶고 성 밖으로 내보냈다. 령고조는 장순이 또 전날 밤에 썼던 허수아비 수법을 쓴다고 생각하고 아무 조치도 취하지 않았다. 오백 명의 건장한 장사들은 순조롭게 령고조의 진영까지 도착해서 허리에 묶여있던 끈을 풀고 궁 안에 불을 질렀다. 이에 놀란 령고조 병사들은 급히 도망쳤고 결국 장순의 승리로 끝났다. 장순은 작은 희생으로 큰 승리를 거두는 데 성공한 것이다.

여우의 지혜 허상을 만들어 사람들이 미처 생각하지 못하는 틈을 타 공격하면 탁월한 효과를 얻을 수 있다.

261 이광필, 말로 말을 유인하다

당나라 때 안사의 난이 일어났을 당시의 일이다. 반란군 사사명(史思明)은 크고 건장하며 전쟁에도 익숙한 좋은 말(馬)들을 천여 마리나 가지고 있었다. 당시 사사명의 부대는 하음(河陰)의 황하강 남쪽 지역에 주둔하고 있었는데 매일 여러 조로 나누어 군마를 이끌고 나가 사주(沙洲)근처에서 목욕을 시키도록 했다. 이때 하북(河北)에 주둔하고 있던 당나라 군대의 지휘관 이광필(李光弼)은 사사명의 멋진 말들을 보고 그것들을 반드시 자기 손에 넣겠다고 결심했다. 하지만 넓은 황하강을 사이에 두고 어떻게 말을 훔쳐올 수 있다는 말인가? 그러나 세상의 모든 일은 인간의 굳은 의지를 거역할 수 없는 법! 이광필은 살아있는 짐승이면 모두 이성에게 끌린다는 본능을 이용하기로 결심했다.

그는 신하들에게 나라 안에 있는 모든 암말을 데려오라고 명령하고, 작은 망아지를 제외하고는 모든 암말을 강가에서 가까운 곳에 데려다 놓게 했다. 그리고 사사명의 말들이 사주에서 물을 마실 때 암말들도 무리지어 물을 마시게 했다. 아니나 다를까 사사명의 말들은 암말들이 우는 소리에 즉시 반응했고, 잠시 후 하남지역에 있던 군마들은 스스로 강을 건너기 시작했다. 그리고 순식간에 병사들이 막을 사이도 없이 모두 강을 건넜다. 이윽고 강을 건넌 군마들은 그곳에 있던 암말들과 무리지어 다른 곳으로 달려갔다. 결국 이광필은 굳이 사람의 힘을 쓰지 않고도 적의 말을 모두 얻어 내는 데 성공했다.

여우의 지혜 미인계는 동서고금을 막론하고 유용하다.

293

262 중국의 트로이목마

서기 680년 당나라 고종이 배행검(裵行儉)을 파견하여 50만여 명의 대군을 이끌고 서북부 돌궐족을 정복하고자 했다. 당시 돌궐족이 시도 때도 없이 중원(中原)을 침입해서 물건을 약탈하고 수많은 사람들을 죽였기 때문에 당 고종이 제지에 나선 것이다.

배행검은 이와 같은 중대한 임무를 진 후 아침저녁으로 도적떼를 물리칠 수 있는 방법을 강구하느라 깊은 고민에 빠졌다. 이전에 조정에서는 소사업(蕭嗣業)을 파견하여 돌궐족을 토벌하게 했다가 완전히 참패당했던 적이 있었다.

참패의 원인은 돌궐족이 소사업의 식량 운반책을 습격한 데에서 기인한다. 식량원조가 끊긴 병사들이 기아에 허덕이다 돌궐족의 공격을 감당하지 못했기 때문이었다.

"좋아! 이번에는 돌궐족의 수법을 역으로 이용하는 거야!"

배행검의 군대가 돌궐족의 진영에 접근하기에 앞서 배행검은 우선 300대의 병사차량을 식량차량으로 위장했다. 그리고 모든 차량 안에 큰 칼과 활, 그리고 화살로 무장한 5명의 젊고 건장한 병사들을 숨겼다. 그리고 밖에는 한눈에 봐도 한결같이 비실비실한 병사들이 식량차량을 호위하게 했다.

배행검은 다른 행군경로를 연구하여 예정보다 며칠 앞선 어느 날 새벽 3시에서 5시 사이에 나머지 병력을 출발시켜 미리 잠복하도록 조치를 취했다.

그가 예상한 대로 '식량차량'은 돌궐족에게 강탈당했다. 늙고 약한 병사들이 돌궐족을 보자마자 '식량차량'을 버리고 도망쳐버렸고 그 모습을 본 돌궐족은 더욱 신바람 나서 크게 소리를 질렀다.

강탈에 성공한 돌궐족은 강에 이르자 차량을 세우고 차량을 끌었던 가축에게 풀과 물을 먹였다. 그리고 밥을 해먹기 위해 '식량차량'을 열었다. 그런데 바로 이때 갑자기 와르르 무너지는 소리가 나더니 300대의 차량에서 건장한 당나라 군사들이 튀어나왔다.

그들은 저마다 큰칼을 들고 돌궐족을 공격했다. 예상치 못한 급작스런 상황에 돌궐족은 서로 말을 타고 도망가려고 정신이 없었다. 하지만 도망가는 길목에도 당나라 군대가 잠복하고 있었기 때문에 참패를 당하고 말았다.

이때부터는 감히 당나라 군대의 식량을 넘보지 못했다.

여우의 지혜 멋대로 자만하지 마라. 세상에 항상 쉬운 일은 없다.

263 힘을 비축했다가 피로한 적군을 맞아 싸우다

서한의 경상 때, 대장 주아부(周亞夫)는 오-초연합군을 토벌하기 위해 병사들과 함께 하남 끝에서 잠복하고 있었다.

연합군은 강소성의 양주(楊州)에서 먼 길을 오기 때문에 많은 식량이 필요했고 오랜 시간 전쟁을 치르기 위해서는 병사들이 식량을 아껴야 했다. 왜냐하면 초나라의 지원이 끊기는 바람에 이제는 아무런 원조도 받을 수 없는 지경에 이르렀기 때문이다.

연합군의 상황이 이렇다 보니, 주아부는 굳이 전쟁을 치르지 않아도 조금만 기다리면 자연스럽게 좋은 기회를 얻을 수 있을 거라고 판단했다. 그래서 주아부는 두 가지 책략을 내놓았다. 첫째는 '우선 장기전에 쌓인 피로를 풀고 정신과 체력을 가다듬는다'이고, 둘째는 '상대방의 식량이 떨어져서 스스로 무너지기를 기다린다'였다.

시간이 지날수록 식량만 줄어드는 것을 눈으로 지켜보던 연합군은 마지막으로 최후의 승부를 걸어야겠다고 결심했다. 그래서 동쪽을 치는 척하면서 서쪽을 치는 속임수를 쓰기로 했다. 그러나 이러한 속임수도 주아부의 노익장을 뛰어넘기에는 역부족이었다. 주아부는 이미 이 전술을 꿰고 있었기 때문에 미리 서북쪽의 수비를 강화하라고 지시했다. 과연 주아부의 예상대로 얼마 후 서쪽이 연합군의 공격을 받았다. 하지만 한나라 군대는 이미 모든 수비체제를 갖추고 있던 터라 별 탈 없이 손쉽게 그들의 공격을 막아냈다.

최후의 승부에서 패배한 연합군은 결국 식량도 바닥나서 후퇴도 못하는 지경에 이르렀다. 굶주리고 힘없는 연합군은 완전히 전투력을 상실하고 쫓아오는 주아부의 군사에게 철저히 짓밟혔다. 온 들판에는 참패한 병사들의 시체가 널려 있었다. 그리고 오나라 왕인 유비(劉濞)는 성을 버리고 도망갔고 초나라 왕인 유무(劉戊)는 자결했다. 결국 주아부는 이렇게 대승을 거두었다.

여우의 지혜 쉬면서 힘을 비축하는 일은 승리를 얻기 위한 훌륭한 사전 준비이다.

264 진나라 왕이 산에 앉아 호랑이싸움을 구경하다

진혜왕(秦惠王)이 진나라의 정권을 잡고 있었을 때 한(韓)나라와 위(魏)나라는 일년이 넘도록 싸움을 그치지 않았다.

진혜왕은 이 혼란을 틈타서 병사를 보내 한나라와 위나라 중에 하나를 정복하고 싶었다. 그런데 그의 이런 생각에 지지하는 신하도 있었지만 반대하는 신하도 있어서 진혜왕은 어떻게 해야 할지 갈피를 잡지 못했다.

그는 초나라에 진진(陳軫)이라는 머리 좋은 책략가가 있다는 말을 듣고 그를 초청해 조언을 듣고자 했다. 초나라에서 건너온 진진은 진혜왕의 질문에 직접적으로 대답을 하지 않고 태연하게 이야기 하나를 들려주었다.

"변장자(卞庄子)라는 농부가 있었습니다. 어느 날 그는 호랑이 두 마리가 정신없이 소를 잡아먹고 있는 모습을 보고 그 틈을 이용해 늙은 호랑이 한 마리를 잡으려고 했지요. 이때 한 소년이 그에게 이렇게 충고를 했습니다.

'아저씨, 너무 서두르지 말아요! 저 호랑이들은 방금 소를 먹기 시작했단 말이에요. 저 호랑이들이 소고기를 실컷 맛볼 때까지 기다리세요. 분명히 저 놈들은 서로 더 먹으려고 싸울 거예요. 그러면 둘 중에 약한 놈은 강한 놈에게 물려 죽을 거고, 강한 놈도 약한 놈에 물려서 상처를 입을 거예요. 그럼 그때 아저씨는 상처 입은 강한 놈을 다시 한번 공격하면 돼요. 그럼 호랑이 두 마리를 다 가질 수 있어요.'

변장자는 아이의 말이 참으로 일리 있다고 생각했습니다. 그래서 호랑이들의 싸움을 끝까지 지켜보았지요. 상황은 과연 아이가 말한 대로였습니다. 결국 변장자는 손쉽게 호랑이 두 마리를 모두 손에 넣었습니다."

이야기를 마치고 진진이 진혜왕에게 또 이렇게 말했다.

"폐하, 국가 간의 전쟁이 이것과 무엇이 다를 바 있습니까?"

진혜왕이 골똘히 생각했다.

"그래! 진진, 당신 말에 일리가 있소!"

진혜왕은 병사를 보내지 않고 조용하게 한나라와 위나라의 전쟁을 지켜보았다. 결과적으로 한나라와 위나라는 서로가 으르렁대다가 큰 타격을 입었고, 이때 진혜왕은 병사를 보내 손쉽게 두 나라를 손에 넣었다.

여우의 지혜 먼저 싸움을 거는 사람은 예상하지 못한 제3의 공격을 받을 가능성이 크다. 그러므로 항상 기회를 엿보면서 느긋하게 기다려라.

265 이목이 무능한 척하다

전국(戰國)시대에 조(趙)나라 왕조가 이목(李牧)을 보내 대주(大洲)와 안문(雁門) 일대를 수비하여 흉노족의 침입을 방어하게 했다.

이목은 충분한 급료와 지급품을 받고 매일 병사들을 위해 소를 몇 마리씩 잡아 몸보신을 시켜주었다. 그리고 사병들을 거느리고 말을 타며 활을 쏘는 훈련을 시켰다. 이처럼 이목은 병사들에게 굉장히 잘해주었다. 그는 병사들에게 흉노족이 접근하는 것을 발견하면 그들과 싸우지 말고 즉시 성 안으로 들어와서 성문을 닫으라고 당부했고, 병사들은 모두 그의 말을 잘 따랐다.

이렇게 몇 년이 지났고, 그동안 이목의 부대는 흉노족과 한번도 싸우지 않았다. 그러자 흉노족은 조나라가 겁이 많아 한번도 공격하지 않았다고 착각했다.

이 소식을 전해들은 조나라 왕은 이목의 실력이 의심되어 그에게 성 밖으로 나가서 흉노족을 해치우라고 명령했다. 하지만 이목은 왕의 명령을 듣지 않고 예전과 똑같이 병사들을 지휘했다. 왕은 이목이 명령을 듣지 않자 화가 나서 그를 불러들였다. 그리고 대신 다른 사람을 보내 사병들을 데리고 흉노족과 전쟁을 치르게 했다. 그러나 결과는 완패였다.

왕은 다시 냉정하게 생각해보았다. 곰곰이 생각해 보니 이목이 옳은 것 같아서 다시 그에게 임무를 맡겼는데, 이목이 이번에는 이 핑계 저 핑계를 대면서 왕의 명령을 거부했다. 왕은 그의 말이 다 핑계라는 사실을 알고 기분이 좀 언짢았지만 그래도 그만한 인재가 없었기 때문에 다른 방도가 없었다. 결국 이목은 임무를 받아들이겠지만 다시 부임해도 원래 자기가 하던 방식을 유지하겠다고 조건을 걸었다. 그리고 왕도 이에 동의했다.

이목은 다시 변방으로 돌아와 예전처럼 사병들을 잘 보살피면서 꾸준히 무술을 연마시켰다. 그리고 여전히 성 밖에서 흉노족과 싸우는 일을 허락하지 않았다. 그러면서 한편으로는 몰래 병사들을 모집하고 말을 샀으며 식량과 물품을 축적했다.

그러던 어느 날 흉노족이 이목의 부대를 건드렸다. 그러나 이목은 크게 반응하지 않고 병사들에게 잠깐 싸우다가 지는 척하고 후퇴하라고 지시했다.

흉노족은 작은 승리를 거두자 이목의 부대가 너무 약해서 감히 크게 대들지 못하는 거라고 확신했다. 그리하여 흉노족의 우두머리는 모든 군사들에게 이목의 부대를 공격하라고 명령했다. 그러나 이목은 이미 모든 준비를 끝마친 상태였기 때문에 흉노족이 성 안으로 들어오자 즉시 이목의 병사들도 무기를 들고 맹렬히 달려들었다. 흉노족은 당황하며 이기려고 안간힘을 썼지만 결국 참패하고 말았다. 병사들이 거의 전멸하자 흉노족은 그제야 이목의 훌륭함을 깨닫고 정신없이 도망쳤다.

그 후 십여 년 동안 흉노족은 절대로 조나라를 침략하지 않았다. 여우의 지혜 일단 상대방을 자만하게 하라. 그런 다음 그가 경계심을 늦췄을 때 포위하고 섬멸하라.

266 초나라 군대의 적을 유인하는 계략

춘추(春秋)시대에 초나라 왕이 군대를 이끌고 교(絞)나라를 공격했다. 그러나 교나라는 성문을 굳게 닫고 있을 뿐 절대 초나라와 싸우지 않았다.

'어떻게 해야 성문을 뚫을 수 있을까?'

초나라 왕은 골똘히 생각했지만 아무리 생각해봐도 좋은 방법이 떠오르지 않았다. 이때, 굴하(屈瑕)라는 관리가 한 가지 묘책을 생각해냈다.

"교나라는 경박하기 그지없고 전술도 허술합니다. 그러니까 우리는 사병 중에 몇 명을 나무꾼으로 변장시켜 그들을 유인해 성 밖으로 끌어 낸 다음 수비가 허술한 틈을 공격하는 겁니다."

왕은 다음날 사병들을 나무꾼으로 변장시켜 교나라 성곽 근처로 보내기로 했다. 나무꾼으로 변장한 초나라 사병들은 교나라 병사들이 보는 데서 싸움을 했다. 교나라 병사들은 성 밖에서 얼쩡거리는 나무꾼더러 몇 번이고 물러가라고 했지만 그들은 도통 말을 듣지 않았다. 그러자 화가 난 병사들이 나무꾼들을 내쫓기 위해 하나 둘 성 밖으로 나왔다.

바로 그때 근처 숲 속에서 잠복하고 있던 초나라 군대가 교나라 사병들이 하나 둘 성 밖으로 나오는 모습을 보고 순식간에 뛰쳐나와 그들을 포위했다.

교나라 병력은 본래 그다지 많지 않은데다가 초나라 병사들의 잠복에 제대로 걸려드는 바람에 항복할 수밖에 없었다.

여우의 지혜 계획이 없는 사람과 겨루는 것은 식은 죽 먹기이다. 그러므로 얕은 학식을 드러내거나 어수선하게 행동하지 말고 무슨 일이든지 깊이 생각한 후에 행동해야 한다.

267 양육랑이 요나라 병사를 물리치다

양육랑(揚六郞)이 '삼관(三關)'을 지키던 중 잠시 하북 일대를 확보했을 때 요나라 병사들과 목숨을 건 혈전을 한 적이 있었다. 양육랑은 혈전 끝에 하북 일대를 버리고 남쪽으로 후퇴했는데 결국 남은 병력을 데리고 안(安)나라 국경까지 계속 밀리고 있었다. 양육랑은 잠시 서북의 마촌(馬村) 외곽에 막사를 치고 임시로 주둔을 하면서 병사를 모집하고, 말을 사서 병력을 보충하며 부하들과 함께 요나라 병사에게 반격할 묘책을 상의했다.

이와 반대로 요나라 병사들은 전쟁에서 승리한 후 너무 기쁜 나머지 모든 것을 잊어버리고 득의양양하게 승리의 축배를 들었다. 그렇게 요나라 병사들은 교만함과 방자함이 극에 달했다. 승리에 대한 보상은 여기서 그치지 않았다. 왕은 병사들의 공로를 치하하며 졸병에게까지 포상을 했고, 포상을 받은 병사들은 급기야 큰소리치며 허풍까지 떨었다. 이렇게 승리를 축하하는 행사가 연일 이어지는 바람에 요나라 병사들은 양육랑에게 빼앗은 군마를 보름 만에 모조리 먹어치웠다.

한편, 이 이야기는 양육랑의 임시주둔지까지 들려왔다. 사병들은 크게 분노하며 이를 부들부들 갈면서 목숨을 내놓고라도 꼭 복수하겠다고 결심했다. 하지만 이때 양육랑은 태연한 듯 이렇게 말했다.

"우리 양씨 가문이 어찌 요나라 병사들이 마음대로 주무르는 인형이 되겠는가? 이번에는 요나라가 달콤한 꿈에서 깨야할 차례이다. 도대체 누가 누구를 먹어치우는지 두고 보자."

양육랑은 병사들을 마을로 보내 많은 소를 사게 했다. 병사들은 이틀도 되지 않아서 수백 마리의 소를 살 수 있었는데, 양육랑은 병사들에게 소들을 숲 속에 묶어두고 이틀 동안 아무 것도 먹이지 말라고 했다. 그리고 병사들에게 볏짚을 이용해서 수많은 허수아비를 만들게 했는데, 허수아비를 요나라 병사처럼 분장시키고 오로지 배꼽으로만 볏짚이 보이게 하라고 했다. 허수아비가 완성되자 양육랑은 그 허수아비를 숲 밖에 가지런히 세워두고 이틀 동안 굶은 소를 풀어주라고 했다. 자유를 얻은 소들은 미친 듯이 숲 속을 뛰어다니다가 마침 허수아비 몸에서 나는 볏짚 냄새를 맡고 가차 없이 허수아비에게 달려들었다. 소들은 뿔로 허수아비를 들이받으면서 배를 헤집어 뱃속에 있는 볏짚을 모조리 먹어치웠다. 양육랑은 이 과정을 반복적으로 소에게 훈련시키도록 했다.

어느 날, 양육랑이 군장들과 논의를 하던 중 갑자기 요나라 병사들이 쳐들어오고 있다는 소식을 들었다. 양육랑은 정신을 가다듬고 병사들에게 소의 뿔을 날카롭게 갈라고 명령했다. 이때까지만 해도 교만한 요나라 병사들은 앞으로 어떤 일이 벌어질지 상상도 못하고 흉악하게 날뛰며 돌격해왔다. 양육랑이 크게 소리쳤다.

"소를 풀어주어라!"

갑자기 수백 마리의 소가 날카로운 뿔을 들이대면서 숲 속에서 달려 나왔다. 며칠동안 굶은 소들은 요나라 병사들의 옷을 보자마자 발길질을 멈추지 않고 달려들었다. 그리고 허수아비와 똑같이 생긴 그들을 보고 날카로운 뿔로 배를 들이받았다. 그러나 소들은 아무리 병사의 배를 헤집어도 풀냄새가 나지 않자 즉시 또다른 병사를 쫓아갔다. 요나라 병사들은 사방에서 달려드는 소들을 보고 재빨리 도망쳤다. 하지만 요나라 병사들 힘으로는 달려드는 소떼를 어떻게 막을 수 없었다. 결국 요나라 장군도 정신없는 틈에 말에서 떨어져 소들의 허수아비가 되고 말았다.

여우의 지혜 일단 단맛을 보고 나면 원하는 것을 갖기 위해 물불을 가리지 않게 된다.

268 적절한 시간을 정해 인질을 구하다

1992년 12월 17일, 이탈리아의 테러집단 '붉은 여단(Red Brigades)'이 북대서양조약기구의 미국 도저 장군을 납치했다. 그 후, 그들은 ANSA통신에 전화를 걸어 도저 장군을 '인민감옥'에서 심판하겠다고 말했다.

이 일은 이탈리아 정부와 민간, 그리고 서유럽 전체를 떠들썩하게 했다. 이탈리아는 즉시 미국과 연합하여 다각도로 대책을 세우고 구조 활동을 시작했다.

'인민감옥은 어디에 있을까?'

이탈리아 경찰 측은 마피아조직에 170만 달러를 지불한 대가로 이탈리아 북부의 작은 도시에 슈퍼마켓이 하나 있는데 그 2층이 바로 인민감옥이라는 사실을 알아냈다.

일단 그들의 행방이 분명해지자 이탈리아와 미국은 곧바로 구출방법을 강구했다. 수많은 사람들이 참가하여 어떤 방법을 써야 별 탈 없이 장군을 구출할 수 있을지 논의했다.

모든 작전은 하나하나 구체적이고 치밀하게 논의되었다. 그러나 무엇보다 중요한 것은 작전을 수행하는 시간을 정하는 것이었는데 이것에 대해 의견이 분분했다.

"밤에 합시다! 밤에는 우리가 몸을 숨기고 접근하기 좋습니다!"

누군가 이렇게 건의했다.

"안 됩니다. 밤이 깊을수록 적들은 보완에 더욱 신경 쓸 것입니다. 그럼 실패할 확률이 높기 때문에 장군이 위험해질 확률도 높습니다."

구조 활동을 책임지고 있는 폴이 말했다.

"그럼 새벽에 쳐들어갑시다! 그때면 앞에서 지키고 있는 놈들이 졸고 있을 테니 보안도 허술할 테고 우리도 한눈에 놈들의 움직임을 볼 수 있으니 도저 장군이 다치는 일도 없을 겁니다."

또 다른 사람이 방법을 생각해냈다.

"안됩니다. 새벽에는 길거리가 조용하고 행인도 적어서 우리가 그들을 잘 볼 수 있는 만큼 우리의 행동도 쉽게 발각될 수 있습니다."

폴이 또 부정적으로 대답했다. 잠시 침묵이 흐르고 그가 다시 입을 열었다.

"점심시간 즈음에 실행하는 것이 좋겠습니다. 그 시간에는 지나다니는 사람이 많아서 잘 눈에 띄지 않을 겁니다. 그리고 아마 놈들도 우리가 그때 쳐들어갈 거라고는 상상도 못할 겁니다. 적들의 생각이 미치지 않는 틈을 다시 허를 찔러 공격하는 것이지요."

모두들 그의 의견에 찬성했다. 수행원들은 폴의 계획에 따라서 작전을 수행했고 예상대로 성공을 거두었다. 게다가 수행과정에서 도저 장군을 무사히 구해냈을 뿐만 아니라 '붉은 여단' 몇 명을 현장에서 검거하는 쾌거를 거둘 수 있었다.

그들은 수행과정에서 총을 쓰지 않았을 뿐만 아니라 사상자도 나오지 않았다. 게다가 이 모든 과정이 이루어지는데 단 90초밖에 걸리지 않았다.

<u>여우의 지혜</u> 남들이 생각하지 못하는 일을 해내고 싶다면 우선 어떠한 빈틈이 있는지 알아낸 뒤 단숨에 그 빈틈을 비집고 들어가야 한다.

269 주코프가 독일군의 방어선을 교묘하게 무너뜨리다

1945년 4월 16일, 소련군이 베를린을 공격했다. 소련군이 새벽 5시 오색찬란한 신호탄을 어두운 하늘에 쏴 그 시작을 알리자 순식간에 140개의 서치라이트와 탱크와 트럭의 불빛이 동시에 켜졌다. 모든 불빛은 일제히 독일군의 진영을 비추었고, 독일군은 불빛 때문에 앞을 제대로 볼 수 없었다. 갑작스러운 일에 너무 놀란 독일군은 한동안 넋을 놓고 있었다. 소련군은 잇따라 수천 개의 대포와 박격포 그리고 '카츄사'라는 불화살을 적진에 맹렬히 퍼부었다.

그러자 독일군의 모든 방어선은 무너졌고 진영은 모조리 불바다가 되었다. 서치라이트와 연막탄의 엄호 아래 소련군 병사를 태운 탱크들이 일제히 돌격했다.

이것은 소련군의 주코프((Georgii K. Zhukov)가 생각해낸 작전이었다. 140개의 평범한 조명등이 무기로 변하여 일제히 적진에 비추고 적들을 위협했는데 이것은 소련군이 깜깜한 밤에 작전을 잘 실행할 수 있도록 도와주는 역할도 했다.

동틀 무렵, 마침내 소련군은 적군의 첫 번째 진영을 점령하는 데 성공했다. 그리고 연이어 두 번째 진영도 공격하여 순조롭게 베를린의 독일군 방어선을 무너뜨릴 수 있었다.

여우의 지혜 명석한 사고력은 무엇과도 비교할 수 없는 강력한 무기이다. 사고를 전환하면 뛰어난 생각을 할 수 있으므로 반드시 민첩하게 생각하는 방법을 배워야 한다.

270 소련군, 기회를 틈타 적의 계략을 역이용하다

1943년 9월, 파시스트 독일군이 독일의 돈바스에서 철수할 때의 일이다. 독일군은 철수하는 중간에 독일군 일부를 잠복시키고 반격을 기도했다. 잠복하고 있던 독일군은 소련군이 공격해오자 최선을 다해서 그들을 저지했다. 그런데 이상하게도 소련 병사들은 한계선을 공격한 후 갑자기 공격을 멈추더니 더 이상 진격하지 않았다. 그러나 조용했던 것도 잠시, 이와 동시에 독일군의 등 뒤에서 총소리가 울렸다.

"탕! 탕! 탕!"

독일군을 쫓던 소련군은 일부 병력을 뒤에서 엄호하도록 배치하고 나머지 병력만 그대로 진격하도록 했는데, 바로 이때 뒤에서 엄호하던 소련군이 나타난 것이었다. 결국 소련군은 앞뒤로 독일군을 공격한 덕에 아주 빨리 그들을 전멸시킬 수 있었다.

여우의 지혜 상대방의 비위를 맞추다 적당한 기회에 그의 허점을 찌르면 이상적인 성과를 거둘 수 있다.

271 소련군, 독일군을 사칭해 적지에 침입하다

1942년 11월, 스탈린그라드 보위전쟁 때의 일이다. 소련은 방어전술에서 반격전술로 바꿔, 26번째 탱크부대에게 중요한 첫 단계 주공격을 실행하도록 명령했다. 소련의 탱크부대는 서쪽에서 카라치 방향으로 돌격하여 동쪽의 스탈린그라드부대와 연합해서 독일부대를 와해시키고자 했다.

이후, 11월 21일 독일군은 서쪽에서 돈강 방향으로 부대를 나누어 도망갔다. 적이 도망가는 길을 끊기 위해서 소련군은 먼저 유일하게 적진 카라치로 이어져 있는 돈강 다리를 신속하게 쟁취해야 했다. 하지만 이곳은 적의 군대가 지키고 있기 때문에 다리를 쟁취하는 임무는 결코 만만하지 않았다. 이에 소련의 로진 장군이 작전을 생각해냈다.

소련군은 22일 새벽 3시에 선견부대의 백 톤 이상이 되는 탱크의 라이트를 전부 켜고 카라치로 통하는 길을 따라서 독일군의 10킬로미터 방어지역을 통과하여 큰 다리까지 진격하는 데 성공했다.

소련군은 어떻게 이렇게 쉽게 독일군의 방어지역을 통과할 수 있었을까?

독일군은 탱크들이 라이트를 밝게 켜고 줄지어 오는 것을 보고 흩어진 자기 부대가 돌아온다고 생각했고, 그래서 모든 탱크들을 그대로 통과시켜 주었다.

이렇게 소련군은 총탄 한 알, 대포 한 방 쓰지도 않고 다리를 점령했고 강 유역을 전부 통제했으며 독일군의 철수경로도 막았다. 4일 후, 소련군의 제26탱크군과 제4탱크군은 공통으로 돈강을 넘었고, 성공적으로 스탈린그라드부대와 연합했다.

그리고 소련군은 독일군 22개 부대와 33만 명의 사람을 포위하는 데 성공했다.

여우의 지혜 나쁜 짓도 공개적으로 하라. 고정관념은 뜻밖의 변화에 둔감하다.

272 소련군, 로브강을 건너다

1943년 가을, 독일군은 후퇴하다 로브강 지역에 방어진을 치고 소련군의 공격을 막았다. 독일군은 로브강의 방어선은 절대 무너지지 않을 것이라고 자신하면서 이 방어선을 '유럽과 아시아의 보루'라고 불렀다.

이에 소련군은 독일군 방어영역의 특징에 맞춰서 새로운 전법을 강구했다. 예전에는 강을 건너기 쉬운 지점에 우수한 병력을 집중시켜 돌파전술을 강행했지만, 이번에는 선견부대를 조직해서 고의적으로 소련군에게는 불리한 지형이지만 독일군의 수비가 약한 지역을 돌파하는 전술을 실행하도록 했다.

소련의 선견부대는 작전대로 순조롭게 로브강을 건너 독일군 진영의 전방을 장악했고, 다음에는 자기들에게 유리한 지형을 이용하여 맹렬하게 공격했다. 독일군은 이런 내막도 모른 채 선견부대를 소련군의 주된 병력으로 잘못 판단하고 다급하게 대부대를 내보내 반격했다. 선견부대는 독일군의 주된 병력의 압박을 견디며 병력을 뚫기 위해 강도 높은 돌파전술을 실행했다. 그러나 독일군은 소련군이 병력을 뚫고 모든 부대가 로브강을 건너온 후에야 그들의 진짜 의도를 알아차리고 후회했다.

이처럼 소련군은 틀에 박힌 관행에서 벗어나 병력을 분산시켜서 공격하는 방식으로 적이 미처 생각하지 못하는 틈을 타 적을 기습하는 데 성공했다.

여우의 지혜 전투에서 적을 속이는 전술은 기본이다. 그러므로 싸울 때에도 굳이 정직하려고 애쓰지 마라.

273 영국군이 흘린 군용주머니

1917년, 영국군은 터키를 어떻게 통과할까 논의하다 결국 독일의 수비가 약한 바르샤바 지역을 통과하기로 했다. 영국군은 기마병을 선두로 작전을 실시했다. 영국군은 터키의 사막에서부터 공격을 시작할 계획이었으나 독일군 지휘관에게는 바르샤바에서 실행할 것처럼 정보를 흘렸다.

그해 10월 10일, 영국군 중령 마이나즈 하건이 터키 순찰병의 추격을 피하면서 도망치다 고의로 몸에 휴대하고 있던 군용주머니를 떨어뜨렸다. 그 군용주머니에는 참모노트 한 권과 편지 두 통, 그리고 군용 비밀번호 전보가 들어있었는데, 독일군은 그것을 통해 영국군이 늦어도 10월 하순이나 11월 중순에 터키사막을 공격할 것이라는 정보를 얻어낼 수 있었다. 그들은 군용주머니에 들어있던 두 통의 편지를 살펴보았다. 한 통은 그의 아내에게서 온 것이었는데 건강한 아들을 낳았다고 쓰여 있었다. 그리고 다른 한 통은 영국군 참모들이 주고받은 통신내용이 쓰여 있었는데 터키사막을 공격하는 날짜와 총사령부회의 일정이 쓰여 있었다.

그러나 독일군은 이 문서와 편지를 쉽게 믿지 않았다. 그래서 군용품주머니에 있는 비밀번호 노트를 이용해서 영국군의 무선통신을 도청해 보았다. 비밀번호는 맞았다. 그래서 그들은 영국군사령부의 통신내용도 엿들을 수 있었다. 독일군은 통신기에서 누군가 굉장히 다급하게 잃어버린 군용주머니를 찾아오라고 명령하는 목소리를 들을 수 있었다. 그리고 '사막기마병부대'의 마이나즈 하건 중령이 군용주머니를 잃어버린 잘못을 인정하고, 군법대로 자신을 처리해달라고 요구하고 있다는 내용도 들렸다. 잠시 후, 영국군 총사령부가 마이나즈 하건 중령더러 군사법정으로 출두하라고 명령했다.

그리고 독일군은 다시 편지를 자세히 읽어보았다. 편지의 내용은 영국 육군총사령관의 자리를 이어받은 에드워드 아론이 휴가차 쉬고 있어서 11월 7일 전에 돌아올 수 없다는 내용이었다. 그리고 사막기마병 총사령부와 참모부에게 7월 14일에 카이로에서 개최하는 경마대회에 참석할 것을 요청하는 내용도 있었다. 그때 마침 카이로에는 과연 이 대회를 알리는 포스터가 붙었는데 경마대회의 일정표도 발표되고 길가에 천막도 설치되었다. 이 사실을 확인한 독일군은 영국군이 11월 14일 전에는 터키사막을 공격하지 않을 것이라고 확신했다.

이때 영국군 기마병은 쥐도 새도 모르게 바르샤바지역까지 움직이면서 독일군이 오해하도록 말을 볏짚으로 묶어 터키사막에 남겨두고 아울러 무선통신도 여전히 켜놓았다. 그리고 영국군은 터키부대에 담배가 거의 없다는 사실을 알아내고 그들의 부대에 마약성분이 함유된 12만개의 담배를 공중에서 투하했다.

1917년 10월 30일 새벽녘, 영국군은 바르샤바지역에서 폭격을 시작하여 연이어 만 5천명의 기마병을 진격시켰다. 하지만 이때 터키군은 대부분 담배의 마약성분에 취해서 정신을 못 차리고 잠에 빠져 있었다.

그 덕분에 영국군 기마병은 바르샤바를 점령하였고, 터키를 통과해서 터키사막에서 진격한 영국의 본부대와 합류하여 결국 적군을 완전히 포위했다.

여우의 지혜 훌륭한 속임수에는 진실에 가까운 세부전략이 숨어있다.

311

274 한니발의 뱀 전쟁

기원전 184년, 한니발(Hannibal)이 비티니아 국왕을 도와 함대를 이끌고 파지마아와 전쟁을 했다. 그때 비티니아 함대의 수량과 장비는 모두 파지마아에 뒤떨어졌다. 한니발도 이러한 약점을 잘 알고 있었기 때문에 어떻게 약점을 강점으로 이용할 수 있을지 골똘히 생각했다.

어느 날 그는 이런 고민을 하며 숲 속에서 산책을 하다가 뱀 한 마리가 기어가는 것을 보았다. 이 광경을 본 한니발은 그 동안 골머리 썩었던 어려운 문제를 금세 해결할 수 있는 좋은 방법이 떠올랐다. '그래, 뱀을 이용한다면……' 한니발은 냉정하게 따져본 후 모든 사병에게 뱀을 잡아오라고 지시했다. 그는 사병들에게 크기가 크면 클수록, 독이 많으면 많을수록 좋다고 했다. 한니발은 사병들이 3일 동안 잡아온 뱀을 항아리에 나누어 담고 천으로 봉하고 그것을 배에 실으라고 지시했다.

마침내 한니발의 함대는 수많은 뱀이 들어있는 항아리를 가지고 출항했다. 그들은 파지마아 함대를 향해 용감하게 돌진했고, 한니발은 특히 국왕이 타고 있는 군함을 반드시 찾아내야 한다고 사병들에게 알렸다.

한니발의 함대는 파지마아 군함에 가까이 다가가자마자 재빨리 뱀 항아리를 던졌다. 파지마아 사병들은 무슨 폭탄이라도 떨어진 줄 알고 다급하게 몸을 피했지만 폭탄이 터지기는커녕 배 위에는 독사들만 우글댔다. 뱀들은 혀를 내밀면서 사람들을 향해 기어가더니 바지자락을 타고 올라가서 사병의 손과 발을 물었다. 뱀에게 물린 사병들은 고통을 참지 못하고 하나 둘 쓰러졌다.

파지마아 군함에 많은 뱀들이 쏟아지자 국왕은 다급히 후퇴했다. 그러자 다른 함대들도 왕의 군함을 뒤따라서 도망쳤다. 한니발은 도망가는 파자마아 함대를 끝까지 추격해서 결국 왕의 군함을 포함한 모든 파지마아 함대를 함락시켰다.

여우의 지혜 위험한 사람을 잘 이용하면 쓸모 있는 친구가 될 수 있다.

275 뛰어난 재간을 이용해서 암호를 해독한 미군

2차대전 중에 태평양에서 산호초해전을 치르고 난 일본군은 연합군에 밀려 800km나 후퇴했다. 그러면서도 태평양에서부터 인도양까지 또 며칠 동안 비행기로 날라 와 마치 그들의 주요전선을 옮긴 것처럼 스리랑카를 폭격했다. 그런데 그때 미군은 마침 일본군의 작전비밀번호를 손에 넣었다. 'AFM, AFM!……AF, AF!……'

미국 루tm벨트 대통령과 육군참모총장 마셜은 이것이 군사용어인지 일본군의 다음 목표물을 가리키는 것인지 알아내기 위해 필사의 노력을 기울였다. 여러 가지 가능성을 추론해 보던 그들은 일단 'AFM' 세 글자가 전쟁을 시작하는 날짜라는 가능성을 배제했다. 왜냐하면 일본군은 한 글자만 이용해서 시간을 표시하기 때문이다. 예전에도 일본군은 진주만을 기습하는 시간을 처음에는 'Y'를 사용해서 전보를 쳤고, 그 후에는 'X'로 바꿔서 표시했었다. 비록 다른 알파벳을 이용했지만 어쨌거나 한 글자를 사용한다는 점은 변하지 않았다.

그들은 비서들을 시켜 알파벳으로 조합할 수 있는 지명 암호카드 1000여장을 만들게 했다. 그리고 독일, 이탈리아, 일본을 제외한 전략의 가치가 없는 크고 작은 섬들을 분류하고 조합하면서 상세하게 암호를 분석했다. 마침내 미군은 이러한 분석을 통해 일본군의 비밀을 알아낼 수 있었다. 'AFM' 알파벳 세 글자는 태평양에 있는 세 개의 섬 (Aleutian-알류샨 열도, Farneaux-피닉스 제도, Midway Island-미드웨이 섬) 이름의 첫 번째 알파벳을 따온 것이었다.

'AFM'은 일본군이 이번에 총공격할 작전목표임을 한눈에 알아볼 수 있었다. 미국은 이들 지역의 전략적 가치를 따져봤을 때 미드웨이섬이 그 중 가장 먼저 공격을 받을 것이라고 짐작했다. 그리고 'AF'의 비밀은 예전에 일본군이 진주만을 습격했을 때 미국이 손에 넣었던 정보를 살펴보니 금세 해독할 수 있었다. 정보에 따르면 일본군이 수상비행기에 기름을 넣으라고 지시했던 작은 섬이 바로 미드웨이섬이었다.

한발 나아가 백악관은 이러한 결론을 확실하게 증명하기 위해 미드웨이섬 기지에게 공개적으로 이러한 전보를 치라고 지시했다.

"미드웨이섬의 증류설비가 고장 났다. 담수가 부족하다! 지원을 바란다!"

그러자 과연 일본 측의 반응이 즉각 나타났다. 미국의 전술정보조직이 동경의 전보를 모니터해보니 연속된 비밀암호를 들을 수 있었다. 암호를 해독하자 그 내용은 다음과 같았다.

"AF 담수 부족!…… 함대를 보급해서 반드시 AF 상륙부대에게 담수를 제공하라……"

미국 백악관은 동경 최고사령부의 비밀암호를 해독해냈고, 일본군의 정보를 통해서 그들의 목표물을 정확히 알아냈다. 연합군은 그 즉시 전략을 세워서 미드웨이전쟁에서 거둘 승리에 한 걸음 다가갔다.

여우의 지혜 지혜는 가장 훌륭한 암호해독기이다. 논리적으로 깊이 생각하는 사람이 어려움 속에서 현명한 해결방법을 찾아낼 수 있다.

276 샤를마뉴 대제의 퇴병술

샤를마뉴(Charlemagne) 대제는 9세기 프랑스 카롤링거 왕조의 국왕이다. 그는 전술에 능할 뿐만 아니라 총명하고 영리했다. 하루는 정보부서가 그에게 다음과 같은 보고를 했다.

'전술에 능한 라시더 장군이 손수 거느리는 군대가 비밀리에 국경 근방에 매복하여 카롤링거 왕조를 몰락시킬 기회를 엿보고 있음. 라시더 장군은 카롤링거 왕조를 탐색하기 위해 대신을 파견하여 샤를마뉴 왕과 접견하려 함.'

이 보고를 받은 샤를마뉴 왕은 먼저 군부대에게 철저한 준비태세를 갖추고, 주방에는 성대한 연회석을 준비하도록 명령했다. 모든 준비가 끝난 뒤에 샤를마뉴 왕은 태연하게 라시더의 대신들을 열렬하게 환영하며 왕궁으로 인도했다. 그리고 직접 그들을 안내하며 눈부시게 하얀 테이블보가 덮혀 있는 귀빈석에 앉게 했다.

연회석상에서 샤를마뉴 왕은 이야기꽃을 피웠고, 하인들더러 쉬지 말고 대신들에게 술을 따르게 했다. 연회석은 마치 아무 일도 일어나지 않을 것 같은 평화로운 분위기였다. 테이블 위에는 맛있는 음식이 풍성하게 차려져 있었고, 모든 음식이 접시와 그릇에 가득 담겨 있었다. 그런데 사람들이 음식을 먹기 시작하자 깨끗했던 테이블보에는 금세 기름얼룩이 묻어나기 시작했다. 이때 샤를마뉴 왕은 하인에게 기름얼룩이 묻은 테이블보를 불이 활활 타고 있는 난로에 던져 넣으라고 명령했다. 하인들은 왕의 분부대로 테이블보를 난로에 던졌고, 순식간에 난로의 불꽃이 위로 솟구쳤다. 불빛이 모든 연회장을 빨갛게 비추자 라시더의 대신들은 크게 놀라며 혹시 샤를마뉴 왕이 무슨 눈치를 채고 어떤 신호를 보낸 것이 아닐까 긴장했다. 하지만 왕은 오히려 대수롭지 않다는 듯 웃는 얼굴로 무희들더러 다시 춤을 추라고 했다. 마침 불빛 때문에 무희들의 옷은 더욱 오색찬란하게 보였고, 무희들은 더욱 아름다운 자태를 뽐내며 춤을 췄다. 그러자 불안해하던 대신들의 마음도 점차 안정을 되찾아갔다.

　무희들의 춤이 끝나자마자 왕은 하인에게 난로 안에 있던 테이블보를 꺼내오라고 했다. 신기하게도 난로에서 꺼내온 테이블보는 하나도 타지 않았을 뿐만 아니라, 기름얼룩도 전부 없어지고 오히려 더 하얘진 것처럼 보였다. 신하들은 이를 보고 기적이 일어났다고 믿었다. 그리고 만약에 그와 전쟁을 한다면 그에게 철저하게 당하고 헤어날 수 없는 손해를 입을 것이라고 판단했다.

　그리하여 대신들은 야밤에 길을 재촉하여 왕궁을 떠났다. 그리고 라시더 장군에게 우려가 담긴 보고를 했고, 그것을 들은 라시더 장군은 놀라서 혼비백산했다. 라시더 장군은 군사들에게 후퇴를 명령하면서 대신들에게 한 번 더 샤를마뉴 왕을 방문해서 그에게 화해를 청하라고 했다.

이렇게 샤를마뉴 왕은 눈앞에 임박한 전쟁을 피했고, 카롤링거 왕조는 위기에서 벗어나 평온을 되찾았다.

사실 샤를마뉴 왕이 난로에 넣은 테이블보는 석면을 이용해서 짠 것이었다. 석면은 암석층에서 생기기 때문에 매우 부드럽고 연해서 마치 명주실 같다. 심지어 손으로 가느다란 섬유질을 길게 뽑을 수도 있을 만큼 굉장히 가늘다. 또한 그것은 산과 염기성에 의해 부식되지도 않으며 열전도율도 낮고 전기도 통하지 않기 때문에 활활 타는 난로 속에서도 잘 타지 않는다. 그래서 테이블보의 기름얼룩만 깨끗하게 제거되고 테이블보는 더 하얗게 변한 것이다.

샤를마뉴 왕은 석면의 이러한 특성을 이용해서 어리석은 적을 보기 좋게 속였다. 그리고 이러한 책략은 후세에 길이길이 알려졌다.

여우의 지혜 무식하면 반드시 손해를 본다.

277 나폴레옹, 화해를 청하는 척하다

1805년, 나폴레옹(Napoleon Bonaparte)은 병사들을 데리고 반 프랑스연합국과 전쟁을 일으키고 그 승세를 몰아 러시아군을 추격했다. 러시아의 알렉산더대왕(Alexander the Great)은 중원부대가 이동해오고 있다고 생각했기 때문에 당연히 프랑스군과의 결전을 감행해야 한다고 판단했다. 그렇지만 전술에 밝은 쿠투조프(Kutuzov)는 러시아군은 현재 전멸당할

위기에 놓여있으므로 재빨리 후퇴하여 결전을 피해야 한다고 주장했다. 즉, 그의 의견은 전쟁이 일어나지 않도록 최대한 시간을 끄는 것이 최선이라는 것이었다. 그리고 증원부대인 프로이센부대가 오면, 그때 반 프랑스 전쟁에 본격적으로 돌입해도 늦지 않다고 생각했다.

이때, 나폴레옹은 러시아군 사령부 내부에 이러한 두 가지 의견이 대치할 것을 미리 예측하고 있었다. 그러면서 행여 쿠투조프가 알렉산더대왕을 설득하여 전쟁을 질질 끌까봐 마음을 졸였다. 왜냐하면 그렇게 되면 프랑스군은 완승을 거머쥘 절호의 찬스를 잃고 불리한 장기전에 돌입하게 될 것이 뻔하기 때문이었다.

그래서 나폴레옹은 군대에게 추격을 멈추고 전초전만 치른 후 철수하라고 명령했다. 그리고 즉시 대표를 러시아 측에 보내 전쟁을 종결하고 평화의 시대를 열자고 요청하게 했다. 그러면서 한편으로는 안절부절 못하는 척하면서 결전에 돌입하는 것을 두려워하는 듯한 분위기도 풍겼다. 나폴레옹은 또한 지금이 프랑스군을 소멸할 가장 유리한 기회라는 거짓정보를 흘렸는데, 그가 이런 조치를 한 이유는 고집불통인 알렉산더대왕이 자신의 계획을 하루 빨리 실행하도록 부추기려는 속셈이었다.

결국 나폴레옹의 잔꾀에 넘어간 알렉산더대왕은 쿠투조프의 의견을 묵살하고 자신의 계획을 밀어붙였다. 그 결과 러시아군대는 나폴레옹이 미리 쳐 놓은 함정에 걸려 프랑스군과 전쟁을 벌였다가 보기 좋게 참패를 당하고 말았다.

[여우의 지혜] 강한 적이 선의를 표할 때는 반드시 악의가 숨어있다는 사실을 명심하라.

마무리하기

비범한 사람의 보물은 그의 고귀한 가치를 창조하는 훌륭한 재료이다. 그 중 세 가지는 바로 '풍부한 지혜'와 '예리한 판단력' 그리고 모든 사람을 행복으로 이끌어 줄 수 있는 '곧은 인품'이다.

지혜는 가슴이 아닌 머리에 의지해야 한다. 물론 상상력도 훌륭한 재산이고 또한 진실한 마음을 잘 헤아려주는 배려도 중요하다.

사람은 20대에 강한 의지력을, 30대에 풍부한 지혜를, 그리고 40대에는 예리한 판단력을 가진다. 이해력이 빠른 사람은 고양이의 눈을 가지고 있어서 깜깜한 어둠 속에서도 사물을 정확하게 추측해내고 정곡을 날카롭게 지적한다. 그래서 이들의 눈에는 혼잡하고 어수선한 일도 질서정연하게 보인다.

우리의 주변에는 삶을 풍요롭고 즐겁게 만들어주는 훌륭한 재료들이 도처에 널려 있다. 언제 어디서든지 이 사실을 기억하고 그것을 최대한 활용하여 지혜로운 삶을 만들어가도록 하자.